Nachtrag

zu

Verwaltungsgesetze und Verordnungen

für Bayern

5. Auflage

von

Dr. Georg Ziegler

Inhalt:

I. Reichsteil: 1. Arbeitslosenversicherungsgesetz
2. Schund- und Schmutzschriftengesetz

II. Landesteil: 1. Bezirksordnung
2. Finanzausgleich-Vollzugsgesetz
3. Gemeindeordnung
4. Kreisordnung

1928

München, Berlin, Leipzig.

J. Schweitzer Verlag (Arthur Sellier).

Gedruckt in der Graphischen Kunstanstalt Heinrich Schiele in Regensburg

I. Reichsteil.

1. Arbeitslosenversicherungsgesetz.

Gesetz über Arbeitsvermittlung und Arbeitslosenversicherung vom 16. Juli 1927.

(RGBl. I S. 187.)[1])

Der Reichstag hat das folgende Gesetz beschlossen, das mit Zustimmung des Reichsrats hiermit verkündet wird:

Erster Abschnitt.

Organisation.

A. Träger der Arbeitsvermittlung und Arbeitslosenversicherung.

I. Bezeichnung, Gliederung, Sitz.

§ 1. I Träger der öffentlichen Arbeitsvermittlung und Arbeitslosenversicherung im Deutschen Reiche ist die Reichsanstalt für Arbeitsvermittlung und Arbeitslosenversicherung.

II Der Reichsanstalt liegt auch die öffentliche Berufsberatung und Lehrstellenvermittlung ob. Weitere Aufgaben zur Regelung des Arbeitsmarkts kann sie mit Zustimmung des Reichsarbeitsministers übernehmen. Auch kann ihr der Reichsarbeitsminister solche Aufgaben entweder als eigene Angelegenheit übertragen oder sie damit unter dem Vorbehalte beauftragen, daß sie an seine Weisungen gebunden bleibt. Soweit dadurch der Reichsanstalt Kosten entstehen, ist er dabei an die Zustimmung des Verwaltungsrats der Reichsanstalt (§ 4 Abs. I Nr. 3) gebunden.

III Die Reichsanstalt ist eine Körperschaft des öffentlichen Rechtes.

§ 2. I Die Reichsanstalt gliedert sich in die Hauptstelle, die Landesarbeitsämter und die Arbeitsämter.

II Der Vorstand der Reichsanstalt (§ 4 Abs. I Nr. 4) kann nach Anhörung der Verwaltungsausschüsse der Arbeitsämter oder Landesarbeitsämter im Benehmen mit der obersten Landesbehörde die Grenzen der Arbeitsämter und der Landesarbeitsämter unter Berücksichtigung wirtschaftlicher Zusammenhänge ändern; er kann Bezirke zusammenlegen, Einrichtungen aufheben und nach Bedarf neue schaffen.

III Jede Gemeinde muß von einem Arbeitsamt erfaßt sein.

§ 3. Sitz der Reichsanstalt ist Berlin.

II. Organe.

§ 4. I Organe der Reichsanstalt sind:

1. die Verwaltungsausschüsse der Arbeitsämter,
2. die Verwaltungsausschüsse der Landesarbeitsämter,
3. der Verwaltungsrat der Reichsanstalt,
4. der Vorstand der Reichsanstalt.

II Rechte und Pflichten der Organe bestimmen sich nach dem Gesetz und der Satzung der Reichsanstalt (§ 41).

§ 5. I Die Verwaltungsausschüsse der Arbeitsämter und Landesarbeitsämter bestehen aus dem Vorsitzenden des Amtes oder einem seiner Stellvertreter und Vertretern der Arbeitgeber, Arbeitnehmer und öffentlichen Körperschaften als Beisitzern. Unter den Vertretern der Arbeitnehmer muß sich min-

---

[1]) Druckfehlerberichtigung RGBl. I 1927 S. 238, S. 320; geändert durch Gesetz vom 16. Dezember 1927 (RGBl. I S. 337).

destens ein Angestellter befinden. Die Zahl der Beisitzer aus jeder der drei Gruppen muß gleich sein. Die Zahl wird für die Arbeitsämter durch den Verwaltungsausschuß des Landesarbeitsamts, für die Landesarbeitsämter durch den Vorstand der Reichsanstalt bestimmt; sie muß aber bei den Arbeitsämtern mindestens 5, bei den Landesarbeitsämtern mindestens 7 betragen.

II Für jeden Beisitzer wird ein Stellvertreter bestellt. Die Stellvertreter ersetzen verhinderte Beisitzer. Beim Ausscheiden eines Beisitzers ist für den Rest der Amtsdauer ein neuer Beisitzer zu bestellen. Die Stellvertreter der Beisitzer und die des Vorsitzenden sind berechtigt, an den Sitzungen des Verwaltungsausschusses ohne beschließende Stimme teilzunehmen.

§ 6. I Die Vertreter der Arbeitgeber und der Arbeitnehmer im Verwaltungsausschusse des Arbeitsamts bestellt der Vorsitzende des Landesarbeitsamts. Er ist dabei an Vorschlagslisten der wirtschaftlichen Vereinigungen der Arbeitgeber und Arbeitnehmer gebunden. Das Landesarbeitsamt hat die Vorschläge durch öffentliche Bekanntmachung in ortsüblicher Weise einzufordern. Für die Bestellung ist die Reihenfolge in jeder Vorschlagsliste maßgebend.

II Liegen mehrere solcher Vorschlagslisten vor, so sind auf sie die Arbeitgeberbeisitzer nach der Zahl der beschäftigten Arbeitnehmer, die Arbeitnehmerbeisitzer nach der Zahl der Mitglieder, die den vorschlagenden wirtschaftlichen Vereinigungen im Bezirke des Arbeitsamts angehören, zu verteilen, in beiden Fällen unter billiger Berücksichtigung des Schutzes der Minderheiten.

III Werden keine Vorschlagslisten eingereicht oder sind keine als Vorschlagskörper geeigneten wirtschaftlichen Vereinigungen vorhanden, so bestellt der Vorsitzende des Landesarbeitsamts die Beisitzer aus den Reihen der Arbeitgeber und Arbeitnehmer.

IV Als Vertreter der öffentlichen Körperschaften im Verwaltungsausschusse des Arbeitsamts sind Vertreter der Gemeinden und Gemeindeverbände zu bestellen, deren Bezirk zu dem des Arbeitsamts gehört. Sie werden von der gemeinsamen Gemeindeaufsichtsbehörde auf Vorschlag des Vorstandes der beteiligten Gemeinden bestellt. Einigen sich die beteiligten Gemeindevorstände auf einen Vorschlag, so ist die Gemeindeaufsichtsbehörde an diesen gebunden. Ist eine gemeinsame Gemeindeaufsichtsbehörde nicht vorhanden und einigen sich die beteiligten Gemeindeaufsichtsbehörden nicht, so nimmt die oberste Landesbehörde oder die von ihr bezeichnete Stelle die Bestellung vor. Ist auch eine gemeinsame oberste Landesbehörde nicht vorhanden und einigen sich die beteiligten obersten Landesbehörden nicht, so nimmt der Reichsarbeitsminister die Bestellung vor.

§ 7. I Auf die Bestellung der Vertreter der Arbeitgeber und Arbeitnehmer im Verwaltungsausschusse des Landesarbeitsamts findet § 6 Abs. I bis III entsprechende Anwendung. Dabei tritt an die Stelle des Vorsitzenden des Landesarbeitsamt der Vorstand der Reichsanstalt.

II Die Vertreter der öffentlichen Körperschaften im Verwaltungsausschusse des Landesarbeitsamt bestellt die oberste Landesbehörde oder die von ihr bezeichnete Stelle. Dabei soll sie neben den Vertretern des Landes Vertreter der Gemeinden und Gemeindeverbände berücksichtigen, deren Bezirk zu dem des Landesarbeitsamt gehört. Gehört der Bezirk eines Landesarbeitsamts zum Gebiete mehrerer Länder und einigen sich diese über die Bestellung nicht, so entscheidet hierüber der Reichsarbeitsminister; dabei hat er jedem der Länder mindestens einen Vertreter zuzuteilen. Vor der Entscheidung hat er die beteiligten obersten Landesbehörden zu hören.

§ 8. I Der Verwaltungsausschuß eines Arbeitsamts oder Landesarbeitsamts hat einen geschäftsführenden Ausschuß zu bilden, dem er seine Rechte und Pflichten übertragen kann, soweit die Übertragung nicht durch § 201 ausgeschlossen ist.

II Den Vorsitz im geschäftsführenden Ausschuß führt der Vorsitzende des Verwaltungsausschusses oder einer seiner Stellvertreter. Die drei Gruppen des Verwaltungsausschusses müssen im geschäftsführenden Ausschuß gleich stark vertreten sein. Die Beisitzer werden aus der Mitte der Beisitzer des Verwaltungsausschusses auf Grund gesonderter Vorschlagslisten vom Vorsitzenden bestellt. Für die Bestellung ist die Reihenfolge in jeder Vorschlagsliste maßgebend. Liegen für eine Gruppe mehrere Vorschlagslisten vor, so sind auf sie die Vertreter entsprechend dem Stärkeverhältnisse zu verteilen, in dem die Unterzeichner der Vorschlagslisten dem Verwaltungsausschuß angehören.

III Auf die Stellvertretung findet § 5 Abs. II Anwendung.

§ 9. I Der Verwaltungsrat der Reichsanstalt besteht aus dem Präsidenten der Reichsanstalt oder einem seiner Stellvertreter als Vorsitzenden und mindestens je zehn Vertretern der Arbeitgeber, Arbeitnehmer und öffentlichen Körperschaften als Beisitzern. Die Zahl der Beisitzer wird von der Satzung (§ 41) bestimmt und muß in jeder Gruppe gleich sein. Unter den Vertretern der Arbeitgeber und Arbeitnehmer müssen sich Vertreter der Land- und Forstwirtschaft befinden. Unter den Vertretern der Arbeitnehmer müssen mindestens zwei Angestellte sein. Unter den Vertretern der öffentlichen Körperschaften sollen sich mindestens zwei Personen befinden, die beruflich gemeindliche Interessen wahrnehmen.

II Auf die Stellvertretung der Beisitzer findet § 5 Abs. II entsprechende Anwendung.

§ 10. I Die Vertreter der Arbeitgeber im Verwaltungsrate der Reichsanstalt wählt die Arbeitgeberabteilung, die der Arbeitnehmer die Arbeitnehmerabteilung des Reichswirtschaftsrats. Die Vertreter der öffentlichen Körperschaften beruft der Reichsarbeitsminister auf Vorschlag des Reichsrats.

II Solange der Reichswirtschaftsrat noch nicht gebildet ist, tritt an seine Stelle der Vorläufige Reichswirtschaftsrat.

§ 11. I Der Verwaltungsrat kann einen oder mehrere Unterausschüsse bilden, denen er seine Rechte und Pflichten übertragen kann, soweit die Übertragung nicht durch § 201 ausgeschlossen ist.

II Auf die Zusammensetzung des Unterausschusses findet § 8 Abs. II, auf die Stellvertretung § 5 Abs. II entsprechende Anwendung.

§ 12. I Der Vorstand der Reichsanstalt besteht aus ihrem Präsidenten oder einem seiner Stellvertreter als Vorsitzendem und je fünf Vertretern der Arbeitgeber, der Arbeitnehmer und öffentlichen Körperschaften als Beisitzern. Unter den Beisitzern soll mindestens je ein Vertreter der Arbeitgeber und Arbeitnehmer der Land- und Forstwirtschaft, ein Vertreter der Angestellten und ein Vertreter, der beruflich gemeindliche Interessen wahrnimmt, sein.

II Auf die Stellvertretung der Beisitzer findet § 5 Abs. II entsprechende Anwendung.

§ 13. Die Vertreter der Arbeitgeber, Arbeitnehmer und öffentlichen Körperschaften im Vorstand der Reichsanstalt bestellt der Reichsarbeitsminister auf Grund gesonderter Vorschlagslisten, die von den drei Gruppen des Verwaltungsrats aufgestellt werden. Für die Bestellung ist die Reihenfolge in jeder Vorschlagsliste maßgebend. Liegen für eine Gruppe mehrere Vorschlagslisten vor, so sind auf sie die Vertreter entsprechend dem Stärkeverhältnisse zu verteilen, in dem die Unterzeichner der Vorschlagslisten dem Verwaltungsrat angehören.

§ 14. In allen Organen sollen Frauen vertreten sein.

§ 15. Niemand kann gleichzeitig Beisitzer des Verwaltungsrats und des Vorstandes sein.

§ 16. Die Amtsdauer der Organe beträgt fünf Jahre.

§ 17. I Als Beisitzer der Organe können nur Reichsangehörige berufen werden, die mindestens 24 Jahre alt und im Besitze der bürgerlichen Ehrenrechte sind. Sie müssen seit mindestens sechs Monaten in dem Bezirke wohnen oder regelmäßig tätig sein, auf den sich die Zuständigkeit des Organs erstreckt. Als Arbeitgeberbeisitzer kann nur berufen werden, wer regelmäßig mindestens einen Arbeitnehmer beschäftigt oder Vertreter einer wirtschaftlichen Vereinigung von Arbeitgebern ist. Als Arbeitnehmerbeisitzer kann nur berufen werden, wer regelmäßig als Arbeitnehmer tätig oder Vertreter einer wirtschaftlichen Vereinigung von Arbeitnehmern ist.

II Beamte, Angestellte und Arbeiter der Reichsanstalt dürfen nicht als Beisitzer berufen werden.

§ 18. Die Beisitzer verwalten ihr Amt unentgeltlich als Ehrenamt. Die Reichsanstalt erstattet ihnen ihre baren Auslagen. Was ihnen als Entschädigung für entgangenen Arbeitsverdienst oder Zeitverlust zu gewähren ist, bestimmt die Satzung der Reichsanstalt (§ 41).

§ 19. I Verliert ein Beisitzer die Reichsangehörigkeit, oder stellt sich nachträglich heraus, daß er sie nicht besitzt, so hat ihn die Stelle, die ihn berufen hat, vom Beisitzeramt abzuberufen. Das gleiche gilt, wenn der Beisitzer nicht mehr in dem Bezirke wohnt oder regelmäßig tätig ist, auf den sich die Zuständigkeit des Organs erstreckt, oder wenn er seine Amtspflicht grob verletzt. Arbeitgeberbeisitzer sind abzuberufen, wenn sie die Arbeitgebereigenschaft (§ 17 Abs. I Satz 3), Arbeitnehmerbeisitzer, wenn sie die Arbeitnehmereigenschaft (§ 17 Abs. I Satz 4) verlieren. Vertreter öffentlicher Körperschaften können jederzeit abberufen werden, auch ohne daß einer der Gründe vorliegt, die in Satz 1 und 2 genannt sind. Handelt es sich um den Vertreter einer Gemeinde oder eines Gemeindeverbandes im Verwaltungsausschusse des Arbeitsamts, so darf ihn die Stelle, die ihn berufen hat, ohne einen solchen Grund nur dann abrufen, wenn eine Einigung der beteiligten Gemeindevorstände im Sinne des § 6 Abs. IV Satz 3 nicht oder nicht mehr vorliegt.

II Werden einem Beisitzer durch gerichtliches Urteil die bürgerlichen Ehrenrechte aberkannt, so erlischt sein Beisitzeramt mit dem Tage, an dem das Urteil rechtskräftig wird. Stellt sich nachträglich heraus, daß ein Beisitzer die bürgerlichen Ehrenrechte nicht besitzt, so ist er abzuberufen.

§ 20. I Die Arbeitnehmerbeisitzer haben ihrem Arbeitgeber jede Einberufung zu einer Sitzung anzuzeigen.

II Den Arbeitgebern und ihren Angestellten ist es untersagt, Angestellte oder Arbeiter in der Übernahme oder Ausübung des Beisitzeramts zu beschränken oder sie wegen der Übernahme oder Ausübung des Amtes zu benachteiligen.

§ 21. I Der Vorstand führt die Geschäfte der Reichsanstalt und vertritt die Reichsanstalt gerichtlich und außergerichtlich. Er hat die Stellung eines gesetzlichen Vertreters.

II Für die Landesarbeitsämter sind die Anweisungen des Vorstandes und, für die Arbeitsämter die Anweisungen des Vorstandes und des Landesarbeitsamts maßgebend.

III Die Satzung der Reichsanstalt (§ 41) bestimmt, inwieweit an Stelle des Vorstandes der Präsident, die Vorsitzenden der Landesarbeitsämter und Arbeitsämter und die Stellvertreter dieser Personen die Geschäfte der Reichsanstalt führen und die Anstalt vertreten können.

§ 22. Die Verwaltungsausschüsse der Arbeitsämter und Landesarbeitsämter werden von ihren Vorsitzenden, der Verwaltungsrat und der Vorstand werden von dem Präsidenten einberufen, so oft ein Bedürfnis vorliegt, mindestens jedoch vierteljährlich. Sie müssen einberufen werden, wenn ein Drittel der Mitglieder es verlangt.

§ 23. Den Beisitzern der Organe ist die Anwesenheit in den Diensträumen der Stellen, für deren Bezirk das Organ zuständig ist, während der Geschäftsstunden gestattet. Sie können mit Zustimmung des Vorsitzenden oder auf Beschluß des Organs die Vorlegung von Büchern, Akten oder sonstigen Urkunden und Belegen verlangen. Der Vorsitzende hat den Organen auf deren Wunsch jederzeit Auskunft über seine Geschäftsführung zu geben.

§ 24. Die Mitglieder der Organe haften der Anstalt für treue Geschäftsverwaltung wie Vormünder ihren Mündeln.

§ 25. Weigert sich ein Organ der Anstalt, ihre Geschäfte zu führen, so führt sie auf Kosten der Anstalt der Präsident selbst oder durch Beauftragte.

III. Fachabteilungen und Abteilungen für Angestellte.

§ 26. I Nach Bedarf sind bei den Arbeitsämtern, den Landesarbeitsämtern und der Hauptstelle der Reichsanstalt Fachabteilungen zu bilden. Bei den Arbeitsämtern können Fachabteilungen auch für die Bezirke mehrerer Arbeitsämter, bei den Landesarbeitsämtern können Fachabteilungen auch für die Bezirke mehrerer Landesarbeitsämter gebildet werden (gemeinsame Fachabteilungen).

II Eine Fachabteilung darf bei einem Arbeitsamte nur gebildet werden, wenn der Verwaltungsausschuß des Landesarbeitsamts, bei einem Landesarbeitsamt und der Hauptstelle nur, wenn der Vorstand der Reichsanstalt es anordnet.

III Die Anordnung setzt voraus, daß sie von den gesetzlichen Berufsvertretungen und wirtschaftlichen Vereinigungen der Arbeitgeber und Arbeitnehmer vorgeschlagen wird, die für das Fach in dem Bezirke bestehen, auf den sich die Fachabteilung erstrecken soll. Sind gesetzliche Berufsvertretungen oder wirtschaftliche Vereinigungen der genannten Art nicht vorhanden oder einigen sie sich nicht, so kann abweichend hiervon diejenige Stelle, die zur Bildung der Fachabteilung zuständig ist, die Bildung gleichwohl anordnen, wenn sie es im Interesse der Arbeitsvermittlung für notwendig hält.

IV Ist die Bildung einer Fachabteilung bei einem Arbeitsamt angeordnet, so hat dessen Vorsitzender für die Durchführung des Beschlusses Sorge zu tragen. Die gleiche Pflicht hat der Vorsitzende des Landesarbeitsamts, wenn die Bildung einer Fachabteilung für die Hauptstelle angeordnet ist.

V Bei der Hauptstelle der Reichsanstalt ist eine Fachabteilung für Land- und Forstwirtschaft zu bilden.

§ 27. I Für jede Fachabteilung ist ein Fachausschuß zu bilden. Der Fachausschuß tritt, soweit nicht allgemeine Anordnungen des Verwaltungsrats (§ 41) oder die Geschäftsordnung (§ 42) entgegenstehen, in allen Angelegenheiten, die ausschließlich das Fach betreffen, an die Stelle des Verwaltungsausschusses (Verwaltungsrat). In Angelegenheiten, die vorwiegend das Fach betreffen, ist dem Fachausschusse Gelegenheit zur Äußerung zu geben.

II Der Fachausschuß besteht aus dem Vorsitzenden des Verwaltungsausschusses (Verwaltungsrat) oder einem seiner Stellvertreter als Vorsitzenden und Vertretern der Arbeitgeber und Arbeitnehmer. Die Beisitzer sind auf Vorschlag der für das Fach zuständigen wirtschaftlichen Vereinigungen aus dem Fache zu entnehmen, für das der Fachausschuß gebildet ist. Sie werden vom Verwaltungsausschusse (Verwaltungsrat) bestellt. Die Zahl der Vertreter der Arbeitgeber und Arbeitnehmer muß gleich sein. Die Zahl wird durch die Geschäftsordnung (§ 42), für die Hauptstelle durch die Satzung (§ 41) bestimmt. Im übrigen finden die §§ 5 Abs. II, 6 Abs. I Satz 2 und 3, Abs. II und III, § 7 Abs. I, §§ 16 bis 18, § 19 Abs. I Satz 1 bis 3, Abs. II, §§ 20, 22 und 36 entsprechende Anwendung.

§ 28. I Bei den Arbeitsämtern und Landesarbeitsämtern sind nach Bedarf Abteilungen für Angestellte und Ausschüsse für Angestellte zu bilden. Bei der Hauptstelle ist eine solche Abteilung und ein solcher Ausschuß zu bilden.

II Die §§ 26 und 27 finden entsprechende Anwendung.

IV. Spruchbehörden der Arbeitslosenversicherung.

§ 29. I Bei jedem Arbeitsamte wird ein Spruchausschuß gebildet.

II Der Spruchausschuß besteht aus dem Vorsitzenden des Arbeitsamts oder einem seiner Stellvertreter und je einem der Arbeitgeber- und Arbeitnehmerbeisitzer, die dem Verwaltungsausschuß angehören.

§ 30. I Bei jedem Landesarbeitsamt wird eine Spruchkammer gebildet.

II Die Spruchkammer besteht aus dem Vorsitzenden des Oberversicherungsamts, in dessen Bezirk das Landesarbeitsamt seinen Sitz hat, oder einem seiner Stellvertreter und je einem der Arbeitgeber- und Arbeitnehmerbeisitzer, die dem Oberversicherungsamt angehören.

III Im Bedarfsfall sind im Bezirk eines Landesarbeitsamts auch mehrere Spruchkammern zu errichten, und zwar sowohl am Sitze des Landesarbeitsamts als auch außerhalb desselben an den Sitzen anderer Oberversicherungsämter innerhalb des Bezirkes des Landesarbeitsamts.

§ 31. I Bei dem Reichsversicherungsamte wird ein Spruchsenat für die Arbeitslosenversicherung gebildet, der aus einem Vorsitzenden, einem ständigen Mitglied des Reichsversicherungsamts oder einem Mitglied der Hauptstelle der Reichsanstalt, einem hinzugezogenen richterlichen Beamten und je einem Vertreter der Arbeitgeber und Arbeitnehmer besteht.

II Den Vorsitz im Spruchsenat führt der Präsident oder ein Direktor oder ein Senatspräsident. Der Reichsarbeitsminister kann ein anderes ständiges Mitglied vorübergehend mit dem Vorsitz betrauen.

III Der Reichsarbeitsminister bestellt den Senatspräsidenten und das ständige Mitglied und beruft den richterlichen Beamten. Die beiden ersteren sollen besondere Kenntnisse und praktische Erfahrungen in der Arbeitslosenversicherung oder der Erwerbslosenfürsorge besitzen. Der richterliche Beamte soll der Arbeitsgerichtsbarkeit entnommen werden. Die Vertreter der Versicherten und der Arbeitgeber werden aus den nichtständigen Mitgliedern des Reichsversicherungsamts entnommen.

IV Im Bedarfsfall sind weitere Spruchsenate für die Arbeitslosenversicherung zu errichten.

§ 32. Soweit die Spruchbehörden über Unterstützungsanträge von Angestellten entscheiden, hat stets ein Angestellter als Arbeitnehmerbeisitzer mitzuwirken. Soweit sie über Unterstützungsanträge von Arbeitnehmern der Land- und Forstwirtschaft entscheiden, sollen nach Möglichkeit Angehörige der Land- und Forstwirtschaft als Beisitzer mitwirken.

§ 33. Auf die Verwaltung des Beisitzeramts in den Spruchbehörden, die Erstattung von Auslagen und die Entschädigung für entgangenen Arbeitsverdienst und Zeitverlust findet § 18, auf die Ausübung des Beisitzeramts durch Arbeitnehmervertreter außerdem § 20 Anwendung.

V. Beamte, Angestellte, Arbeiter.

§ 34. I Den Präsidenten der Reichsanstalt und seine ständigen Stellvertreter ernennt der Reichspräsident nach Anhörung des Verwaltungsrats und des Reichsrats. Die übrigen Mitglieder der Hauptstelle ernennt der Vorstand der Reichsanstalt.

II Die Vorsitzenden der Landesarbeitsämter und ihre ständigen Stellvertreter ernennt der Reichspräsident nach Benehmen mit dem Vorstand der Reichsanstalt und der obersten Landesbehörde. Der Vorstand der Reichsanstalt hat vor seiner Äußerung den Verwaltungsausschuß des Landesarbeitsamts zu hören.

III Die Vorsitzenden der Arbeitsämter und ihren ständigen Stellvertreter ernennt der Vorstand der Reichsanstalt. Vorher ist der Verwaltungsausschuß des Arbeitsamts zu hören. Die Satzung (§ 41) bestimmt, in welchem Umfang der Vorstand der Reichsanstalt die Ernennung dem Vorsitzenden des Landesarbeitsamts übertragen kann.

§ 35. I Der Präsident und seine ständigen Stellvertreter sowie die Vorsitzenden der Landesarbeitsämter und ihre ständigen Stellvertreter haben die Rechte und Pflichten der Reichsbeamten.

II Die Vorsitzenden der Arbeitsämter und ihre ständigen Stellvertreter sowie die Mitglieder der Hauptstelle, die nicht ständige Stellvertreter des Präsidenten sind, können nach Anhörung des Verwaltungsrats die Rechte und Pflichten der Reichsbeamten erhalten. Die Zahl der Stellen, deren Inhaber die Rechte und Pflichten der Reichsbeamten erhalten können, bestimmt der Haushaltsplan der Reichsanstalt (§ 43). Die Verleihung der Rechte und Pflichten erfolgt durch den Reichspräsidenten. Er kann das Ernennungsrecht durch den Reichsarbeitsminister oder den Präsidenten der Reichsanstalt ausüben lassen.

III Im übrigen werden die Geschäfte der Reichsanstalt durch Arbeitskräfte ausgeführt, die durch privatrechtlichen Dienstvertrag angestellt sind.

§ 36. I Die Fachkräfte für Arbeitsvermittlung, Berufsberatung und Arbeitslosenversicherung bei den Arbeitsämtern bestellt der Vorsitzende des

Landesarbeitsamts auf Vorschlag des Verwaltungsausschusses des Arbeitsamts. Die Vorschlagsliste darf ohne Zustimmung des Vorsitzenden des Landesarbeitsamtes für jede offene Stelle nicht weniger als zwei Bewerber enthalten. Der Vorsitzende des Landesarbeitsamts kann verlangen, daß weitere Vorschläge eingereicht werden, wenn Tatsachen vorliegen, aus denen sich die mangelnde Eignung eines Vorgeschlagenen ergibt. Lehnt der Verwaltungsausschuß des Arbeitsamts weitere Vorschläge ab, so geht das Recht und die Pflicht, solche Vorschläge zu machen, auf den Verwaltungsausschuß des Landesarbeitsamts über.

II Alle übrigen Arbeitskräfte des Arbeitsamts bestellt der Vorsitzende des Arbeitsamts. Diesen kann der Vorsitzende des Landesarbeitsamts mit Zustimmung des Verwaltungsausschusses des Landesarbeitsamts auch ermächtigen, die Fachkräfte oder einen Teil derselben im Verfahren des Abs. I zu bestellen.

III Auf die Bestellung der Arbeitskräfte bei den Landesarbeitsämtern finden die Abs. I und II entsprechende Anwendung. Dabei tritt an die Stelle des Vorsitzenden des Landesarbeitsamts der Vorstand der Reichsanstalt, an die des Verwaltungsausschusses des Arbeitsamts der Verwaltungsausschuß des Landesarbeitsamts, an die des Verwaltungsausschusses des Landesarbeitsamt der Verwaltungsrat der Reichsanstalt und an die des Vorsitzenden des Arbeitsamts der Vorsitzende des Landesarbeitsamts.

§ 37. Für Inhaber eines Versorgungsscheins besteht kein Vorrecht bei der Stellenbesetzung.

§ 38. In den Arbeitsämtern und den Landesarbeitsämtern sollen Beamte, Angestellte und Arbeiter verwendet werden, die im Bezirke des Landesarbeitsamts beheimatet sind, soweit dies möglich ist und nicht Rücksichten auf ihre Ausbildung oder Erfordernisse des Dienstes entgegenstehen.

§ 39. I Der Verwaltungsrat erläßt eine Dienstordnung, in der die Dienstbezüge der Beamten sowie vorbehaltlich eines etwa abgeschlossenen Tarifvertrags die Gehaltsbezüge und die Grundsätze für Anstellung, Dienstentlassung, Ruhestandsversorgung und Hinterbliebenenfürsorge der Angestellten zu regeln sind. Hierbei sind die Dienstbezüge der Beamten unter Berücksichtigung der Verhältnisse der Reichsbeamten festzusetzen. Günstiger als die Dienstbezüge vergleichbarer Reichsbeamten dürfen die Dienstbezüge der Beamten der Reichsanstalt nur dann festgesetzt werden, wenn das zur Aufrechterhaltung eines geordneten und leistungsfähigen Betriebs notwendig ist.

II Die Dienstordnung bedarf der Zustimmung des Reichsarbeitsministers.

§ 40. Die Bezüge der Beamten, Angestellten und Arbeiter und ihrer Hinterbliebenen trägt die Reichsanstalt.

VI. Satzung, Geschäftsordnung.

§ 41. Der Verwaltungsrat beschließt die Satzung der Reichsanstalt und regelt ihre Geschäftsführung durch allgemeine Anordnungen.

§ 42. Die Verwaltungsausschüsse der Arbeitsämter und Landesarbeitsämter regeln die Geschäftsführung ihres Amtes durch eine Geschäftsordnung.

VII. Haushalt.

§ 43. I Den Haushalt des Arbeitsamts setzt dessen Verwaltungsausschuß fest. Er bedarf der Genehmigung durch den Verwaltungsrat der Reichsanstalt. Der Haushalt des Landesarbeitsamts umfaßt auch die Haushalte der Arbeitsämter seines Bezirkes.

II Den Haushalt des Landesarbeitsamts setzt dessen Verwaltungsausschuß fest. Er bedarf der Genehmigung durch den Verwaltungsrat der Reichsanstalt. Der Haushalt des Landesarbeitsamts umfaßt auch die Haushalte der Arbeitsämter seines Bezirkes.

III Den Gesamthaushalt der Reichsanstalt setzt der Verwaltungsrat fest. Er bedarf der Genehmigung durch die Reichsregierung.

IV Für unvorhergesehene Ereignisse können die Verwaltungsausschüsse Mehrausgaben bewilligen. Die Bewilligung bedarf der Zustimmung derjenigen Stelle, die den Haushalt genehmigt hat. Kann die Zustimmung nicht vorher eingeholt werden, so ist sie unverzüglich nachzuholen.

§ 44. Geschäftsjahr der Reichsanstalt ist das Haushaltsjahr des Reichs.

§ 45. Die Rechnungs- und Kassenbücher der Reichsanstalt sind jährlich abzuschließen. Auf Grund der Bücher ist für das abgelaufene Geschäftsjahr ein Rechnungsabschluß anzufertigen.

§ 46. I Der Verwaltungsrat nimmt den Rechnungsabschluß der Reichsanstalt an. Dies schließt das Recht zur Prüfung der Einnahmen, Ausgaben und Belege ein.

II Das Recht zur Prüfung der Einnahmen, Ausgaben und Belege hat auch der Rechnungshof des Deutschen Reichs.

VIII. Aufsicht.

§ 47. Die Aufsicht über die Reichsanstalt führt der Reichsarbeitsminister. Er ist insbesondere jederzeit befugt, bei den Dienststellen der Reichsanstalt durch eigene Beauftragte die Einnahmen und Ausgaben nachzuprüfen. Er und seine Beauftragten haben das Recht, an den Verhandlungen der Organe, der Fachausschüsse und Ausschüsse für Angestellte sowie der Spruchbehörden der Arbeitslosenversicherung teilzunehmen; sie müssen auf ihr Verlangen dort jederzeit gehört werden.

§ 48. Über die Ergebnisse seiner Aufsichtstätigkeit hat der Reichsarbeitsminister dem Reichstag jährlich einen Bericht vorzulegen.

B. Einrichtungen außerhalb der Reichsanstalt.

I. Nichtgewerbsmäßige Einrichtungen.

§ 49. I Die Arbeitsvermittlung und Berufsberatung nichtgewerbsmäßiger Einrichtungen, die außerhalb der Reichsanstalt für Arbeitsvermittlung und Arbeitslosenversicherung stehen, insbesondere nichtgewerbsmäßiger Arbeitsnachweise, unterstehen der Aufsicht der Reichsanstalt. Die Reichsanstalt kann die Aufsicht durch die Hauptstelle und die Landesarbeitsämter, nicht aber durch die Arbeitsämter ausüben.

II Der Reichsarbeitsminister kann nach Benehmen mit dem Verwaltungsrate der Reichsanstalt Vorschriften über die Geschäftsführung solcher Einrichtungen und die Ausübung der Aufsicht durch die Reichsanstalt erlassen.

III Nichtgewerbsmäßige Einrichtungen, deren Träger eine politische Partei oder parteipolitische Organisation ist, sind zulässig.

§ 50. I Eine nichtgewerbsmäßige Einrichtung zur Arbeitsvermittlung oder Berufsberatung, die außerhalb der Reichsanstalt steht, kann in diese überführt werden, wenn die Einrichtung die Überführung beim Landesarbeitsamt oder, wenn ihre Tätigkeit über den Bezirk eines Landesarbeitsamts hinausreicht, bei der Hauptstelle der Reichsanstalt beantragt.

II Entspricht eine solche Einrichtung den Anforderungen dieses Gesetzes trotz wiederholter, angemessener befristeter Aufforderung nachweislich nicht, oder ist ihre Tätigkeit für ihren Geltungsbereich dauernd ohne nennenswerte Bedeutung, so kann der Vorstand der Reichsanstalt die Überführung anordnen, auch ohne daß die Einrichtung selbst dies beantragt. Die Anordnung setzt in diesem Falle voraus, daß der Verwaltungsausschuß des Landesarbeitsamts, das die Aufsicht über die Einrichtung führt, die Überführung beantragt. Wird die Aufsicht von der Hauptstelle geführt, so entscheidet der Vorstand, wenn der Antrag auf Überführung aus seiner Mitte gestellt wird.

III Statt der Überführung kann der Vorstand die Schließung der Einrichtung anordnen, wenn mindestens zwei Drittel seiner Mitglieder dem zustimmen.

IV Gegen den Beschluß des Vorstandes ist Beschwerde an den Verwaltungsrat der Reichsanstalt zulässig. Lehnt dieser die Überführung oder Schließung ab, so ist sein Beschluß endgültig. Ordnet er eine dieser beiden Maßnahmen an, so ist weitere Beschwerde an den Reichsarbeitsminister zulässig. Dieser entscheidet endgültig.

§ 51. I Der Verwaltungsausschuß des Landesarbeitsamts kann zulassen, daß nichtgewerbsmäßige Einrichtungen zur Arbeitsvermittlung oder Berufsberatung außerhalb der Reichsanstalt errichtet oder in ihrer Selbständigkeit wiederhergestellt werden, wenn nach der Eigenart des Berufs oder den Ansprüchen der Beteiligten an die Arbeitsvermittlung oder Berufsberatung diese — zumindest für einen nennenswerten Teil der Beteiligten — auf absehbare Zeit besser durch solche Einrichtungen als durch die Reichsanstalt ausgeübt wird. An die Stelle des Verwaltungsausschusses des Landesarbeitsamts tritt der Vorstand der Reichsanstalt, wenn die Tätigkeit der Einrichtung über den Bezirk eines Landesarbeitsamts hinausreichen soll.

II Gegen den Beschluß des Verwaltungsausschusses des Landesarbeitsamts ist Beschwerde an den Vorstand der Reichsanstalt zulässig. Läßt dieser die Neuerrichtung oder Wiederherstellung zu, so ist der Beschluß endgültig, lehnt er ab, so ist weitere Beschwerde an den Reichsarbeitsminister zulässig. Dieser entscheidet endgültig.

III Gegen den Beschluß des Vorstandes, der nach Abs. I Satz 2 ergeht, ist Beschwerde an den Verwaltungsrat der Reichsanstalt zulässig. Läßt dieser die Neuerrichtung oder Wiederherstellung zu, so ist der Beschluß endgültig, lehnt er sie ab, so ist weitere Beschwerde an den Reichsarbeitsminister zulässig. Dieser entscheidet endgültig.

§ 52. Soweit sich die Berufsberatung auf Erteilung von Auskunft und Rat in Angelegenheiten eines bestimmten Faches beschränkt (Fachberatung), unterliegt sie nicht den Vorschriften der §§ 49 bis 51, wenn sie von gesetzlichen Berufsvertretungen oder von Berufsvereinen ausgeübt wird, die für das Fach bestehen.

§ 53. I Für die Arbeitsvermittlung der Seeleute kann der Reichsarbeitsminister nach Benehmen mit dem Verwaltungsrat der Reichsanstalt nichtgewerbsmäßige Einrichtungen vorschreiben, die außerhalb der Reichsanstalt stehen (seemännische Heuerstellen).

II Soweit seemännische Heuerstellen bestehen, kann die Reichsanstalt die Aufsicht über sie nur durch die Hauptstelle ausüben.

II. Gewerbsmäßige Einrichtungen.

§ 54. I Gewerbsmäßiger Stellenvermittler im Sinne dieses Gesetzes ist, wer gewerbsmäßig

1. die Vermittlung eines Vertrages über eine Stelle betreibt oder
2. Gelegenheit zur Erlangung einer Stelle nachweist und sich zu diesem Zwecke mit Arbeitgebern oder Arbeitnehmern in besondere Beziehungen setzt.

II Als gewerbsmäßige Stellenvermittlung gilt auch die gewerbsmäßige Herausgabe von Stellenlisten einschließlich ihnen gleichzuachtender Sonderdrucke uud Auszüge aus periodischen Druckschriften. Dagegen werden Zeitungen, Zeitschriften, Fachblätter oder ähnliche periodisch erscheinende Druckschriften von den Bestimmungen dieses Paragraphen nicht betroffen.

III Als gewerbsmäßige Stellenvermittlung gilt ferner die Zuweisung von Arbeitnehmern, deren Arbeitskraft der Zuweisende gewerbsmäßig dritten Personen für vorübergehende Beschäftigung zur Verfügung stellt, ohne selbst die Ausrüstung mit den erforderlichen Werkzeugen und die sozialen Versicherungslasten des Arbeitgebers für die vermittelten Personen zu übernehmen.

§ 55. I Gewerbsmäßige Stellenvermittlung ist vom 1. Januar 1931 ab verboten. Mit diesem Zeitpunkt erlischt die Erlaubnis zum Gewerbebetrieb eines Stellenvermittlers. Denjenigen Stellenvermittlern, die zu dieser Zeit das Gewerbe mindestens seit dem 2. Juni 1910 auf Grund behördlicher Erlaubnis ausüben, ist eine angemessene Entschädigung zu gewähren, deren Höhe durch besonderes Gesetz bestimmt wird. Eine neue Erlaubnis zum Gewerbebetrieb eines Stellenvermittlers darf nicht erteilt, eine bestehende Erlaubnis nicht verlängert oder übertragen werden.

II Der Reichsarbeitsminister kann mit Wirkung bis zum 31. Dezember 1930 nach Anhörung des Verwaltungsrats der Reichsanstalt Ausnahmen von den Vorschriften des Abs. I Satz 4 zulassen. Er kann nach Anhörung des Verwaltungsrats der Reichsanstalt auch vor dem 31. Dezember 1930 für einzelne Berufe die gewerbsmäßige Stellenvermittlung untersagen.

III Der Gewerbebetrieb der Stellenvermittler untersteht der Aufsicht der Reichsanstalt.

§ 56. Der Verwaltungsrat der Reichsanstalt kann allgemeine Bestimmungen über die Pflicht der gewerbsmäßigen Stellenvermittler zur Anmeldung ihres Betriebs bei der Reichsanstalt und zur Berichterstattung erlassen.

§ 57. Gewerbsmäßige Berufsberatung ist von dem Inkrafttreten dieses Gesetzes an verboten.

Zweiter Abschnitt.

Arbeitsvermittlung und Berufsberatung.

§ 58. I Die Arbeitsvermittlung hat dahin zu wirken, daß freie Stellen durch möglichst geeignete Arbeitskräfte besetzt werden. Dabei sind einerseits die besonderen Verhältnisse der freien Arbeitsplätze, andererseits die berufliche und körperliche Eignung sowie die persönlichen und Familienverhältnisse und die Dauer der Arbeitslosigkeit des Bewerbers zu berücksichtigen, soweit die Lage des Arbeitsmarkts es gestattet.

II Die Berufsberatung hat einerseits die körperliche und geistige Eignung, die Neigung und die wirtschaftlichen und Familienverhältnisse der Ratsuchenden, andererseits die Lage des Arbeitsmarkts und die Berufsaussichten angemessen zu berücksichtigen. Sie hat die Interessen eines besonderen Berufs allgemeinen wirtschaftlichen und sozialen Gesichtspunkten unterzuordnen.

§ 59. I Arbeitsvermittlung und Berufsberatung sind unparteiisch, insbesondere ohne Rücksicht auf die Zugehörigkeit zu einer Vereinigung, auszuüben. Die Frage nach der Zugehörigkeit zu einer Vereinigung ist untersagt.

II Die Frage nach der Zugehörigkeit zu einer Vereinigung ist zulässig,

1. soweit es sich um Betriebe im Sinne des § 67 des Betriebsrätegesetzes handelt,
2. wenn die Arbeitsvermittlung von einem Arbeitsnachweis ausgeübt wird, der von einer wirtschaftlichen Vereinigung von Arbeitnehmern errichtet ist und satzungsgemäß nur an deren Mitglieder Arbeit vermittelt.

III Den Arbeitsnachweisen ist es untersagt, einen Arbeitnehmer zum Zwecke der Nichteinstellung ungünstig zu kennzeichnen oder sonst an einer Maßregelung von Arbeitnehmern oder an einer entsprechenden Maßnahme gegen Arbeitgeber mitzuwirken. Die Bestimmungen des § 63 werden hierdurch nicht berührt.

§ 60. I Die Reichsanstalt übt die Arbeitsvermittlung und Berufsberatung unentgeltlich aus.

II Nichtgewerbsmäßige Einrichtungen zur Arbeitsvermittlung oder Berufsberatung, die außerhalb der Reichsanstalt stehen, dürfen Gebühren zur Deckung der Unkosten erheben. Der Reichsarbeitsminister erläßt nach Anhörung des Verwaltungsrats der Reichsanstalt hierüber nähere Bestimmungen.

§ 61. Arbeitsvermittlung und Berufsberatung für Frauen sind in der Regel durch Frauen auszuüben. Es sind dafür nach Möglichkeit besondere Abteilungen für Frauen unter weiblicher Leitung zu errichten.

§ 62. I Soweit ein Tarifvertrag besteht, darf die Vermittlung beteiligter Arbeitnehmer an beteiligte Arbeitgeber, sofern dem Arbeitsvermittler die Beteiligung bekannt ist, nur zu tariflich zulässigen Bedingungen erfolgen.

II Soweit der Abschluß eines Arbeitsvertrags gegen die im Beruf ortsüblichen Mindestlohnsätze verstoßen würde, hat der Arbeitsvermittler eine Vermittlung abzulehnen. Im übrigen hat sich der Vermittler einer Einwirkung auf die Lohnhöhe zu enthalten; Auskunftserteilung über die ortsüblichen Lohnsätze gilt nicht als Einwirkung.

§ 63. I Die Arbeitgeber sind verpflichtet, die wirtschaftlichen Vereinigungen der Arbeitnehmer sind berechtigt, bei Ausbruch und Beendigung eines Ausstandes sowie bei Vornahme und Beendigung einer Aussperrung den Arbeitsämtern schriftliche Anzeige zu machen. Der Vorstand der Reichsanstalt erläßt nähere Bestimmungen über die hierbei einzuhaltenden Fristen und Formen sowie darüber, in welchen Fällen die Anzeige statt von den einzelnen Arbeitgebern von einer öffentlichen Berufsvertretung oder wirtschaftlichen Vereinigung zu erstatten ist.

II Ist die schriftliche Anzeige erstattet, so hat der Arbeitsvermittler den Arbeitsuchenden von der Tatsache des Ausstandes oder der Aussperrung Kenntnis zu geben und die Vermittlung nur dann vorzunehmen, wenn sie trotzdem verlangt wird.

III Ebenso dürfen ausständige oder ausgesperrte Arbeitnehmer nur vermittelt werden, wenn die Tatsache des Ausstandes oder der Aussperrung dem Arbeitgeber vorher bekanntgegeben war.

§ 64. Der Arbeitsvermittler ist berechtigt und auf Verlangen verpflichtet, Auskunft über Besonderheiten einer offenen Stelle, die für den Arbeitsuchenden von Bedeutung sein können, sowie über besondere Eigenschaften eines Arbeitsuchenden, die für seine Eignung für die Stelle wichtig sein können, zu geben, wenn ihm diese Besonderheiten oder besonderen Eigenschaften amtlich bekannt geworden sind, und wenn es besondere Umstände — namentlich die Aufnahme in die Hausgemeinschaft — rechtfertigen.

§ 65. I Der Reichsarbeitsminister kann nach Anhörung des Verwaltungsrats der Reichsanstalt anordnen, daß Arbeitgeber die bei ihnen vorhandenen offenen Arbeitsplätze bei dem zuständigen Arbeitsamt anzumelden haben. Die Anmeldepflicht darf sich nur auf Arbeitsplätze für Arbeitnehmer erstrecken, die der Kranken- oder Angestelltenversicherung unterliegen; sie darf sich nicht erstrecken auf Arbeitsplätze in der Landwirtschaft und Hauswirtschaft und in solchen Betrieben, die weniger als fünf Arbeitnehmer beschäftigen. Die Anmeldepflicht kann auf bestimmte Bezirke und Berufe beschränkt werden.

II Abs. I findet keine Anwendung auf Arbeitsplätze, die durch Ausstand oder Aussperrung frei geworden sind.

§ 66. Auf Antrag des Verwaltungrats der Reichsanstalt kann der Reichsarbeitsminister anordnen, daß die Anwerbung und Vermittlung von Arbeitnehmern aus dem Bezirk eines Landesarbeitsamts in den Bezirk eines anderen Landesarbeitsamts von der Zustimmung des Vorsitzenden desjenigen Landesarbeitsamts abhängig ist, aus dem die Anwerbung oder Vermittlung erfolgt.

§ 67. I Die Anwerbung und Vermittlung von Arbeitnehmern nach dem Ausland wird, soweit sie nicht nach anderen Bestimmungen verboten ist, von dem Reichsarbeitsminister und dem Reichsminister des Innern gemeinschaftlich und nach Anhörung des Verwaltungsrats der Reichsanstalt geregelt. Durch diese Regelung kann insbesondere die gewerbsmäßige Stellenvermittlung verboten und die nichtgewerbsmäßige Stellenvermittlung von einer besonderen Erlaubnis abhängig gemacht werden.

II Die Anwerbung, Vermittlung und Beschäftigung ausländischer Arbeitnehmer regelt der Reichsarbeitsminister nach Anhörung des Verwaltungsrats der Reichsanstalt mit Zustimmung des Reichsrats. Ihm liegt auch die Überwachung ob. Er kann die Reichsanstalt ganz oder teilweise mit der Überwachung beauftragen.

§ 68. Zur Arbeitsvermittlung im Sinne dieses Gesetzes gehört auch die Lehrstellenvermittlung.

Dritter Abschnitt.

Arbeitslosenversicherung.

A. Umfang der Versicherung.

§ 69.[2]) Für den Fall der Arbeitslosigkeit ist versichert:

1. wer auf Grund der Reichsversicherungsordnung oder des Reichsknappschaftsgesetzes für den Fall der Krankheit pflichtversichert ist,
2. wer auf Grund des Angestelltenversicherungsgesetzes pflichtversichert ist und der Pflicht zur Krankenversicherung nur deswegen nicht unterliegt, weil er die Verdienstgrenze der Krankenversicherung überschritten hat,

[2]) In der Fassung des Gesetzes v. 16. Dez. 1927 (RGBl. I S. 337).

sofern er nicht nach den §§ 70 bis 75, 208 und 209 von der Versicherungspflicht ausgenommen ist.

§ 70. I Versicherungsfrei ist eine Beschäftigung in der Land- und Forstwirtschaft oder in der Binnen- und Küstenfischerei, wenn der Beschäftigte selbst Eigentümer oder Pächter land- oder forstwirtschaftlichen Grundbesitzes von solcher Größe ist, daß er von dessen Ertrag mit seinen Angehörigen in der Hauptsache leben kann und als Arbeitnehmer üblicherweise nur weniger als die Hälfte des Jahres tätig ist.

II Versicherungsfrei ist eine Beschäftigung dieser Art auch dann, wenn der Ehegatte oder ein Abkömmling eines solchen Eigentümers oder Pächters sie ausübt und der Angehörige mit diesem in häuslicher Gemeinschaft lebt; dabei macht es keinen Unterschied, ob der Eigentümer oder Pächter selbst als Arbeitnehmer beschäftigt ist oder nicht.

III Der Verwaltungsausschuß des Landesarbeitsamts, das für den Beschäftigungsort zuständig ist, bestimmt, bei welcher Mindestfläche an Grundbesitz die Befreiung eintritt.

§ 71. I Versicherungsfrei ist eine Beschäftigung in der Land- und Forstwirtschaft, wenn der Arbeitnehmer

1. auf Grund eines schriftlichen Arbeitsvertrags von mindestens einjähriger Dauer beschäftigt wird oder
2. auf Grund eines schriftlichen Arbeitsvertrags auf unbestimmte Zeit beschäftigt wird und ihm ohne wichtigen Grund nur mit mindestens sechsmonatiger Frist gekündigt werden darf.

II Regelt sich das Arbeitsverhältnis nach einem Tarifvertrage, der Vorschriften über die Dauer des Arbeitsvertrags im Sinne des Abs. I Nr. 1 oder 2 enthält, so genügt an Stelle des schriftlichen Arbeitsvertrags die schriftliche, gemeinsam vom Arbeitgeber und Arbeitnehmer unterzeichnete Erklärung, daß sich das Arbeitsverhältnis nach diesen Vorschriften des Tarifvertrags regelt.

III Die Versicherungsfreiheit erlischt:

1. in den Fällen des Abs. I Nr. 1 sechs Monate vor dem Tage, an dem das Arbeitsverhältnis durch Zeitablauf endet, sofern nicht vorher die Dauer des Arbeitsvertrags um mindestens ein weiteres Jahr verlängert wird,
2. in den Fällen des Abs. I Nr. 2 mit dem Tage, der auf die Kündigung des Arbeitsverhältnisses folgt.

§ 72. Versicherungsfrei ist eine Beschäftigung in der Land- und Forstwirtschaft, sofern der Arbeitnehmer zu den im § 165 Abs. I Nr. 1 der Reichsversicherungsordnung bezeichneten Personen gehört und in die häusliche Gemeinschaft des Arbeitgebers aufgenommen ist (ländliches Gesinde).

§ 73. I Versicherungsfrei ist eine Beschäftigung auf Anteil am Fange in der Binnen- und Küstenfischerei und der großen, mit Loggern betriebenen Heringsfischerei (Partenfischerei).

II Der Verwaltungsausschuß des Landesarbeitsamts, das für den Beschäftigungsort zuständig ist, bestimmt, bei welchem Mindestfangteile die Befreiung eintritt.

§ 74. I Versicherungsfrei ist die Beschäftigung auf Grund eines schriftlichen Lehrvertrags von mindestens zweijähriger Dauer. Wird das Lehrverhältnis vorzeitig beendet, der Lehrling aber bei einem anderen Lehrherrn auf Grund eines schriftlichen Lehrvertrags mindestens für den Rest der zweijährigen Dauer weiterbeschäftigt, so ist auch diese Beschäftigung versicherungsfrei. Dem schriftlichen Lehrvertrage steht die schriftliche Anzeige an die Handwerkskammer nach § 126b der Gewerbeordnung in der Fassung des Gesetzes vom 30. Mai 1908 (Reichsgesetzbl. S. 356) gleich.

II Versicherungsfrei ist die Beschäftigung in der Land- und Forstwirtschaft auf Grund eines schriftlichen Lehrvertrags von mindestens einjähriger Dauer.

III Die Versicherungsfreiheit erlischt sechs Monate vor dem Tage, an dem das Lehrverhältnis durch Zeitablauf endet.

§ 75. Versicherungsfrei ist eine Beschäftigung in der Seeschiffahrt, wenn der regelmäßige Jahresarbeitsverdienst den nach § 3 des Angestelltenversicherungsgesetzes festgesetzten Betrag (Grenze der Angestelltenversicherungspflicht) übersteigt. Für die Jahresarbeitsverdienstgrenze werden Zuschläge, die mit Rücksicht auf den Familienstand gezahlt werden (Frauen- und Kinderzuschläge), nicht angerechnet.

[§ 76. Versicherungsfrei ist eine Beschäftigung in der Seeschiffahrt, bei der nach den §§ 159, 1227, 1232, 1236, 1239 der Reichsversicherungsordnung die Versicherung für den Fall der Invalidität und des Alters nicht erfolgt oder nicht erfolgen würde, wenn der Beschäftigte zu den nach § 1227 Nr. 3 der Reichsversicherungsordnung für den Fall der Invalidität und des Alters versicherten Berufsgruppen gehörte.][3]

§ 77.[2] Soweit auf Grund der §§ 70, 72, 73 und 75 Versicherungsfreiheit für Beschäftigungen in Anspruch genommen wird, die der Krankenversicherungspflicht oder der Angestelltenversicherungspflicht unterliegen, ist sie von einer gemeinsamen, vom Arbeitgeber und Arbeitnehmer unterzeichneten Anzeige bei der Stelle (Krankenkasse, Reichsknappschaft oder See-Krankenkasse) abhängig, an die nach § 145 Abs. I Nr. 1 oder 2 dieses Gesetzes ohne die Versicherungsfreiheit die Beiträge für die Reichsanstalt zu entrichten wären. Verweigert ein Vertragsteil seine Unterschrift grundlos, so hat die Krankenkasse (Reichsknappschaft, See-Krankenkasse) auf Antrag des anderen Teiles dessen Unterschrift für ausreichend zu erklären.

II In den Fällen der §§ 71 und 74 genügt die Anzeige durch den Arbeitgeber; ihr ist der schriftliche Arbeits- oder Lehrvertrag oder in den Fällen des § 71 Abs. II die dort vorgesehene schriftliche Erklärung des Arbeitgebers und des Arbeitnehmers beizufügen.

III Die Anzeige muß angeben, für welches Beschäftigungsverhältnis, für welche Dauer und aus welchem Grunde die Versicherungsfreiheit in Anspruch genommen wird. Die Krankenkasse (Reichsknappschaft, See-Krankenkasse) ist berechtigt, die Vorlegung der schriftlichen Arbeitsverträge (Lehrverträge) zu verlangen, soweit solche vorhanden sind.

IV Die Versicherungsfreiheit beginnt mit dem Montag der Woche, in der die Anzeige eingeht. Wird die Anzeige mit der Anmeldung zur Krankenversicherung verbunden, so beginnt die Versicherungsfreiheit mit dem Beschäftigungsverhältnisse, wenn die Anmeldung innerhalb der Frist des § 317 Abs. 1 der Reichsversicherungsordnung erstattet wird.

V Die Versicherungsfreiheit tritt nicht ein, wenn die Krankenkasse (Reichsknappschaft, See-Krankenkasse) feststellt, daß die Voraussetzungen nicht gegeben sind. Gegen die Entscheidung der Krankenkasse (Reichsknappschaft, See-Krankenkasse) kann das Versicherungsamt (Beschlußausschuß), gegen dessen Entscheidung das Oberversicherungsamt (Beschlußkammer) angerufen werden. Das Oberversicherungsamt entscheidet endgültig.

VI Die Versicherungsfreiheit erlischt mit dem Zeitpunkt, in dem die Voraussetzungen nicht mehr vollständig gegeben sind.

§ 78.[2] Die Krankenkasse (Reichsknappschaft, See-Krankenkasse) hat alle Anzeigen, die sie nicht beanstandet, unverzüglich dem Vorsitzenden des Landesarbeitsamts vorzutragen. Der Vorsitzende des Landesarbeitsamts kann die Vorprüfung der Anzeigen den Vorsitzenden der Arbeitsämter übertragen. Der Vorsitzende des Landesarbeitsamts oder in seinem Auftrag der Vorsitzende des Arbeitsamt kann die Entscheidung des Versicherungsamts (Beschlußausschuß) darüber herbeiführen, ob die Voraussetzungen der Versicherungsfreiheit gegeben sind. Vor der Entscheidung soll das Versicherungsamt der Krankenkasse (Reichsknappschaft, See-Krankenkasse) sowie dem Arbeitgeber und dem Arbeitnehmer Gelegenheit zur Äußerung geben. Gegen die Entscheidung des Versicherungsamts ist Beschwerde an das Oberversicherungsamt (Beschlußkammer) zulässig. Das Oberversicherungsamt entscheidet endgültig. Entscheidet die zuständige Stelle, daß der

---

[3]) Aufgehoben durch Gesetz vom 16. Dez. 1927 (RGBl. I S. 337).

Vorstand der Krankenkasse (Reichsknappschaft, See-Krankenkasse) die Versicherungsfreiheit zu Unrecht erkannt hat, so kann der Vorstand der Krankenkasse (Reichsknappschaft, See-Krankenkasse) nicht für die Beiträge haftbar gemacht werden, die nachträglich zu erheben sind.

§ 79. I Wer als unständig Beschäftigter Mitglied der allgemeinen Ortskrankenkasse oder der Landkrankenkasse ist, die Beschäftigung aber nur als Nebenerwerb und in der Regel weniger als insgesamt 26 Wochen im Jahre ausübt, wird auf seinen Antrag von der Versicherungspflicht befreit.

II Über den Antrag auf Befreiung entscheidet die Krankenkasse, deren Mitglied der unständig Beschäftigte ist. Die Befreiung wirkt vom Eingang des Antrags aus. Wird der Antrag abgelehnt, so entscheidet auf Beschwerde das Versicherungsamt (Beschlußausschuß) endgültig.

§ 80. I Auf Antrag des Arbeitgebers wird eine Beschäftigung von der Versicherungspflicht befreit, wenn der Arbeitgeber seit mindestens einem Jahre vor dem Inkrafttreten dieses Gesetzes eine finanziell gesicherte Einrichtung zur Versorgung seiner Arbeitnehmer für den Fall der Arbeitslosigkeit unterhält und dem Arbeitnehmer hieraus bei Arbeitslosigkeit Rechtsansprüche auf Leistungen zustehen, die über die der Arbeitslosenversicherung nach diesem Gesetz hinausgehen. Die Krisenunterstützung (§ 101) ist keine Leistung der Arbeitslosenversicherung im Sinne dieser Vorschrift.

II Ob die Voraussetzungen bei einer Einrichtung der im Abs. I genannten Art gegeben sind, stellt der Präsident der Reichsanstalt mit Zustimmung des Reichsarbeitsministers fest.

III Bei der Feststellung nach Abs. II ist gleichzeitig ein Betrag festzusetzen, den der Arbeitgeber als Beitrag zu den Kosten der öffentlichen Arbeitsvermittlung und Berufsberatung an die Reichsanstalt zu zahlen hat.

§ 81. Das Versicherungsverhältnis Versicherungspflichtiger beginnt mit dem Tage des Eintritts in die versicherungspflichtige Beschäftigung oder mit dem Erlöschen der Versicherungsfreiheit.

§ 82. Das Versicherungsverhältnis Versicherungspflichtiger erlischt mit dem Ausscheiden aus der versicherungspflichtigen Beschäftigung.

§ 83. Abweichend von den §§ 81 und 82 beginnt bei unständig Beschäftigten, die der Krankenversicherungspflicht unterliegen und nicht auf ihren Antrag von der Pflicht zur Arbeitslosenversicherung befreit sind (§ 79), das Versicherungsverhältnis mit der Eintragung und endet mit der Löschung in dem Mitgliederverzeichnisse der zuständigen Krankenkasse.

§ 84. I Soweit der Versicherungspflichtige auch für den Fall der Krankheit pflichtversichert ist, gelten über die An-, Um- und Abmeldung die Vorschriften der Krankenversicherung entsprechend. Mit der Anmeldung zur Krankenversicherung gilt die Anmeldung zur Arbeitslosenversicherung als erfolgt, soweit die Beschäftigung beiden Versicherungen unterliegt. Eine Ummeldung in der Krankenversicherung gilt auch für die Arbeitslosenversicherung. Mit der Abmeldung von der Krankenversicherung gilt die Abmeldung von der Arbeitslosenversicherung als erfolgt.

II Bei der Abmeldung von der Krankenversicherung ist anzuzeigen, ob die Beschäftigung der Arbeitslosenversicherung unterlag oder nicht.

III Wird eine Beschäftigung, die der Krankenversicherung, nicht aber der Arbeitslosenversicherung unterlag, auch in dieser versicherungspflichtig, so bedarf es einer Anmeldung.

§ 85.[2]) Versicherungspflichtige, die angestelltenversicherungspflichtig, aber nicht krankenversicherungspflichtig sind, sind von ihrem Arbeitgeber unverzüglich derjenigen Stelle (Krankenkasse, Reichsknappschaft oder See-Krankenkasse) zu melden, an die nach § 145 Abs. I die Beiträge für die Reichsanstalt zu entrichten sind.

II Für die An-, Um- und Abmeldung gelten die Vorschriften der Krankenversicherung entsprechend.

§ 86. I Angestellte, die wegen Überschreitung der angestelltenversicherungspflichtigen Gehaltsgrenze der Versicherungspflicht ausscheiden, sind berechtigt, sich weiterzuversichern.

II Wer von der freiwilligen Versicherung Gebrauch machen will, muß es der zuständigen Krankenkasse binnen drei Wochen nach dem Ausscheiden aus der versicherungspflichtigen Beschäftigung anzeigen.

III Das Nähere über die freiwillige Weiterversicherung, insbesondere über Beginn und Ende des Versicherungsverhältnisses, bestimmt der Verwaltungsrat der Reichsanstalt mit Zustimmung des Reichsarbeitsministers.

B. Versicherungsleistungen.

I. Arbeitslosenunterstützung.

§ 87. Anspruch auf Arbeitslosenunterstützung hat, wer

1. arbeitsunfähig, arbeitswillig, aber unfreiwillig arbeitslos ist,
2. die Anwartschaft erfüllt hat,
3. den Anspruch auf Arbeitslosenversicherung noch nicht erschöpft hat.

§ 88. I Arbeitsfähig im Sinne des § 87 ist, wer imstande ist, durch eine Tätigkeit, die seinen Kräften und Fähigkeit entspricht und ihm unter billiger Berücksichtigung seiner Ausbildung und seines bisherigen Berufs zugemutet werden kann, wenigstens ein Drittel dessen zu erwerben, was geistig und körperlich gesunde Personen derselben Art mit ähnlicher Ausbildung in derselben Gegend durch Arbeit zu verdienen pflegen.

II Werden Empfänger von Arbeitslosenunterstützung durch Krankheit arbeitsunfähig im Sinne des Abs. I, so steht für die ersten drei Tage der Krankheit ihre Arbeitsunfähigkeit dem Fortbezuge der Arbeitslosenunterstützung nicht entgegen, soweit sie nicht auf Grund des § 191 Abs. 2 der Reichsversicherungsordnung schon während dieser Zeit Krankengeld beziehen. Für die weitere Versorgung im Falle der Krankheit gelten die Vorschriften der §§ 117 bis 128 (Eintreten der Krankenversicherung).

III Sind für einen Arbeitnehmer während 26 Wochen Beiträge nach den Vorschriften des fünften Abschnitts entrichtet worden, so darf er unbeschadet des § 89 nur dann als arbeitsunfähig angesehen werden, wenn sich sein körperlicher oder geistiger Zustand nach dem Ausscheiden aus der Beschäftigung, während der die Beiträge entrichtet wurden, so verändert hat, daß die Voraussetzungen des Abs. I nicht mehr vorliegen.

§ 89. Wer Krankengeld, Wochengeld oder eine Ersatzleistung empfängt, die an die Stelle dieser Bezüge tritt, erhält daneben keine Arbeitslosenunterstützung.

§ 90. I Wer sich ohne berechtigten Grund trotz Belehrung über die Rechtsfolgen weigert, eine Arbeit anzunehmen oder anzutreten, auch wenn sie außerhalb seines Wohnorts zu verrichten ist, erhält für die Dauer der auf die Weigerung folgenden vier Wochen keine Arbeitslosenunterstützung.

II Ein berechtigter Grund liegt nur vor, wenn

1. für die Arbeit nicht der tarifliche oder, soweit ein solcher nicht besteht, der im Beruf ortsübliche Lohn gezahlt wird, oder
2. die Arbeit dem Arbeitslosen nach seiner Vorbildung oder früheren Tätigkeit oder seinem körperlichen Zustand oder mit Rücksicht auf sein späteres Fortkommen nicht zugemutet werden kann, oder
3. die Arbeit durch Ausstand oder Aussperrung frei geworden ist, für die Dauer des Ausstandes oder der Aussperrung, oder
4. die Unterkunft gesundheitlich oder sittlich bedenklich ist, oder
5. die Versorgung der Angehörigen (§ 103 Abs. 2) nicht hinreichend gesichert ist.

III Nach Ablauf von neun Wochen seit Beginn der Unterstützung oder während einer berufsüblichen Arbeitslosigkeit kann der Arbeitslose die Annahme und den Antritt einer Arbeit nicht mehr aus dem Grunde verweigern, weil sie ihm nach seiner Vorbildung oder seiner früheren Tätigkeit nicht zugemutet werden könne, es sei denn, daß ihm die Ausübung erhebliche Nachteile für sein späteres Fortkommen bringen würde. Der Verwaltungsrat der Reichsanstalt ist berechtigt, für einzelne Berufe oder Berufsgruppen die Frist zu verlängern.

§ 91. I Für Arbeitslose unter 21 Jahren, bei denen die Voraussetzungen einer Berufsumschulung oder -fortbildung nicht gegeben sind, und für Arbeitslose, die auf Grund des § 101 Krisenunterstützung erhalten, ist die Unterstützung von einer Arbeitsleistung abhängig, soweit dazu Gelegenheit besteht.

II Den Arbeitslosen dürfen nur solche Arbeiten zugewiesen werden, die

1. sonst überhaupt nicht oder nicht zu dieser Zeit oder nicht in diesem Umfang ausgeführt werden würden,
2. gemeinnützig sind, insbesondere hilfsbedürftigen Personenkreisen zugute kommen,
3. ihnen nach ihrem Lebensalter, ihrem Gesundheitszustand und ihren häuslichen Verhältnissen zugemutet werden können,
4. ihre Vermittlung in Arbeit nicht verzögern,
5. ihnen keine Nachteile für ihr späteres Forkommen bringen.

III Regelmäßige Arbeiten, die fortlaufend die Arbeitstätigkeit eines Arbeitnehmers beanspruchen, dürfen nicht im Wege der Pflichtarbeit ausgeführt werden.

IV Für Mehraufwendungen, die den Arbeitslosen bei ordnungsmäßiger Ausführung der zugewiesenen Arbeiten entstehen, ist ihnen durch den Träger der Arbeit angemessene Entschädigung zu gewähren.

V Der Verwaltungsausschuß des Arbeitsamts, das nach § 168 für die Unterstützung zuständig ist, trifft über die Durchführung nähere Bestimmungen; er wählt insbesondere die Arbeiten aus und setzt die Höchstarbeitsdauer fest. Die Höchstarbeitsdauer, die von den Arbeitslosen in einem bestimmten Zeitraum gefordert werden darf, muß in angemessenem Verhältnis zu der auf den gleichen Zeitraum entfallenden durchschnittlichen Arbeitslosenunterstützung stehen. Beschlüsse zur Durchführung dieser Bestimmungen sind nur wirksam, wenn mindestens zwei Drittel der Mitglieder des Verwaltungsausschusses zustimmen.

§ 92. I Wer sich ohne berechtigten Grund weigert, sich einer Berufsumschulung oder -fortbildung zu unterziehen, die geeignet ist, ihm die Aufnahme von Arbeiten zu erleichtern, ohne daß ihm dadurch Kosten erwachsen, erhält für die Dauer der auf die Weigerung folgenden vier Wochen keine Arbeitslosenunterstützung.

II § 90 Abs. II Nr. 2 bis 5 und Abs. III finden entsprechende Anwendung.

§ 93. I Wer seine Arbeitsstelle ohne wichtigen oder ohne berechtigten (§ 90 Abs. II Nr. 1, 2, 4, 5) Grund aufgegeben oder durch ein Verhalten, das zur fristlosen Entlassung berechtigt, verloren hat, erhält für die ersten vier Wochen der Arbeitslosigkeit, die danach eintritt, keine Arbeitslosenunterstützung. Diese Frist läuft auch während der Zeit, in der der Arbeitslose auf behördliche Anordnung in einer Anstalt verwahrt wurde.

II Die für die Entscheidung über die Unterstützung zuständige Stelle kann die Frist des Abs. I bis auf zwei Wochen abkürzen, wenn die Lage des Falles eine mildere Beurteilung rechtfertigt.

§ 94. I Arbeitslose, deren Arbeitslosigkeit durch einen inländischen Ausstand oder eine inländische Aussperrung verursacht ist, erhalten während des Ausstandes oder der Aussperrung keine Arbeitslosenunterstützung.

II In Fällen, in denen die Arbeitslosigkeit durch Ausstand oder Aussperrung mittelbar verursacht ist, namentlich bei Ausstand oder Aussperrung außerhalb des Betriebs, des Berufskreises oder des Arbeits- oder Wohnorts des Arbeitslosen, sind die Ardbeitslosen zu unterstützen, wenn die Verweigerung der Arbeitslosenunterstützung eine unbillige Härte wäre.

III Der Verwaltungsrat der Reichsanstalt erläßt Richtlinien darüber, in welchen Fällen eine unbillige Härte anzunehmen ist. Dabei ist vorzusorgen, daß durch die Arbeitslosenunterstützung nicht in die Wirtschaftskämpfe eingegriffen wird. Die Richtlinien bedürfen der Genehmigung des Reichsarbeitsministers.

IV Ob und von welchem Zeitpunkt an eine unbillige Härte im Sinne des Abs. II vorliegt, entscheidet der Verwaltungsausschuß des Landesarbeitsamts. Erstreckt sich der Ausstand oder die Aussperrung über den Bezirk des Landesarbeitsamts hinaus, so tritt an die Stelle des Verwaltungsausschusses des Landesarbeitsamts der Vorstand der Reichsanstalt. Auch sonst kann der Vorstand die Entscheidung jederzeit an sich ziehen.

V Für die Entscheidungen auf Grund des Abs. IV wird der Verwaltungsausschuß des Landesarbeitsamts durch zwei Beisitzer verstärkt, von denen der eine durch die Arbeitgeberbeisitzer, der andere durch die Arbeitnehmerbeisitzer für die Dauer eines Jahres gewählt wird. Sie dürfen weder Arbeitgeber noch Arbeitnehmer sein. Das Entsprechende gilt für die Entscheidungen, die der Vorstand auf Grund des Abs. IV und des § 190 trifft. Die Entscheidungen des Vorstandes sind endgültig.

§ 95. I Die Anwartschaftszeit ist erfüllt, wenn der Arbeitslose in den letzten zwölf Monaten während sechsundzwanzig Wochen in einer versicherungspflichtigen Beschäftigung gestanden hat. Die zwölf Monate müssen dem Tage unmittelbar vorausgehen, an dem sich der Arbeitslose als solcher bei dem zuständigen Arbeitsamt erstmals meldet (Arbeitslosmeldung).

II In die Frist von zwölf Monaten wird diejenige Zeit nicht eingerechnet, während der der Arbeitslose

1. durch eine versicherungsfreie Arbeitnehmertätigkeit oder durch selbständige Arbeit den erforderlichen Lebensunterhalt erworben hat, oder
2. eine versicherungspflichtige Beschäftigung ausgeübt hat, die nicht zur Erfüllung einer neuen Anwartschaftszeit ausreicht, oder
3. sich in einem geregelten Ausbildungsgange zur Berufsumschulung oder -fortbildung befunden hat oder
4. nach § 113 Abs. I keine Arbeitslosenunterstützung erhalten durfte, weil er noch Leistungen aus dem Arbeitsverhältnisse bezog, oder
5. durch Krankheit, Schwangerschaft oder Wochenbett zeitweise arbeitsunfähig und nachweislich verhindert gewesen ist, seine versicherungspflichtige Beschäftigung fortzusetzen, oder
6. auf behördliche Anordnung in einer Anstalt verwahrt wurde, oder
7. Arbeitslosenunterstützung erhielt, ohne seinen Anspruch auf die Unterstützung zu erschöpfen (§ 99).

III Voraussetzung ist in diesen Fällen jedoch, daß der Arbeitslose in den drei Jahren vor dem Tage der Arbeitslosmeldung während sechsundzwanzig Wochen in einer versicherungspflichtigen Beschäftigung gestanden hat.

IV Erwirbt der Arbeitslose durch erneute Beschäftigung eine neue Anwartschaft, so erlöschen frühere Anwartschaften.

§ 96. Für den Erwerb der Anwartschaft steht eine Beschäftigung, die nur auf Grund des § 71 versicherungsfrei ist, einer versicherungspflichtigen Beschäftigung gleich, wenn das Arbeitsverhältnis ohne Zustimmung des Arbeitnehmers und ohne sein Verschulden vorzeitig gelöst wird.

§ 97. Für den Erwerb der Anwartschaft steht die Zeit der freiwilligen Weiterversicherung (§ 86) einer versicherungspflichtigen Beschäftigung gleich.

§ 98. Der Verwaltungsrat der Reichsanstalt kann anordnen, daß für die Erfüllung der Anwartschaft die Zeit, während der ein unständig Beschäftigter als solcher Mitglied der allgemeinen Orts- oder der Landkrankenkasse war oder ist, einer versicherungspflichtigen Beschäftigung ganz oder teilweise gleichsteht. Die Anordnung kann auf bestimmte Berufe oder Bezirke beschränkt werden. Der Verwaltungsrat der Reichsanstalt kann diese Befugnis dem Verwaltungsausschusse des Landesarbeitamts übertragen.

§ 99. I Der Anspruch auf Arbeitslosenunterstützung ist erschöpft, wenn die Unterstützung für insgesamt sechsundzwanzig Wochen gewährt ist. Sie darf dann erst wieder gewährt werden, wenn die Anwartschaftszeit von neuem erfüllt ist. Dabei macht es keinen Unterschied, ob die neue versicherungspflichtige Beschäftigung vor oder nach Erschöpfung des früheren Unterstützungsanspruchs ausgeübt worden ist; § 95 Abs. 4 bleibt jedoch unberührt.

II Der Verwaltungsrat der Reichsanstalt kann die Höchstdauer der Arbeitslosenunterstützung bei besonders ungünstigem Arbeitsmarkt über sechsundzwanzig Wochen hinaus bis auf neununddreißig Wochen ausdehnen. Die Anordnung kann auf bestimmte Berufe oder Bezirke beschränkt werden. Die Befugnis zur Ausdehnung der Unterstützungshöchstdauer kann den Verwaltungsausschüssen der Landesarbeitsämter für ihre Bezirke übertragen werden.

III Der Verwaltungsrat der Reichsanstalt kann die Höchstdauer der Arbeitslosenunterstützung für Angehörige von Berufen oder Gewerben, in denen eine regelmäßig wiederkehrende Arbeitslosigkeit berufsüblich ist, abweichend festsetzen.

IV Die Beschlüsse des Verwaltungsrats nach Abs. II und III bedürfen der Zustimmung des Reichsarbeitsministers.

§ 100. Der Zeitpunkt, in dem der Anspruch auf die Arbeitslosenunterstützung erschöpft ist (§ 99), wird durch die zeitweilige Nichtgewährung der Arbeitslosenunterstützung in den Fällen der §§ 90, 92, 93 und 114 nicht hinausgeschoben.

§ 101. I In Zeiten andauernd besonders ungünstiger Arbeitsmarktlage hat der Reichsarbeitsminister nach Anhörung des Verwaltungsrats der Reichsanstalt die Gewährung der Arbeitslosenunterstützung als Krisenunterstützung abweichend von den Vorschriften der §§ 95 bis 99 zuzulassen. Die Zulassung kann auf bestimmte Berufe oder Bezirke beschränkt werden. Die Höhe der Unterstützung und die Dauer ihrer Gewährung können beschränkt werden.

II Die Krisenunterstützung erhalten Arbeitslose, die arbeitsfähig, arbeitswillig, aber unfreiwillig arbeitslos und bedürftig sind und entweder

1. die Anwartschaftszeit nach § 95 nicht erfüllt haben, aber in der dort bezeichneten Frist wenigstens dreizehn Wochen in einer versicherungspflichtigen Beschäftigung gestanden haben, oder
2. den Anspruch auf Arbeitslosenunterstützung nach § 99 erschöpft haben.

III Ausländer erhalten die Krisenunterstützung nur, wenn ihr Heimatstaat deutschen Erwerbslosen nachweislich eine gleichwertige Fürsorge gewährt. Ob das der Fall ist, stellt der Reichsarbeitsminister fest. Dieser bestimmt auch, ob und inwieweit Staatlosen die Krisenunterstützung zu gewähren ist.

§ 102. Für die Gewährung der Krisenunterstützung steht der Erschöpfung des Anspruchs auf Arbeitslosenunterstützung die Erschöpfung des Anspruchs auf die Leistungen gleich, die den Arbeitslosen im Falle des § 80 zustehen.

§ 103. I Die Arbeitslosenunterstützung besteht aus der Hauptunterstützung und den Familienzuschlägen für Angehörige.

II Familienzuschläge sind nur für solche Angehörige des Arbeitslosen zu zahlen, die einen familienrechtlichen Unterhaltsanspruch gegen ihn haben oder im Falle seiner Leistungsfähigkeit haben würden, sowie für Stief- und Pflegekinder (zuschlagsberechtigte Angehörige). Der Familienzuschlag darf nur gewährt werden, wenn der Arbeitslose den Angehörigen bis zum Eintritt der Arbeitslosigkeit ganz oder überwiegend unterhalten hat. Diese Einschränkung gilt nicht, wenn ein Unterhaltseinspruch erst nach Eintritt der Arbeitslosigkeit entstanden ist oder im Falle der Leistungsfähigkeit des Arbeitslosen entstanden wäre. Sie gilt ferner nicht, wenn es sich um ein eheliches, für ehelich erklärtes, an Kindes Statt angenommenes oder uneheliches Kind des Arbeitslosen handelt. Bei Stiefkindern gilt die Einschränkung nur, wenn das Stiefkind keinen familienrechtlichen Unterhaltsanspruch gegen einen Dritten hat.

III Der Familienzuschlag wird nicht gewährt, sofern der Angehörige für seine eigene Person Hauptunterstützung bezieht.

§ 104. Die Höhe der Arbeitslosenunterstützung bestimmt sich nach dem Arbeitsentgelte.

§ 105. I Für die Bemessung der Arbeitslosenunterstützung bestehen folgende Lohnklassen:

Klasse I bei einem wöchentlichen Arbeitsentgelte bis 10 Reichsmark,
Klasse II bei einem wöchentlichen Arbeitsentgelte von mehr als 10 bis 14 Reichsmark,
Klasse III bei einem wöchentlichen Arbeitsentgelte von mehr als 14 bis 18 Reichsmark,

Klasse IV bei einem wöchentlichen Arbeitsentgelte von mehr als 18 bis 24 Reichsmark,
Klasse V bei einem wöchentlichen Arbeitsentgelte von mehr als 24 bis 30 Reichsmark,
Klasse VI bei einem wöchentlichen Arbeitsentgelte von mehr als 30 bis 36 Reichsmark,
Klasse VII bei einem wöchentlichen Arbeitsentgelte von mehr als 36 bis 42 Reichsmark,
Klasse VIII bei einem wöchentlichen Arbeitsentgelte von mehr als 42 bis 48 Reichsmark,
Klasse IX bei einem wöchentlichen Arbeitsentgelte von mehr als 48 bis 54 Reichsmark,
Klasse X bei einem wöchentlichen Arbeitsentgelte von mehr als 54 bis 60 Reichsmark,
Klasse XI bei einem wöchentlichen Arbeitsentgelte von mehr als 60 Reichsmark.

II Für die Zugehörigkeit des Arbeitslosen zu der einzelnen Lohnklasse ist das Arbeitsentgelt maßgebend, das er im Durchschnitt der letzten drei Monate seiner Arbeitnehmertätigkeit vor der Arbeitslosmeldung bezogen hat. Soweit er in dieser Zeit infolge Arbeitsmangels die in seiner Arbeitsstätte übliche Zahl von Arbeitsstunden nicht erreicht hat und deswegen Lohnkürzungen unterworfen war, ist das Arbeitsentgelt zugrunde zu legen, das er ohne Kürzung der Arbeitszeit bezogen hätte.

III Für einzelne Gruppen von unständig Beschäftigten kann der Verwaltungsrat der Reichsanstalt Sonderbestimmungen über die Berechnung des Arbeitsentgelts treffen.

§ 106. In jeder Lohnklasse wird der Bemessung der Unterstützung ein Einheitslohn zugrunde gelegt. Der Einheitslohn beträgt

in Klasse	I	8 Reichsmark
„ „	II	12 Reichsmark
„ „	III	16 Reichsmark
„ „	IV	21 Reichsmark
„ „	V	27 Reichsmark
„ „	VI	33 Reichsmark
„ „	VII	39 Reichsmark
„ „	VIII	45 Reichsmark
„ „	IX	51 Reichsmark
„ „	X	57 Reichsmark
„ „	XI	63 Reichsmark

§ 107. I Die Hauptunterstützung beträgt

in der Klasse	I	75 vom Hundert
„ „ „	II	65 „ „
„ „ „	III	55 „ „
„ „ „	IV	47 „ „
„ den Klassen	V und VI	40 „ „
„ der Klasse	VII	37,5 „ „
„ den Klassen	VIII bis XI	35 „ „

des Einheitslohns.

II Als Familienzuschlag werden für jeden zuschlagsberechtigten Angehörigen 5 vom Hundert des Einheitslohns gewährt. Einschließlich der Familienzuschläge darf die Arbeitslosenunterstützung jedoch

in den Klassen	I und II	80 vom Hundert
„ „ „	III	75 „ „
„ „ „	IV	72 „ „
„ den Klassen	V und VI	65 „ „
„ der Klasse	VII	62,5 „ „
„ den Klassen	VIII bis XI	60 „ „

des Einheitslohns in keinem Falle übersteigen.

§ 108. Der Verwaltungsrat der Reichsanstalt kann mit Zustimmung des Reichsarbeitsministers und des Reichsrats weitere Lohnklassen einführen und entsprechend höhere Einheitslöhne festsetzen.

§ 109. I Die Arbeitslosenunterstützung wird bar für die sechs Wochentage gewährt. Auf jeden Unterstützungstag entfällt ein Sechstel des wöchentlichen Unterstützungsbetrages.

II In besonderen Fällen kann die Arbeitslosenunterstützung ganz oder teilweise in Sachleistungen gewährt werden.

§ 110. I Die Arbeitslosenunterstützung wird nach Ablauf von sieben Tagen seit dem Tage der Arbeitslosmeldung gewährt.

II Die Unterstützung wird mit dem Tage der Arbeitslosmeldung gewährt, wenn die Arbeitslosigkeit im unmittelbaren Anschluß an

1. Beschäftigung von weniger als sechs Wochen oder
2. Kurzarbeit von mindestens zweiwöchiger Dauer, infolge deren das Arbeitsentgelt um mindestens ein Drittel gekürzt war, oder
3. Arbeitsunfähigkeit von mindestens einwöchentlicher Dauer oder
4. eine mindestens einwöchentliche Verwahrung auf behördliche Anordnung in einer Anstalt

eintritt.

III Der Verwaltungsrat der Reichsanstalt kann

1. die Frist des Abs. I bis auf drei Tage abkürzen,
2. sie für den Fall der berufsüblichen Arbeitslosigkeit verlängern.

§ 111. I Die Arbeitslosenunterstützung ist der Pfändung nicht unterworfen.

II Sie unterliegt nicht der Einkommensteuer.

§ 112. Was der Arbeitslose durch Gelegenheit verdient, wird auf die Arbeitslosenunterstützung nicht angerechnet, soweit der Verdienst in einer Kalenderwoche 20 vom Hundert desjenigen Betrags nicht übersteigt, den der Arbeitslose bei voller Arbeitslosigkeit an Unterstützung einschließlich der Familienzuschläge für die Kalenderwoche beziehen würde. Der Mehrverdienst wird zu 50 vom Hundert angerechnet.

§ 113.[2]) I Keine Arbeitslosenunterstützung erhält der Arbeitslose

1. für die Zeit, für die er noch Arbeitsentgelt bezieht,
2. für die Zeit, in der er aus der versicherungspflichtigen Beschäftigung ausgeschieden ist, um in seinem Betrieb oder in einem fremden ohne Entschädigung tätig zu sein,
3. wenn er anläßlich des Ausscheidens aus seiner früheren Beschäftigung eine Abfindung oder Entschädigung erhalten hat, solange aus der Abfindung oder Entschädigung für jeden dem Ausscheiden aus der Beschäftigung folgenden Tag der Arbeitslosigkeit ein Betrag in Höhe des Arbeitsentgelts aufgewendet werden kann, das der Arbeitslose für die in seiner Arbeitsstätte übliche Zahl von Arbeitsstunden beziehen würde, wenn er aus seiner Arbeitsstelle nicht ausgeschieden wäre,
4. solange ihm auf Grund des § 59 der Seemannsordnung oder des § 553 des Handelsgesetzbuches Krankenfürsorge gewährt wird.

II Werden einem Arbeitslosen Bezüge aus dem Arbeitsverhältnis (Arbeitsentgelt, Abfindung, Entschädigung) geschuldet und wird ihm entgegen Abs. I bereits Unterstützung gewährt, so hat der Arbeitgeber die Unterstützungsbeträge, die zu Unrecht gewährt sind, der Reichsanstalt zu erstatten; er hat sie an das Arbeitsamt abzuführen, das sie ausgezahlt hat. Streitigkeiten über die Erstattung entscheidet unter Ausschluß des Rechtswegs der Verwaltungsausschuß des Arbeitsamts.

III Der Beginn der Wartezeit (§ 110) wird um die Zeit hinausgeschoben, für die dem Arbeitslosen nach Abs. I keine Arbeitslosenunterstützung zusteht.

IV Ersatz für besondere Leistungen und Aufwendungen gilt nicht als Abfindung oder Entschädigung im Sinne dieser Vorschriften, desgleichen Entschädigungen aus § 87 Abs. I des Betriebsrätegesetzes und § 74 Abs. II des Handelsgesetzbuchs in der Fassung des Gesetzes vom 10. Juni 1914 (Reichsgesetzbl. S. 209).

§ 114. Die Arbeitslosenunterstützung darf für die Tage nicht gewährt werden, für die der Arbeitslose die vorgeschriebenen Meldungen (§ 173) ohne genügende Entschuldigung unterläßt. Eine nachträgliche Entschuldigung ist zulässig.

§ 115. Sind für eine Person nach vorschriftsmäßiger und nicht vorsätzlich unrichtiger Anmeldung unbeanstandet Beiträge zur Reichsanstalt entrichtet worden, so kann der Anspruch auf Arbeitslosenunterstützung nicht mit der Begründung abgelehnt werden, daß der Arbeitslose während der Zeit, für die die Beiträge entrichtet sind, nicht in einer versicherungspflichtigen Beschäftigung gestanden habe.

§ 116. Der Anspruch auf Auszahlung der Arbeitslosenunterstützung ist ausgeschlossen, wenn seit dem Tage, für den sie bewilligt worden ist, drei Monate verstrichen sind.

II. Krankenversicherung Arbeitsloser.

§ 117. Der Arbeitslose ist während des Bezugs der Hauptunterstützung für den Fall der Krankheit versichert. Für die Krankenversicherung gelten die Vorschriften der Reichsversicherungsordnung über Pflichtversicherte, soweit sich nicht aus den folgenden Bestimmungen Abweichendes ergibt.

§ 118. I Soweit es sich um die Rechte und Pflichten aus der Krankenversicherung handelt, tritt an die Stelle der versicherungspflichtigen Beschäftigung der Bezug der Hauptunterstützung. Nach ihm richten sich insbesondere Beginn und Ende der Mitgliedschaft. Soweit Ansprüche auf Leistungen der Krankenversicherung für Angehörige des Versicherten davon abhängen, daß dieser den Angehörigen von seinem Arbeitsverdienst unterhalten hat, steht die Arbeitslosenunterstützung dem Arbeitsverdienste gleich.

II Scheidet ein Arbeitsloser aus der Krankenversicherung aus, weil er keine Hauptunterstützung mehr bezieht, so stehen ihm die Ansprüche aus § 214 der Reichsversicherungsordnung in derselben Weise zu, wie wenn er wegen Erwerbslosigkeit ausgeschieden wäre.

§ 119. I Für die Bemessung des Grundlohns tritt an die Stelle des auf den Kalendertag entfallenden Arbeitsentgelts ein Siebentel des wöchentlichen Einheitslohns (§§ 106, 108).

II Der Vorstand der Reichsanstalt kann mit Zustimmung des Reichsarbeitsministers anordnen oder zulassen, daß für die Einheitslöhne, die nach Abs. I der Berechnung der Grundlöhne zugrunde zu legen sind, Pauschbeträge einzusetzen sind; er kann dabei diese Pauschbeträge selber festsetzen oder ihre Festsetzung den Verwaltungsausschüssen der Landesarbeitsämter für ihren Bezirk übertragen und diesen dann auch die Weiterübertragung auf die Verwaltungsausschüsse der Arbeitsämter gestatten.

§ 120. Als Krankengeld wird derjenige Betrag gewährt, den der Arbeitslose nach den §§ 107, 108 als Arbeitslosenunterstützung erhielte, wenn er nicht erkrankt wäre.

§ 121. I Die Arbeitslosen sind Mitglieder der allgemeinen Ortskrankenkasse, in deren Bezirk ihr Wohnort oder Aufenthaltsort liegt, der für die Zuständigkeit zur Gewährung der Unterstützung nach § 168 maßgebend ist. Besteht für diesen Ort keine allgemeine Ortskrankenkasse, so sind sie Mitglieder der Landkrankenkasse.

II Arbeitslose, die vor Eintritt der Arbeitslosigkeit auf Grund des Reichsknappschaftsgesetzes gegen Krankheit versichert waren, sind Mitglieder der für den Sitz des Arbeitsamts zuständigen Bezirksknappschaft.

§ 122. I Der Verwaltungsausschuß des Arbeitsamts kann beschließen, daß an die Stelle der nach § 121 Abs. I zuständigen Krankenkasse eine andere Krankenkasse (§ 225 der Reichsversicherungsordnung) tritt, die in seinem Bezirk ihren Sitz hat und deren Leistungen denen der eigentlich zuständigen Kasse mindestens gleichwertig sind.

II Der Beschluß muß bestimmen, von welchem Zeitpunkt an er wirksam werden soll. Der Zeitpunkt darf nicht vor dem zweiten Montag nach der Beschlußfassung liegen.

III Der Beschluß ist beiden beteiligten Kassen unverzüglich mitzuteilen.

§ 123.[2]) I Arbeitslose, die zur Fortsetzung oder Aufrechterhaltung einer Versicherung gegen Krankheit bei einer Krankenkasse nach der Reichsversicherungsordnung oder dem Reichsknappschaftsgesetze oder bei der See-Krankenkasse berechtigt sind, können dort Mitglieder bleiben. Ebenso können Mitglieder von Ersatzkassen bei diesen Mitglied bleiben.

II Arbeitslose, die von dem Rechte nach Abs. I Gebrauch machen wollen, können dies nur binnen einer Woche nach dem Antrag auf Arbeitslosenunterstützung und nur so lange tun, als sie noch keine Leistungen aus der nach § 121 oder § 122 zuständigen Krankenkasse beansprucht haben.

§ 124. I Auf Antrag der Krankenkasse, die nach § 121 Abs. I oder § 122 zuständig ist, hat der Vorsitzende des Arbeitsamts Arbeitslose, die vor Eintritt der Arbeitslosigkeit Mitglieder einer anderen Krankenkasse waren, bei dieser zu versichern, wenn ihr mindestens 50 Arbeitslose zu überweisen sind.

II Er hat dabei zu bestimmen, von welchem Zeitpunkt an die Überweisung wirksam werden soll. Die Krankenkasse, die den Antrag gestellt hat, kann nicht verlangen, daß dieser Zeitpunkt vor dem zweiten Montag nach Eingang ihres Antrags liegt.

III Die Überweisung ist den beteiligten Kassen unverzüglich mitzuteilen.

IV In besonderen Notfällen kann das Oberversicherungsamt die Krankenkasse ermächtigen, die Überweisung schon dann zu verlangen, wenn der anderen Krankenkasse weniger als 50, aber nicht weniger als 25 Mitglieder zu überweisen sind.

§ 125. I Die Beiträge werden aus Mitteln der Reichsanstalt bestritten.

II Versichern sich Arbeitslose nach § 123 in einer höheren als der im § 119 bezeichneten Mitgliederklasse oder Lohnstufe, so werden ihnen aus Mitteln der Reichsanstalt die geleisteten Beiträge nur insoweit ersetzt, als die Reichsanstalt infolgedessen an Beiträgen, die sie nach § 119 zu leisten hätte, erspart.

§ 126. I Meldungen, die nach der Reichsversicherungsordnung vom Arbeitgeber zu erstatten wären, liegen dem zuständigen Arbeitsamt ob.

II Die Frist für Meldungen beträgt zwei Wochen.

§ 127. Soweit einem Arbeitslosen nach den vorstehenden Bestimmungen Ansprüche auf Leistungen der Krankenversicherung zustehen, hat er die Rechte auf Kassenleistungen nach § 214 der Reichsversicherungsordnung nicht.

§ 128. I Für Arbeitslose, die als unständig Beschäftigte Mitglieder der allgemeinen Orts- oder der Landkrankenkasse sind, gelten die §§ 117 bis 126 dieses Gesetzes nicht.

II Erhalten diese Personen Arbeitslosenunterstützung in voller Höhe, so hat das zuständige Arbeitsamt an die Krankenkasse den Beitrag zur Krankenversicherung aus Mitteln der Reichsanstalt zu entrichten; für die Bemessung des Grundlohns tritt an die Stelle des auf den Kalendertag entfallenden Arbeitsentgelts ein Siebentel des wöchentlichen Einheitslohns. Das gleiche gilt, wenn die Arbeitslosenunterstützung auf Grund des § 112 um weniger als die Hälfte gekürzt ist.

III In den Fällen des Abs. II fällt die Beitragspflicht, die nach der Reichsversicherungsordnung für die unständige Beschäftigung gilt, fort.

III. Invaliden-, Angestellten- und knappschaftliche Pensionsversicherung Arbeitsloser.

§ 129. I Aus Mitteln der Reichsanstalt sind für die Invaliden-, Angestellten- und knappschaftliche Pensionsversicherung der Arbeitslosen während des Bezugs der Hauptunterstützung die Beiträge (Anerkennungsgebühren) zu entrichten, die zur Erhaltung der Anwartschaften (§ 1280 der Reichsversicherungsordnung, § 54 Abs. I des Angestelltenversicherungsgesetzes, § 76 des Reichsknappschaftsgesetzes) notwendig sind. In Fällen besonderer Härte, insbesondere wenn zur Erfüllung der Wartezeit nur noch eine geringe Zahl von Beiträgen erforderlich ist, ist das Arbeitsamt verpflichtet, auf Antrag die erforderlichen Beiträge zu leisten. In diesem Falle stehen die Zeiten der Arbeitslosigkeit den Zeiten eines versicherungspflichtigen Beschäftigungsverhältnisses gleich.

II Das Nähere bestimmt der Reichsarbeitsminister mit Zustimmung des Reichsrats. Dabei kann insbesondere die Durchführung ganz oder teilweise den Trägern der Invaliden-, Angestellten- und knappschaftlichen Pensionsversicherung übertragen werden, ohne daß diese Verwaltungskosten dafür berechnen dürfen.

IV. Kurzarbeiterunterstützung.

§ 130. I Der Verwaltungsrat der Reichsanstalt kann mit Zustimmung des Reichsarbeitsministers anordnen oder zulassen, daß Arbeitnehmer, die in einer nach § 69 versicherungspflichtigen Beschäftigung stehen, aber in einer Kalenderwoche infolge Arbeitsmangels die in ihrer Arbeitsstätte übliche Zahl von Arbeitsstunden nicht erreichen und deswegen Lohnkürzungen unterworfen sind, Kurzarbeiterunterstützung aus Mitteln der Reichsanstalt erhalten.

II Die Kurzarbeiterunterstützung darf nicht höher sein als die Arbeitslosenunterstützung, die der Kurzarbeiter erhielte, wenn er arbeitslos wäre. Kurzarbeiterunterstützung und Arbeitsentgelt zusammen dürfen fünf Sechstel des vollen Arbeitsentgelts nicht übersteigen.

Vierter Abschnitt.

Maßnahmen zur Verhütung und Beendigung der Arbeitslosigkeit.

§ 131. Arbeitslosigkeit wird in erster Linie durch Vermittlung von Arbeit verhütet und beendigt.

§ 132. I Weisen Empfänger von Arbeitslosenunterstützung nach, daß sie außerhalb ihres bisherigen Aufenthaltsorts Arbeit im Inland angenommen haben, so kann der Vorsitzende des zuständigen Arbeitsamts (§ 168) die Kosten der Reise nach dem Arbeitsort aus Mitteln der Reichsanstalt ganz oder teilweise bestreiten, soweit es nicht üblich ist oder angemessen erscheint, daß der Arbeitgeber die Kosten übernimmt und Arbeit in größerer Nähe nicht vorhanden ist.

II Für Familienmitglieder des Arbeitslosen, die zu seiner häuslichen Gemeinschaft gehören, kann der Vorsitzende des Arbeitsamts die Reisekosten aus Mitteln der Reichsanstalt ganz oder zum Teil bestreiten, wenn diese Familienmitglieder zur Fortsetzung der häuslichen Gemeinschaft in den Arbeitsort mitreisen oder folgen und ihre Unterkunft dort gesichert ist.

III Der Verwaltungsrat der Reichsanstalt bestimmt, ob und inwieweit bei Annahme einer Arbeit in benachbarten Staaten die Kosten der Reise aus Mitteln der Reichsanstalt bestritten werden dürfen. Anordnungen dieser Art bedürfen der Zustimmung des Reichsarbeitsministers.

§ 133. Solange im Falle des § 132 die Übersiedlung zuschlagsberechtigter Angehöriger nicht möglich ist, kann der Vorsitzende des Arbeitsamts die Familienzuschläge während der Dauer des Arbeitsverhältnisses ganz oder teilweise fortgewähren.

§ 134. Wird eine Gruppe von Empfängern der Arbeitslosenunterstützung an einen andern Arbeitsort entsandt, so kann der Vorsitzende des Arbeitsamts einen sachkundigen Führer beigeben. Die dadurch entstehenden Kosten sind aus Mitteln der Reichsanstalt zu tragen.

§ 135. Sind Empfänger von Arbeitslosenunterstützung an der Aufnahme einer Arbeit von längerer Dauer verhindert, weil ihnen die erforderliche Arbeitsausrüstung nicht zur Verfügung steht, so kann der Vorsitzende des Arbeitsamts das Fehlende aus Mitteln der Reichsanstalt vorstrecken, soweit die Ausrüstung üblicherweise von dem Arbeitnehmer beigebracht wird. Der Vorsitzende des Arbeitsamts kann auf die Rückerstattung ganz oder teilweise verzichten.

§ 136. I Haben Empfänger von Arbeitslosenunterstützung eine Arbeitsstelle angenommen, in der sie vollen Verdienst erst erreichen können, wenn sie die erforderliche Fertigkeit erlangt haben, so kann ihnen der Vorsitzende des Arbeitsamts aus Mitteln der Reichsanstalt bis zur Dauer von acht Wochen einen Zuschuß zum Arbeitsentgelt gewähren.

II Arbeitsentgelt und Zuschuß dürfen zusammen die Höhe des vollen Verdienstes, der Zuschuß allein darf das Anderthalbfache der zuletzt gezahlten Arbeitslosenunterstützung nicht übersteigen.

§ 137. Der Vorsitzende des Arbeitsamts kann Veranstaltungen zur beruflichen Fortbildung und Umschulung insoweit aus Mitteln der Reichsanstalt einrichten oder unterstützen oder das übliche Schulgeld für die Teilnahme zahlen, als sie geeignet sind, Empfänger von Arbeitslosenunterstützung der Arbeitslosigkeit zu entziehen.

§ 138. Für die Durchführung der Maßnahmen nach den §§ 132 bis 137 kann der Verwaltungsrat der Reichsanstalt bindende Richtlinien aufstellen. Er kann das Recht zur Aufstellung der Richtlinien den Verwaltungsausschüssen der Landesarbeitsämter für ihren Bezirk übertragen.

§ 139. I Der Verwaltungsausschuß des Landesarbeitsamts kann zur Förderung von Maßnahmen, die geeignet sind, die Arbeitslosigkeit zu verringern, besondere zur Beschaffung zusätzlicher Arbeitsgelegenheit für die Arbeitslosen, Mittel der Reichsanstalt in Form von Darlehen oder Zuschüssen insoweit zur Verfügung stellen, als die Mittel der Reichsanstalt durch die Maßnahme entlastet werden (wertschaffende Arbeitslosenfürsorge). Der Verwaltungsausschuß des Landesarbeitsamts kann seine Befugnisse aus Satz 1 auf die Verwaltungsausschüsse der Arbeitsämter übertragen. Es dürfen nur solche Maßnahmen gefördert werden, die für die Volkswirtschaft von produktivem Werte sind, und insbesondere solche, die geeignet sind, die Menge einheimischer Nahrungsmittel, Rohstoffe oder Betriebsstoffe zu vermehren. Darlehen und Zuschüsse an private, auf Erwerb gerichtete Unternehmungen dürfen nicht gewährt werden. Der Verwaltungsrat der Reichsanstalt erläßt mit Zustimmung des Reichsarbeitsministers bindende Richtlinien.

II Für Maßnahmen der im Abs. I genannten Art, die für die Wirtschaft und den Arbeitsmarkt besonders wertvoll sind, kann der Reichsarbeitsminister zur Verstärkung der Förderung nach Abs. I Darlehen und Zinszuschüsse aus den verfügbaren Haushaltsmitteln des Reichs bewilligen. Er kann die Reichsanstalt mit der Bewilligung beauftragen oder sie den obersten Landesbehörden übertragen und den obersten Landesbehörden die Weiterübertragung gestatten. In besonderen Ausnahmefällen können Darlehen und Zinszuschüsse aus Haushaltsmitteln des Reichs auch für Maßnahmen bewilligt werden, zu deren Förderung Mittel der Reichsanstalt nicht herangezogen werden.

III Die Bewilligung von Darlehen und Zinszuschüssen aus Reichsmitteln nach Abs. II setzt in der Regel voraus, daß auch das Land, dem die Maßnahme zugute kommt, Darlehen oder Zinszuschüsse in gleicher Höhe gewährt. Die Länder können mit Zustimmung des Vorstandes der Reichsanstalt die Bewilligung der Landesmittel den Vorsitzenden der Landesarbeitsämter übertragen.

IV Werden nach den Bestimmungen der Abs. I bis III öffentliche Notstandsarbeiten gefördert, so kann der Verwaltungsausschuß des Landesarbeitsamts eine obere Grenze für die Entlohnung der Notstandsarbeiter festsetzen. Er kann auch festsetzen, welcher Tarifvertrag für die Entlohnung der Notstandsarbeiter Anwendung finden soll. Auch in diesen Fällen gilt die Entlohnung der Notstandsarbeiter als tariflicher oder ortsüblicher Lohn im Sinne des § 90 Abs. II Nr. 1. Im übrigen werden die Arbeitslosen bei Notstandsarbeiten unter den Bedingungen des freien Arbeitsvertrags beschäftigt.

§ 140. I Der Verwaltungsrat der Reichsanstalt bestimmt, ob und inwieweit Empfängern von Arbeitslosenunterstützung für die Anwendung der §§ 132 bis 139 solche Arbeitslose gleichgestellt werden können, denen nur deshalb keine Arbeitslosenunterstützung gewährt wird, weil die in den §§ 93 oder 110 bestimmte Frist noch nicht abgelaufen oder die im § 95 vorgeschriebene Anwartschaftszeit noch nicht erfüllt ist, sowie solche, denen sie nur deshalb nicht mehr gewährt wird, weil ihr Anspruch nach § 99 erschöpft ist.

II Der Verwaltungsrat der Reichsanstalt kann zulassen, daß weitere Maßnahmen zur Verhütung und Beendigung der Arbeitslosigkeit, die geeignet sind, die Ausgaben für die Arbeitslosenunterstützung einzuschränken, von den Arbeitsämtern oder Landesarbeitsämtern gefördert werden.

§ 141. Für Empfänger von Krisenunterstützung gelten die §§ 132 bis 139 und 140 Abs. II, soweit der Reichsarbeitsminister oder eine Stelle, die er beauftragt hat, die Zustimmung dazu erteilt hat.

Fünfter Abschnitt.

Aufbringung der Mittel.

§ 142. Die Mittel, welche die Reichsanstalt zur Durchführung ihrer Aufgaben benötigt, werden unbeschadet der Vorschrift des § 167 durch Beiträge der Arbeitgeber und der Arbeitnehmer aufgebracht.

§ 143. I Zur Zahlung der Beiträge sind die Versicherten und ihre Arbeitgeber verpflichtet.

II Versicherungspflichtige und ihre Arbeitgeber entrichten die Beiträge je zur Hälfte. Versicherungsberechtigte tragen die Beiträge allein.

§ 144. I Beitragspflichtig werden auch die Arbeitgeber solcher land- und forstwirtschaftlicher Arbeitnehmer, deren Beschäftigung nur auf Grund des § 71 versicherungsfrei war, wenn das Arbeitsverhältnis durch Verschulden des Arbeitgebers beendet wird, bevor die Versicherungsfreiheit erloschen ist. Sie zahlen dann das Doppelte dessen, was als Arbeitgeber- und Arbeitnehmeranteil des Beitrags für sechs Monate zu zahlen gewesen wäre, wenn das Arbeitsverhältnis nicht vorzeitig beendet worden wäre, jedoch nicht mehr als das Doppelte dessen, was als Beitrag zu zahlen gewesen wäre, wenn das Arbeitsverhältnis versicherungspflichtig gewesen wäre.

II Wird das Arbeitsverhältnis durch Verschulden des Arbeitgebers aufgelöst, nachdem die Versicherungsfreiheit erloschen war, so zahlt der Arbeitgeber für die Zeit, die an sechs Monaten fehlt, das Doppelte dessen, was als Arbeitgeber- und Arbeitnehmeranteil des Beitrags zu zahlen gewesen wäre, wenn das Arbeitsverhältnis nicht vorzeitig beendet worden wäre.

§ 145.[2]) I Die Beiträge für Versicherungspflichtige sind zu entrichten:

1. soweit die Versicherten für den Fall der Krankheit versichert sind, als Zuschläge zu den Krankenkassenbeiträgen und mit diesen,
2. soweit die Versicherten nicht für den Fall der Krankheit versichert, aber angestelltenversicherungspflichtig sind, an die Krankenkasse, bei der sie für den Fall der Krankheit pflichtversichert wären, wenn ihr regelmäßiger Jahresarbeitsverdienst nicht die Grenze der Krankenversicherungspflicht (§ 165 der Reichsversicherungsordnung) überstiege, für knappschaftlich versicherte Angestellte jedoch an die Reichsknappschaft.
[3. soweit die Versicherten der Schiffsbesatzung eines deutschen Seefahrzeugs angehören, ohne für den Fall der Krankheit pflichtversichert zu sein, mit den Beiträgen zur Invaliden- und Hinterbliebenenversicherung an die Invaliden-, Witwen- und Waisenversicherungskasse der Seeberufsgenossenschaft (Seekasse). Soweit solche Versicherte der Invaliden- und Hinterbliebenenversicherung nicht unterliegen, sind ihre Beiträge nach Möglichkeit gemeinsam mit den Beiträgen der dort Versicherten abzuführen; der Vorstand der Seekasse kann hierüber Näheres bestimmen.][4])

II Versicherungsberechtigte haben die Beiträge an die Krankenkasse zu entrichten, bei der sie gemeldet sind.

III Auf die Zahlung finden die §§ 28, 29, 394 bis 405 und wenn es sich um Zahlungen an die See-Krankenkasse handelt, außerdem § 490 Abs. 2 Satz 2 und

---

[4]) Ziff. 3 aufgehoben durch Gesetz vom 16. Dez. 1927 (RGBl. I S. 337).

Satz 3 erster Halbsatz und § 493a Abs. 2 der Reichsversicherungsordnung Anwendung. Die Befugnis, rückständige Beiträge zur Reichsanstalt beizutreiben, steht den Ersatzkassen in gleichem Umfang wie den Krankenkassen nach der Reichsversicherungsordnung (§ 225) zu.

§ 146. In den Fällen des § 144 sind die Beiträge an diejenige Stelle zu entrichten, die zum Empfange berechtigt wäre, wenn das Arbeitsverhältnis fortbestände und versicherungspflichtig wäre.

§ 147.[2]) Die Krankenkassen führen die Beiträge unverzüglich an das Landesarbeitsamt ab, in dessen Bezirk sie ihren Sitz haben. Für Betriebskrankenkassen und Ersatzkassen, die außerhalb des Landesarbeitsamtsbezirks, in dem sie ihren Sitz haben, Zweigstellen haben, kann der Vorstand der Reichsanstalt Abweichendes bestimmen.

II Die Reichsknappschaft führt die Beträge unverzüglich an das Landesarbeitsamt ab, in dessen Bezirk die Bezirksknappschaft, die die Beiträge eingenommen hat, ihren Sitz hat.

III Die See-Krankenkasse führt die Beiträge unverzüglich an die Hauptstelle der Reichsanstalt ab.

IV Der Verwaltungsausschuß des Landesarbeitsamts kann anordnen oder zulassen, daß die Krankenkassen in seinem Bezirke die Beiträge an das Arbeitsamt abführen, in dessen Bezirk die Krankenkasse oder eine nach Abs. I Satz 2 zur selbständigen Abführung verpflichtete Zweigstelle ihren Sitz hat. Die Anordnung oder Zulassung kann auf einzelne Arbeitsämter beschränkt werden.

§ 148.[2]) Die Reichsanstalt ist berechtigt, die Einziehung und Abführung der Beiträge durch die Krankenkassen, die Reichsknappschaft und die See-Krankenkasse nachzuprüfen.

§ 149. Der Beitrag besteht aus einem Landesanteil und einem Reichsanteil, wird aber einheitlich erhoben.

§ 150.[2]) I Den Landesanteil setzt der Verwaltungsausschuß des Landesarbeitsamts für seinen Bezirk nach dessen Bedarf fest. Seeleute, die bei der See-Krankenkasse gegen Krankheit versichert sind, gehören zum Bezirke des Landesarbeitsamts, wenn der Heimatshafen ihres Fahrzeugs im Bezirke des Landesarbeitsamt liegt.

II Die Beiträge sind festzusetzen:

1. für die Versicherten, die für den Fall der Krankheit pflichtversichert sind, in Bruchteilen des Grundlohns (Lohnstufen, Mitgliederkassen, wirklicher Arbeitsverdienst), der nach der Reichsversicherungsordnung für die Beiträge zur Krankenversicherung maßgebend ist;
2. für die Versicherten, die wegen der Höhe ihres Arbeitsverdienstes nicht krankenversicherungspflichtig, aber angestelltenversicherungspflichtig sind, und für die freiwillig Versicherten in Bruchteilen des wirklichen Arbeitsverdienstes, soweit dieser den Betrag von 3600 Reichsmark im Jahre nicht übersteigt.
[3. für die Angehörigen der Schiffsbesatzung eines deutschen Seefahrzeugs, die nicht für den Fall der Krankheit pflichtversichert sind, in Bruchteilen des durchschnittlichen Arbeitsverdienstes der Berufsklasse, der der Versicherte angehört. Die Aufstellung der Berufsklassen und die Feststellung des durchschnittlichen Arbeitsverdienstes liegt dem Vorstande der Seekasse ob.][4])

III Die Bruchteile sind für alle im Abs. II genannten Gruppen gleich hoch.

IV Der Landesanteil darf zusammen mit dem Reichsanteil den Reichshöchstsatz (§ 153) nicht übersteigen.

§ 151. Der Vorsitzende des Arbeitsamts fordert die Mittel, die zur Deckung des Versicherungsaufwandes seines Bezirkes erforderlich sind, monatlich bei dem Landesarbeitsamt an. Der Verwaltungsausschuß des Landesarbeitsamts prüft die Rechtmäßigkeit der Aufwendungen und weist die erforderlichen Beträge an.

§ 152. I Der Verwaltungsausschuß des Landesarbeitsamts hat den Arbeitsämtern seines Bezirks auf ihr Verlangen Vorschüsse für den voraussichtlichen Bedarf eines Monats zu gewähren.

II Beitragssummen, die nach § 147 Abs. IV unmittelbar an das Arbeitsamt abgeführt sind, gelten als Vorschüsse. Das Arbeitsamt darf sie nur insoweit zurückbehalten, als sie zusammen mit sonstigen Vorschüssen den voraussichtlichen Bedarf eines Monats nicht übersteigen. Mehrbeträge hat es unverzüglich an das Landesarbeitsamt abzuführen. Das gleiche gilt von den Erstattungen, die nach den §§ 113 Abs. II, 179, 180 Abs. II an das Arbeitsamt zurückfließen.

§ 153. I Der Verwaltungsrat der Reichsanstalt setzt jeweils einen Hundertsatz des Arbeitsentgelts, nach dem gemäß § 150 Abs. II die Beiträge bemessen werden, als Reichshöchstsatz und einen Hundertsatz als Reichsanteil fest.

II Reichshöchstsatz und Reichsanteil sind so zu bemessen, daß mit dem Reichsanteile die Fehlbeträge in den überlasteten Landesarbeitsamtsbezirken gedeckt werden können und ein Notstock in der gesetzlich (§ 159) vorgesehenen Höhe gesammelt und erhalten werden kann.

III Der Reichshöchstsatz darf jedoch 3 vom Hundert des für die Bemessung maßgebenden Arbeitsentgelts nicht übersteigen.

§ 154. Die Landesarbeitsämter führen den Reichsanteil monatlich an die Hauptstelle der Reichsanstalt ab.

§ 155. Ergibt sich am Schlusse eines Kalendermonats bei einem Landesarbeitsamt ein Überschuß des Beitragsaufkommens über den Bedarf, so ist die Hälfte des Überschusses an die Hauptstelle der Reichsanstalt abzuführen. Die andere Hälfte verbleibt dem Landesarbeitsamt zur Deckung künftigen Bedarfs. Der Verwaltungsausschuß des Landesarbeitsamts prüft unverzüglich, inwieweit im Hinblick darauf der Landesanteil des Beitrags herabzusetzen ist.

§ 156. Haben sich bei einem Landesarbeitsamt drei Monate hindurch Überschüsse ergeben, oder hat der Landesanteil drei Monate hindurch den nach § 150 Abs. IV zulässigen Höchstsatz nicht erreicht, so kann der Verwaltungsausschuß des Landesarbeitsamts den Arbeitsämtern seines Bezirks einen Teil des Landesanteils als Bezirksanteil derart überweisen, daß der Verwaltungsausschuß des Arbeitsamts berechtigt ist, den Bezirksanteil herabzusetzen, soweit dies ohne Schaden für die Erfüllung der gesetzlichen Aufgaben möglich ist. Macht er von dieser Berechtigung Gebrauch, so darf das Landesarbeitsamt dem Arbeitsamt für die Geltungsdauer dieses Beschlusses sowie bis zum Ablauf des auf seine Aufhebung folgenden Kalendermonats Mittel zur Deckung des Bedarfs nicht anweisen. Entsteht dadurch ein Ausfall, so ist er von den Versicherten des Arbeitsamt und ihren Arbeitgebern durch erhöhte Beiträge zu decken.

§ 157. I Deckt in einem Kalendermonat das Beitragsaufkommen eines Landesarbeitsamts den Bedarf nicht, obwohl während dieses und des vorhergehenden Monats im ganzen Bezirk der Reichshöchstsatz erhoben worden ist, und sind keine Überschüsse aus dem Aufkommen früherer Monate vorhanden, so erstattet auf Antrag des Vorsitzenden des Landesarbeitsamts der Vorstand der Reichsanstalt den Fehlbetrag.

II Fehlbeträge eines Landesarbeitsamts, die vom Vorstand nicht erstattet werden, weil im Bezirk des Landesarbeitsamts nicht oder nicht lange genug oder nicht überall der Reichshöchstsatz erhoben worden ist, sind dadurch zu decken, daß der Landesanteil des Beitrags erhöht wird.

§ 158.[2] Der Verwaltungsrat der Reichsanstalt bestimmt, inwieweit die Beiträge, die von der See-Krankenkasse nach § 147 Abs. III an die Hauptstelle der Reichsanstalt abgeführt werden, für den Ausgleich nach § 157 zu verwenden oder auf bestimmte Laedesarbeitsämter aufzuteilen sind.

§ 159. I Mittel der Hauptstelle der Reichsanstalt, die nicht nach § 157 zur Deckung von Fehlbeträgen verwandt werden, bilden den Notstock der Versicherung.

II Der Notstock soll mindestens in der Höhe des Betrags gehalten werden, der zur Unterstützung von 600 000 Arbeitslosen für drei Monate erforderlich ist.

III Solange der Notstock nicht die im Abs. II vorgesehene Höhe hat, darf der Reichshöchstsatz nur mit Zustimmung des Reichsarbeitsministers und des Reichsministers der Finanzen niedriger als 3 vom Hundert des für die Bemessung der Beiträge maßgebenden Arbeitsentgelts festgesetzt werden.

§ 160. Ist der Notstock erschöpft oder besteht Gefahr, daß er sich erschöpft, so hat der Verwaltungsrat der Reichsanstalt den Beitrag einheitlich für das Reichsgebiet festzusetzen.

§ 161. Ist der Beitrag nach § 160 einheitlich für das Reichsgebiet festgesetzt, so gelten an Stelle der §§ 149, 150 Abs. I und IV, §§ 153 bis 156, §§ 157 und 159 Abs. 3 folgende Vorschriften:

1. Die Trennung im Landesteil und Reichsanteil sowie eine etwaige Unterteilung des Landesanteils fällt fort.
2. Der Beitrag beträgt 3 vom Hundert des für die Bemessung maßgebenden Arbeitsentgelts.
3. Ergibt sich am Schlusse eines Kalendermonats bei einem Landesarbeitsamt ein Überschuß des Beitragsaufkommens über den Bedarf, so hat es ihn insoweit an die Hauptstelle abzuführen, als er zusammen mit den voraussichtlichen Einnahmen des folgenden Monats dessen voraussichtliche Ausgaben übersteigt.
4. Deckt in einem Kalendermonate das Beitragsaufkommen eines Landesarbeitsamts den Bedarf nicht und sind keine hinreichenden Überschüsse aus dem Aufkommen früherer Monate vorhanden, so erstattet auf Antrag des Vorsitzenden des Landesarbeitsamts der Vorstand der Reichsanstalt den Fehlbetrag.

§ 162. Die Festsetzung des einheitlichen Beitrags für das Reichsgebiet ist aufzuheben sobald der Notstock der Versicherung die Höhe erreicht hat, die im § 159 Abs. II vorgesehen ist.

§ 163. Kann der Bedarf der Reichsanstalt aus den Beiträgen und aus dem Notstock nicht völlig gedeckt werden, obwohl der Beitrag rechtzeitig einheitlich für das Reichsgebiet festgesetzt ist, so gewährt der Reichsarbeitsminister mit Zustimmung des Reichsministers der Finanzen Darlehen.

§ 164. I Das Nähere über die Abführung, Verwaltung und Abrechnung der Beiträge durch die Krankenkassen, die Reichsknappschaft und die See-Krankenkasse bestimmt der Reichsarbeitsminister nach Anhörung des Verwaltungsrats und der Spitzenverbände der Krankenkassen.

II Über die Anlage von Geldern der Reichsanstalt erläßt der Verwaltungsrat Bestimmungen. Diese bedürfen der Zustimmung der Reichsregierung.

§ 165.[2]) Die Krankenkassen, die Reichsknappschaft und die See-Krankenkasse erhalten zur Abgeltung der Kosten, die ihnen durch die Einziehung und Abführung der Beiträge und durch die Bearbeitung der Befreiungsanzeigen entstehen, eine Vergütung aus den Beiträgen. Das Nähere bestimmt der Reichsarbeitsminister nach Anhörung der Spitzenverbände der Krankenkassen und des Verwaltungsrats der Reichsanstalt.

[**§ 166.** Fallen die Aufgaben, die zur Errichtung der See-Krankenkasse geführt haben, weg oder werden sie einer anderen Stelle übertragen, so bestimmt der Reichsarbeitsminister, ob die See-Krankenkasse für die Aufgaben, die ihr nach diesem Gesetz obliegen, bestehen bleibt oder welcher anderen Stelle sie zu übertragen sind. Vor der Entscheidung sind der Vorstand der See-Krankenkasse und der Seemännische Verwaltungsrat zu hören.][3])

§ 167. I Von dem notwendigen Aufwand, der durch die Krisenunterstützung (§ 101) entsteht, trägt vier Fünftel das Reich. Den Rest des Aufwandes tragen die Gemeinden, in denen nach § 168 die örtliche Zuständigkeit zur Krisenunterstützung begründet ist.

II In gleicher Weise wie nach Abs. I ist der Aufwand für die Krankenversicherung (§§ 117 bis 128), die Erhaltung der Anwartschaft in der Invaliden-, Angestellten- und knappschaftlichen Pensionsversicherung (§ 129) und mit

Ausnahme der Arbeitsvermittlung, für Maßnahmen zur Verhütung und Beendigung der Arbeitslosigkeit (§§ 132 bis 139 und 140 Abs. 2) zu tragen, soweit es sich um Empfänger von Krisenunterstützung handelt.

Sechster Abschnitt.

Verfahren.

A. Unterstützungsverfahren.

§ 168. I Den Antrag auf Arbeitslosenunterstützung hat der Arbeitslose persönlich bei dem Arbeitsamte zu stellen, in dessen Bezirk er bei der Arbeitslosmeldung seinen Wohnort hat. Hat der Arbeitslose keinen Wohnort oder konnte er sich infolge seiner Berufstätigkeit an seinem Wohnort in der Regel nicht aufhalten, so ist das Arbeitsamt zuständig, in dessen Bezirk er sich bei der Arbeitslosmeldung aufhält, im zweiten Falle jedoch nur solange, als er sich an seinem Wohnort nicht aufhält.

II Wer sich in einem Orte aufhält, um eine Beschäftigung auszuüben, die ihrer Natur nach auf einen Teil des Jahres beschränkt ist, begründet dadurch allein noch keinen Wohnort.

III Der Vorsitzende des Arbeitsamts kann auf Antrag des Arbeitslosen ein anderes Arbeitsamt für zuständig erklären. Lehnt er das ab, so entscheidet der Verwaltungsausschuß des Arbeitsamts. Handelt es sich um ein Arbeitsamt im Bezirk eines anderen Landesarbeitsamts, so bedarf es der Zustimmung auch des Vorsitzenden oder Verwaltungsausschusses dieses Landesarbeitsamts. Die Anträge können in den Ausschüssen nur mit Zweidrittelmehrheit abgelehnt werden.

IV Bei Streit darüber, welches Arbeitsamt nach Abs. I bis III zuständig ist, entscheidet endgültig, wenn die Arbeitsämter dem Bezirke des gleichen Landesarbeitsamts angehören, dessen Vorsitzender, andernfalls der Präsident der Reichsanstalt.

§ 169. I Männlichen unterstützungsberechtigten Arbeitslosen, die eine Lehrzeit beendigt haben, kann auf ihren Antrag vom Vorsitzenden des Arbeitsamts ein Wanderschein ausgestellt werden, wenn das Wandern zur Erlangung einer geeigneten Beschäftigung und beruflichen Weiterbildung zweckmäßig erscheint.

II Der Wanderschein darf für denselben Arbeitslosen innerhalb eines Jahres nur einmal ausgestellt werden, er ist auf höchstens zehn Wochen zu befristen.

III Der Wanderschein begründet die Zuständigkeit zum Bezuge der Arbeitslosenunterstützung in den Orten der Wanderschaft.

IV Das Nähere bestimmt der Verwaltungsrat der Reichsanstalt mit Zustimmung des Reichsarbeitsministers. Dabei kann insbesondere bestimmt werden, daß die Arbeitslosenunterstützung während der Wanderschaft ganz oder teilweise in Sachleistungen gewährt wird.

§ 170. I Der Arbeitslose, der den Antrag auf Unterstützung stellt, hat dabei glaubhaft zu machen, daß und wielange er in einem versicherungspflichtigen Arbeitsverhältnisse gestanden hat. Er hat ferner die Höhe seines Arbeitsentgelts in den letzten drei Monaten und den Grund, aus dem sein letztes Arbeitsverhältnis gelöst worden ist, sowie diejenigen in seinen Familienverhältnissen liegenden Tatsachen darzulegen, deren Kenntnis für die Festsetzung der Unterstützung nach den §§ 103, 107, 108 erforderlich ist.

II Wer als Arbeitgeber einen Versicherten beschäftigt hat, hat ihm nach Beendigung des Arbeitsverhältnisses auf Verlangen eine Bescheinigung auszustellen, aus der Art, Beginn, Ende und Lösungsgrund des Arbeitsverhältnisses sowie die Höhe des Arbeitsverdienstes und einer anläßlich des Ausscheidens aus der Beschäftigung etwa gewährten Abfindung oder Entschädigung hervorgeht.

§ 171. Das Arbeitsamt kann Ermittlungen jeder Art mit Ausschluß eidlicher Vernehmungen anstellen, insbesondere den Arbeitslosen zur Prüfung seiner Arbeitsfähigkeit ärztlich untersuchen lassen. Alle Behörden und Privatpersonen haben dem Arbeitsamte die Auskünfte zu erteilen, die zur Durchführung des Verfahrens erforderlich sind.

§ 172. I Über den Antrag auf Arbeitslosenunterstützung entscheidet der Vorsitzende des Arbeitsamts.

II Der Vorsitzende kann die Entgegennahme und Vorprüfung der Anträge den Gemeinden und Gemeindeverbänden des Arbeitsamtsbezirkes übertragen, soweit die Gemeindevorstände zustimmen. Die Zustimmung des Gemeindevorstandes wird durch die Zustimmung der Gemeindeaufsichtsbehörde ersetzt.

§ 173 I Wer Arbeitslosenunterstützung empfängt, hat sich regelmäßig bei dem Arbeitsamte zu melden, um Arbeit zu erlangen.

II Die Meldung arbeitsloser Facharbeiter darf nach Ablauf von neun Wochen seit Beginn der Unterstützung oder während einer berufsüblichen Arbeitslosigkeit nicht auf die Fachabteilung, der sie ihrem Berufe nach angehören, beschränkt bleiben.

III Das Nähere bestimmt der Verwaltungsausschuß des Landesarbeitsamts. Er bestimmt insbesondere, wie oft sich der Arbeitslose zu melden hat und für welche Zeitabschnitte die Meldungen gelten. Er soll mindestens drei Meldungen in der Woche vorschreiben und Ausnahmen nur zulassen, soweit der Zweck der Meldungen nicht darunter leidet.

IV Der Verwaltungsausschuß des Landesarbeitsamts bestimmt, inwieweit nichtgewerbsmäßige Arbeitsnachweise, die außerhalb der Reichsanstalt stehen, auf ihren Antrag zur Mitwirkung bei der Arbeitsvermittlung und der Kontrolle der Arbeitslosen zuzulassen sind. An Stelle des Verwaltungsausschusses des Landesarbeitsamts kann der Vorstand der Reichsanstalt die Bestimmung treffen, wenn die Tätigkeit des nichtgewerbsmäßigen Arbeitsnachweises über den Bezirk des Landesarbeitsamts hinausreicht.

V Der Verwaltungsausschuß des Landesarbeitsamts kann die Befugnisse, die ihm nach Abs. 3 oder 4 zustehen, ganz oder teilweise auf den Verwaltungsausschuß des Arbeitsamts übertragen.

§ 174. Bei der Arbeitsvermittlung und der Kontrolle unterstützter Seeleute haben auf Verlangen der Arbeitsämter die seemännischen Heuerstellen mitzuwirken.

§ 175. I Die Arbeitslosenunterstützung wird wöchentlich nachträglich ausgezahlt.

II Die Auszahlung liegt dem Arbeitsamt ob, das für die Unterstützung zuständig ist. Der Vorsitzende kann die Auszahlung den Gemeinden und Gemeindeverbänden des Arbeitsamtsbezirkes für ihre Arbeitslosen übertragen, soweit die Gemeindevorstände zustimmen. Die Zustimmung des Gemeindevorstandes wird durch die Zustimmung der Gemeindeaufsichtsbehörde ersetzt.

III Solange ein zuschlagsberechtigter Angehöriger nicht in die häusliche Gemeinschaft des Arbeitslosen aufgenommen ist oder wenn ein Arbeitsloser seinen gesetzlichen Unterhaltspflichten gegenüber einem zuschlagsberechtigten Angehörigen nicht nachkommt, kann der Verwaltungsausschuß des Arbeitsamts anordnen, daß ein angemessener Teil der Arbeitslosenunterstützung an den Angehörigen oder diejenige Person, Anstalt oder Behörde ausgezahlt wird, in deren Obhut er sich befindet.

§ 176. Wer Arbeitslosenunterstützung empfängt, ist ohne Aufforderung verpflichtet, es unverzüglich dem Arbeitsamt anzuzeigen,

1. wenn er aus seiner früheren Beschäftigung eine Abfindung oder Entschädigung erhält,
2. wenn er oder einer seiner Angehörigen, für den ein Familienzuschlag gewährt wird, eine entlohnte Arbeit übernimmt,
3. wenn ihm Krankengeld, Wochengeld, Rente aus der Unfallversicherung wegen einer $66^2/_3$ vom Hundert übersteigenden Einbuße seiner Erwerbsfähigkeit, Invalidenrente nach der Reichsversicherungsordnung, Ruhegeld nach dem Angestelltenversicherungsgesetz oder Invalidenpension nach dem Reichsknappschaftsgesetze zugebilligt wird,

4. wenn einer seiner Angehörigen, für den ein Familienzuschlag gewährt wird, stirbt, die häusliche Gemeinschaft verläßt oder ihm von einem Dritten Unterhalt gewährt wird.

§ 177. I Die Arbeitslosenunterstützung ist von Amts wegen zu entziehen, sobald die Voraussetzung zum Bezuge nicht mehr vorliegen.

II Ist die Unterstützung entzogen worden, so darf sie von neuem nur gewährt werden, wenn sie erneut beantragt ist und die zur Entscheidung zuständige Stelle festgestellt hat, daß die Voraussetzungen zum Bezuge wieder vorliegen.

§ 178. I Gegen Entscheidungen des Vorsitzenden ist Einspruch beim Spruchausschusse des Arbeitsamts zulässig. Zum Einspruch berechtigt ist jeder, der an der Abänderung der Entscheidung ein berechtigtes Interesse hat.

II Die Einspruchsfrist beträgt zwei Wochen und beginnt mit der Bekanntgabe der Entscheidung. Der Einspruch bewirkt keinen Aufschub.

III Der Arbeitslose, dem durch eine Entscheidung des Vorsitzenden der Anspruch auf eine Leistung ganz oder teilweise abgelehnt oder entzogen wird, ist über das Recht zur Erhebung des Einspruchs sowie die Form und Frist, die dabei innezuhalten ist, in der Entscheidung zu belehren.

§ 179. Bei der Entscheidung über den Einspruch setzt der Spruchausschuß, soweit erforderlich, gleichzeitig fest, ob und inwieweit zu Unrecht geleistete Beträge zurückzuerstatten sind.

§ 180. I Gegen die Entscheidung des Spruchausschusses ist Berufung des Arbeitslosen oder des Vorsitzenden oder jedes Beisitzers im Spruchausschuß an die Spruchkammer des Landesarbeitsamts zulässig.

II Die §§ 171, 178 Abs. II, 179 finden entsprechende Anwendung.

§ 181. I Gegen Entscheidungen über Anträge auf Krisenunterstützung ist die Berufung an die Spruchkammer nur zulässig, wenn der Spruchausschuß seine Entscheidung nicht einstimmig getroffen hat.

II Bei der Bekanntgabe der Entscheidung hat der Vorsitzende des Spruchausschusses dem Arbeitslosen mitzuteilen, ob die Entscheidung einstimmig getroffen worden ist. Ist dieses nicht der Fall, so hat er ihn gleichzeitig über das Recht zur Einlegung der Berufung sowie die Form und Frist, die dabei innezuhalten ist, zu belehren, wenn ihm durch die Entscheidung der Anspruch auf eine Leistung ganz oder teilweise abgelehnt oder entzogen wird.

§ 182. I Muß im Falle des § 180 oder § 181 einer gesetzlichen Vorschrift eine Auslegung von grundsätzlicher Bedeutung gegeben werden, über die das Reichsversicherungsamt noch keine grundsätzliche Entscheidung seines Spruchsenats veröffentlicht hat, so kann die Spruchkammer des Landesarbeitsamts die Sache unter Darlegung ihrer Rechtsauffassung an den Spruchsenat des Reichsversicherungsamts abgeben. Sie hat sie abzugeben, wenn das Reichsversicherungsamt über die Auslegung zwar eine grundsätzliche Entscheidung veröffentlicht hat, die Spruchkammer des Landesarbeitsamts aber von ihr abweichen will.

II Stimmt der Spruchsenat der Gesetzesauslegung, die die Spruchkammer ihrem Beschlusse zugrunde gelegt hat, zu, so hat er den Beschluß zu bestätigen.

III Stimmt er nicht zu, so hat er seine rechtliche Beurteilung darzulegen und die Sache zur anderweitigen Verhandlung und Entscheidung an die Spruchkammer des Landesarbeitsamts zurückzuverweisen. Diese entscheidet alsdann endgültig in der Sache; sie hat dabei die rechtliche Beurteilung, die der Aufhebung zugrunde gelegt ist, auch ihrer Entscheidung zugrunde zu legen.

§ 183. Von der Mitwirkung bei der Entscheidung über einen Unterstützungsantrag ist ausgeschlossen,

1. wer selbst die Unterstützung beantragt hat,
2. wer dem Antragsteller ersatzpflichtig ist,
3. wer mit dem Antragsteller verheiratet ist oder gewesen ist,
4. wer mit dem Antragsteller in gerader Linie verwandt oder verschwägert oder in der Seitenlinie im zweiten oder dritten Grade verwandt oder im zweiten Grade verschwägert ist,

5. wer in der Sache als Bevollmächtigter oder Beistand des Antragstellers zugezogen oder als ihr gesetzlicher Vertreter aufzutreten berechtigt oder gewesen ist,
6. wer in der Sache als Zeuge oder Sachverständiger vernommen ist,
7. wer als Mitglied des Spruchausschusses oder einer Spruchkammer bei einer früheren Entscheidung über den Antrag mitgewirkt hat.

§ 184. I Für die Entscheidung über die im § 93 Abs. I Satz 1 und im § 96 aufgestellten Voraussetzungen der Arbeitslosenunterstützung sind die Stellen, die über den Anspruch auf Unterstützung zu entscheiden haben, an die Auffassung einer Arbeitsgerichtsbehörde oder eines gemäß § 91 des Arbeitsgerichtsgesetzes vereinbarten Schiedsgerichts gebunden, die in der rechtskräftigen Entscheidung eines Streites zwischen dem die Arbeitslosenunterstützung beantragenden Arbeitnehmer und seinem bisherigen Arbeitgeber niedergelegt ist. Durch ein schwebendes Verfahren wird die Entscheidung, die der Vorsitzende des Arbeitsamts gemäß § 172 Abs. 1 zu treffen hat, nicht aufgehalten. Der Einspruch gegen die Entscheidung des Vorsitzenden gemäß § 178 ist jedoch erst zulässig, wenn die rechtskräftige Entscheidung der Arbeitsgerichtsbehörde oder des Schiedsgerichts vorliegt, oder der Rechtsstreit ohne rechtskräftige Entscheidung erledigt ist; die Einspruchsfrist wird, abweichend von § 178 Abs. II Satz 1, durch die Zustellung der Entscheidung der Arbeitsgerichtsbehörde oder des Schiedsgerichts oder dadurch in Lauf gesetzt, daß der Arbeitnehmer dem Spruchausschuß des Arbeitsamts dartut, daß der Rechtsstreit ohne rechtskräftige Entscheidung erledigt ist.

II Endgültige Entscheidungen der Spruchausschüsse der Arbeitsämter, der Spruchkammern der Landesarbeitsämter und des Spruchsenats des Reichsversicherungsamts über Ansprüche auf Arbeitslosen- oder Kurzarbeiterunterstützung sind für alle Behörden, insbesondere auch Gerichte, bindend.

§ 185. Unterstützungsbeträge, deren Rückerstattung von den Spruchausschüssen, Spruchkammern angeordnet ist, werden wie Gemeindeabgaben beigetrieben.

§ 186. Für die Kurzarbeiterunterstützung kann der Verwaltungsrat der Reichsanstalt mit Zustimmung des Reichsarbeitsministers Vorschriften über das Verfahren erlassen, die von den §§ 168, 170 und 173 bis 176 abweichen. Dabei kann insbesondere angeordnet werden, daß der Antrag auf Kurzarbeiterunterstützung vom Arbeitgeber oder von der Betriebsvertretung zu stellen ist, daß das Arbeitsamt des Beschäftigungsortes zuständig ist und daß der Arbeitgeber die Kurzarbeiterunterstützung kostenlos zu errechnen und auszuzahlen hat.

B. Verfahren in sonstigen Angelegenheiten.

§ 187. Gegen Entscheidungen, die der Vorsitzende des Arbeitsamts außerhalb des Unterstützungsverfahrens trifft, ist binnen zweier Wochen Einspruch an den Verwaltungsausschuß zulässig. Der Einspruch bewirkt keinen Aufschub.

§ 188. Gegen Entscheidungen, die der Verwaltungsausschuß eines Arbeitsamts in erster Instanz trifft, ist binnen zweier Wochen Beschwerde an den Verwaltungsausschuß des Landesarbeitsamts zulässig. Die Beschwerde bewirkt keinen Aufschub.

§ 189. Gegen Entscheidungen des Vorsitzenden eines Landesarbeitsamts ist binnen zweier Wochen Einspruch an den Verwaltungsausschuß des Landesarbeitsamts zulässig. Der Einspruch bewirkt keinen Aufschub.

§ 190. Gegen Entscheidungen, die der Verwaltungsausschuß eines Landesarbeitsamts in erster Instanz trifft, ist binnen zweier Wochen Beschwerde an den Vorstand der Reichsanstalt zulässig. Die Beschwerde bewirkt keinen Aufschub.

§ 191. Gegen Entscheidungen, die der Präsident der Reichsanstalt trifft, ist binnen zweier Wochen Einspruch an den Vorstand der Reichsanstalt zulässig. Der Einspruch bewirkt keinen Aufschub.

§ 192. Gegen Entscheidungen, die der Vorstand der Reichsanstalt in erster Instanz trifft, ist binnen zweier Wochen Beschwerde an den Verwaltungsrat zulässig. Die Beschwerde bewirkt keinen Aufschub.

§ 193. I Ändert in den Fällen der §§ 187 oder 189 der Verwaltungsausschuß eine Entscheidung des Vorsitzenden ab, so kann binnen zweier Wochen der Vorsitzende des Arbeitsamts den Verwaltungsausschuß des Landesarbeitsamts, der Vorsitzende des Landesarbeitsamts den Vorstand der Reichsanstalt anrufen. Der Anruf bewirkt Aufschub.

II Ändert im Falle des § 191 der Vorstand der Reichsanstalt eine Entscheidung des Präsidenten ab, so kann der Präsident binnen zweier Wochen den Verwaltungsrat anrufen. Der Anruf bewirkt Aufschub.

§ 194. Verstößt eine Entscheidung eines Verwaltungsausschusses gegen ein Gesetz oder eine Anordnung, die auf Grund eines Gesetzes ergangen ist, so hat sie der Vorsitzende durch Beschwerde zu beanstanden. Die gleiche Pflicht hat der Präsident der Reichsanstalt, wenn eine Entscheidung des Vorstandes gegen ein Gesetz oder eine Anordnung verstößt, die auf Grund eines Gesetzes ergangen ist. Über die Beschwerde entscheidet, wenn die beanstandete Entscheidung von dem Verwaltungsausschuß eines Arbeitsamts getroffen war, der Verwaltungsausschuß des Landesarbeitsamts, wenn sie von dem Verwaltungsausschuß eines Landesarbeitsamts getroffen war, der Vorstand, und wenn sie von dem Vorstand getroffen war, der Verwaltungsrat der Reichsanstalt. Die Beschwerde bewirkt Aufschub.

C. Gemeinsame Vorschriften.

§ 195. I Die Sitzungen der Organe und ihrer Ausschüsse sowie der Fachausschüsse sind nicht öffentlich.

II Vor den Spruchbehörden der Arbeitslosenversicherung wird mündlich und öffentlich verhandelt. Die Öffentlichkeit kann aus Gründen des öffentlichen Wohles und der Sittlichkeit ausgeschlossen werden; der Beschluß ist öffentlich zu verkünden.

§ 196. Für die Aufrechterhaltung der Ordnung in den Sitzungen der Spruchbehörden gelten die §§ 175 bis 180 und 182 des Gerichtsverfassungsgesetzes entsprechend.

§ 197. Die Organe und ihre Ausschüsse, die Fachausschüsse und die Ausschüsse für Angestellte sowie die Spruchbehörden fassen ihre Beschlüsse nach Stimmenmehrheit, soweit dieses Gesetz nichts Abweichendes bestimmt. Bei Stimmengleichheit gibt die Stimme des Vorsitzenden den Ausschlag.

§ 198. I Bei den Beschlüssen der Organe und ihrer Ausschüsse sowie der Fachausschüsse und Ausschüsse für Angestellte dürfen, vorbehaltlich der Vorschriften des Abs. II und des Abs. III Satz 2 bis 4, Vertreter der Arbeitgeber, Arbeitnehmer und öffentlichen Körperschaften nur in gleicher Zahl mitwirken. Um die gleiche Stimmenzahl herbeizuführen, bestimmt erforderlichenfalls das Los, wer ausscheidet.

II Abs. I gilt insoweit nicht, als danach mehr als ein Drittel der gesamten Beisitzer einer der drei Gruppen ausscheiden müßte.

III Sind von einer Gruppe überhaupt keine Beisitzer anwesend, so können Beschlüsse nicht gefaßt werden. In diesem Falle kann der Vorsitzende anordnen, daß in der nächsten Sitzung über den Gegenstand der Abstimmung auch dann beschlossen werden kann, wenn von einer Gruppe wieder keine Beisitzer erscheinen. Die neue Sitzung muß in der durch die Satzung vorgeschriebenen oder üblichen Weise anberaumt werden. Die Ladung der Beisitzer muß den Hinweis erhalten, daß über den Gegenstand der Abstimmung auch dann beschlossen werden kann, wenn nur von einer Gruppe Beisitzer erscheinen.

§ 199. Die Vorschriften der §§ 124 bis 127, 131 bis 134, 137 und 138 der Reichsversicherungsordnung über Fristen, Gebühren und Stempel finden auf die Arbeitslosenversicherung entsprechende Anwendung.

§ 200. I Soweit die Organe der Reichsanstalt auf dem Gebiete der Arbeitslosenversicherung tätig sind, wirken die Vertreter der öffentlichen Körperschaften in den Organen nicht mit.

II Welche Aufgaben zum Gebiete der Arbeitslosenversicherung gehören, bestimmt im Zweifel der Reichsarbeitsminister nach Anhörung des Verwaltungsrats der Reichsanstalt.

§ 201. In den Fällen der §§ 34, 35, 39, 41, 42, 43, 46, 91, 94, 108, 140, 150, 153, 156 und 160 ist die Übertragung von Rechten und Pflichten auf den geschäftsführenden Ausschuß eines Verwaltungsausschusses oder einen Ausschuß des Verwaltungsrats nicht zulässig.

Siebenter Abschnitt.

Allgemeine Bestimmungen.

§ 202. Wer als Gemeinde, Gemeindeverband, Gemeindevorstand und Gemeindeaufsichtsbehörde im Sinne dieses Gesetzes zu gelten hat, bestimmt die oberste Landesbehörde.

§ 203. Leistungen, die nach diesem Gesetze gewährt werden, sind keine Leistungen der öffentlichen Fürsorge. Sie begründen nicht die Verpflichtungen, denen die Empfänger von Fürsorgeleistungen auf Grund der Verordnung über Fürsorgepflicht vom 13. Februar 1924 (Reichsgesetzbl. I S. 100) unterworfen sind oder unterworfen werden können.

§ 204. I Die Behörden sind innerhalb ihrer Zuständigkeit verpflichtet, den im Vollzuge dieses Gesetzes an sie gerichteten Ansuchen der Reichsanstalt zu entsprechen. Diese Rechtshilfe haben auch die Organe der Versicherungsträger sowie die Fürsorgeverbände zu leisten.

II Die Hauptstelle der Reichsanstalt, die Landesarbeitsämter und die Arbeitsämter sind innerhalb ihrer Zuständigkeit verpflichtet, den an sie gerichteten Ansuchen anderer Behörden und Versicherungsträger um Rechtshilfe zu entsprechen.

§ 205. I Der Vorstand der Reichsanstalt und mit seiner Zustimmung der Verwaltungsausschuß des Landesarbeitsamts kann Gemeinden und Gemeindeverbände mit Geschäften der Arbeitsämter beauftragen. Widerspricht die Gemeinde oder der Gemeindeverband der Übertragung, so kann die Zustimmung von der Gemeindeaufsichtsbehörde erteilt werden. Aufgaben, die nach diesem Gesetze dem Verwaltungsausschusse des Arbeitsamts obliegen oder zur ausschließlichen Zuständigkeit des Vorsitzenden gehören, können nicht übertragen werden.

II Soweit Gemeinden oder Gemeindeverbände nach Abs. I mit Geschäften eines Arbeitsamts beauftragt sind, sind für sie die Weisungen des Vorsitzenden des Arbeitsamts maßgebend.

III Gemeinden und Gemeindeverbände haben auf Verlangen des Vorsitzenden des Arbeitsamts Räume zur Verfügung zu stellen, soweit der Vorsitzende des Arbeitsamts solche zur Durchführung dieses Gesetzes als erforderlich bezeichnet.

IV Soweit den Gemeinden und Gemeindeverbänden durch die Übertragung von Aufgaben nach Abs. I oder die Bereitstellung von Räumen nach Abs. III Ausgaben entstehen oder Einnahmen entgehen, hat die Reichsanstalt sie dafür zu entschädigen.

§ 206. I Der Reichsarbeitsminister kann die Hauptstelle der Reichsanstalt beauftragen, ihn bei der Aufsicht über die Durchführung der reichsgesetzlichen Vorschriften über die Beschäftigung Schwerbeschädigter und Schwererwerbsbeschränkter zu unterstützen.

II Auf Antrag eines Landes kann er Arbeitsämter mit der Durchführung von Aufgaben beauftragen, die nach dem Gesetz über die Beschäftigung Schwerbeschädigter vom 12. Januar 1923 (Reichgesetzbl. I S. 57) den Fürsorgestellen von Hauptfürsorgestellen obliegen. In diesem Falle muß den Beteiligten eine

Mitwirkung gesichert sein, die den Vorschriften des Gesetzes über die Beschäftigung Schwerbeschädigter entspricht.

§ 207. I Der Reichsarbeitsminister bestimmt, inwieweit die Zugehörigkeit zu einer Versicherung gegen Arbeitslosigkeit, die im Ausland auf Grund einer ausländischen Gesetzgebung eingeführt ist, der Zugehörigkeit zu der Arbeitslosenversicherung nach diesem Gesetze gleichzustellen ist.

II Die Gleichstellung soll nur erfolgen, soweit die Leistungen der ausländischen Versicherung den in diesem Gesetze vorgesehenen Leistungen annähernd gleichwertig sind und der ausländische Staat die Gleichstellung der deutschen Arbeitslosenversicherung mit der in seinem Gebiete geltenden verbürgt.

§ 208. I Der Reichsarbeitsminister kann über den Erwerb der Anwartschaft durch Beschäftigungen, die im Ausland im Bezirke des Grenzverkehrs ausgeübt werden, Bestimmungen erlassen, die von denen des § 95 abweichen.

II Er kann Beschäftigungen, die im In- oder Ausland im Bezirke des Grenzverkehrs ausgeübt werden, von der Versicherungspflicht befreien.

§ 209. I Der Reichsarbeitsminister kann bestimmen, daß ausländische landwirtschaftliche Wanderarbeiter versicherungsfrei sind.

II Die Arbeitgeber zahlen dann soviel, wie sie sonst als Arbeitgeberanteil des Beitrages zahlen müßten, an die Stelle,, die sonst zum Empfange des Beitrags zuständig wäre.

§ 210. Soweit nach § 208 oder § 209 Beschäftigungen von der Versicherungspflicht befreit sind, finden auf die Versicherungsfreiheit die §§ 77 und 78 dieses Gesetzes Anwendung.

§ 211. Die Reichsregierung kann anordnen, daß gegen Angehörige eines ausländischen Staates ein Vergeltungsrecht angewendet wird.

§ 212. Der Reichsarbeitsminister kann Bestimmungen zur Ausführung dieses Gesetzes erlassen.

§ 213. Bevor auf Grund der §§ 207 bis 209 oder 212 Anordnungen ergehen, ist der Verwaltungsrat der Reichsanstalt zu hören.

§ 214. Die Reichsregierung kann mit Zustimmung des Reichsrats und nach Anhörung des Verwaltungsrats und eines Reichstagsausschusses von 28 Mitgliedern anordnen, daß die Beiträge zur Reichsanstalt abweichend von § 145 erhoben werden. In diesem Falle können das Melde- und Anzeigeverfahren sowie die Beitreibung anderweitig geregelt und ein besonderes Verfahren zur Nachprüfung der Beitragsentrichtung vorgesehen werden; es kann ferner angeordnet werden, daß die Beiträge ohne Rücksicht auf den Grundlohn nach Bruchteilen des wirklichen Arbeitsverdienstes festgesetzt werden.

§ 215. I Die Reichsanstalt kann einmalige und laufende Erhebungen über die Lage des Arbeitsmarktes, über die Entwicklung der Arbeitslosenversicherung und der Krisenunterstützung, über Arbeitsbedingungen, Ausstände und Aussperrungen sowie über die Mitgliederbewegung der Vereinigungen von Arbeitgebern und Arbeitnehmern vornehmen und hierzu alle erforderlichen Auskünfte von Behörden und Privatpersonen verlangen.

II Die Reichsanstalt hat eine Erhebung der im Abs. I genannten Art vorzunehmen, wenn der Reichsarbeitsminister sie damit beauftragt.

III Die Reichsanstalt hat regelmäßig Berichte über die Lage des Arbeitsmarktes, den Umfang der Arbeitslosigkeit, die Bewegung und den Stand der Arbeitslosenversicherung und den Erfolg der Arbeitsvermittlung und Arbeitsbeschaffung zu veröffentlichen.

§ 216. Das Vermögen der Reichsanstalt ist von Reichs-, Landes- und Kommunalsteuern und -abgaben im gleichen Umfang frei, wie das Vermögen anderer reichsgesetzlicher Versicherungsträger.

§ 217. I Wer einem anderen eine versicherungspflichtige Beschäftigung hauptsächlich deswegen gibt, damit der Beschäftigte dadurch den Anspruch auf Arbeitslosenunterstützung erwirbt, hat der Reichsanstalt alle Aufwendungen zu ersetzen, die ihr an Versicherungsleistungen infolgedessen erwachsen. Das gilt insbesondere, wenn mit einer Beschäftigung bezweckt wird, Empfänger der öffentlichen Fürsorge in die Arbeitslosenunterstützung zu überführen.

II Der Verwaltungsrat der Reichsanstalt erläßt mit Zustimmung des Reichsarbeitsministers Richtlinien darüber, welche Tatsachen die Vermutung rechtfertigen, daß Fälle des Abs. I vorliegen.

§ 218. Kann ein nach diesem Gesetze Versicherter nach anderen gesetzlichen Vorschriften Ersatz eines Schadens beanspruchen, der ihm durch Arbeitslosigkeit oder Kurzarbeit erwachsen ist, so geht der Anspruch insoweit auf die Reichsanstalt über, als diese dem Entschädigungsberechtigten nach diesem Gesetze Leistungen zu gewähren hat.

§ 219. Soweit auf Grund dieses Gesetzes Forderungen im Zwangsverfahren beigetrieben werden, gelten die Verbote und Beschränkungen, die nach der Zivilprozeßordnung und anderen Reichsgesetzen für die Pfändung von Forderungen und Ansprüchen bestehen, auch für das Zwangsverfahren.

Achter Abschnitt.

Übergangsbestimmungen.

§ 220. I Dieses Gesetz tritt am 1. Oktober 1927 in Kraft.

II Mit dem gleichen Tage treten außer Kraft:

1. das Arbeitsnachweisgesetz vom 22. Juli 1922 (Reichsgesetzbl. I S. 657) mit den Änderungen vom 30. Oktober 1923 (Reichsgesetzbl. I S. 1065),
2. die Verordnung über Erwerbslosenfürsorge vom 16. Februar 1924 (Reichsgesetzb. I S. 127) mit den Änderungen vom 11. August 1924 (Reichsgesetzbl. I S. 681), vom 23. Oktober 1924 (Reichsbesoldungsbl. S. 289), vom 17. Januar 1926 (Reichsgesetzbl. I S. 89), vom 10. Dezember 1926 (Reichsgesetzbl. I S. 493) und vom 9. April 1927 (Reichsgesetzbl. I S. 91),
3. das Gesetz über eine Krisenfürsorge für Erwerbslose vom 19. Nov. 1926 (Reichsgesetzbl. I S. 489),
4. die Verordnung über die Fürsorge für erwerbslose Seeleute vom 30. Oktober 1924 (Reichsgesetzbl. I S. 722) mit den Änderungen vom 27. März 1925 (Reichsgesetzbl. I S. 31) und vom 21. Februar 1927 (Reichsgesetzbl. I S. 65),
5. Artikel III des Gesetzes über Erhöhung der Bier- und Tabaksteuer vom 10. August 1925 (Reichsgesetzbl. I S. 244) mit den Änderungen vom 8. März 1926 (Reichsgesetzbl. I S. 151),
6. die Vorschriften, die auf Grund des Arbeitsnachweisgesetzes, der Verordnung über Erwerbslosenfürsorge, des Gesetzes über eine Krisenfürsorge für Erwerbslose, der Verordnung über die Fürsorge für erwerbslose Seeleute und des Artikel III des Gesetzes über Erhöhung der Bier- und Tabaksteuer zu ihrer Durchführung erlassen worden sind. Der Reichsarbeitsminister oder eine Stelle, die er beaufragt, kann anordnen, daß die Durchführungsvorschriften ganz oder teilweise auch über den 1. Oktober 1927 hinaus in Kraft bleiben.

III Vorschriften zur Durchführung des Gesetzes über Arbeitsvermittlung und Arbeitslosenversicherung können bereits vom Tage der Verkündung dieses Gesetzes an erlassen werden, sie wirken jedoch nicht, bevor das Gesetz in Kraft getreten ist.

IV Der Reichsarbeitsminister kann einzelne Bestimmungen aus dem ersten und achten Abschnitt dieses Gesetzes schon vor dem 1. Oktober 1927 in Kraft setzen.

§ 221. I Die bestehenden Arbeitsnachweisämter werden der Reichsanstalt für Arbeitsvermittlung und Arbeitslosenversicherung eingegliedert; das Reichsamt für Arbeitsvermittlung wird die Hauptstelle der Reichsanstalt, die Landesämter für Arbeitsvermittlung werden die Landesarbeitsämter, die öffentlichen Arbeitsnachweise werden die Arbeitsämter.

II Den Zeitpunkt, zu dem das Reichsamt für Arbeitsvermittlung der Reichsanstalt eingegliedert wird, bestimmt der Reichsarbeitsminister. Den Zeitpunkt, zu dem die übrigen Arbeitsnachweisämter der Reichsanstalt eingegliedert werden, bestimmt der Präsident der Reichsanstalt. Die öffentlichen Arbeitsnachweise, die im Bezirke des gleichen Landesamts für Arbeitsvermittlung bestehen, dürfen nur gleichzeitig eingegliedert werden.

§ 222. I Die Arbeitsnachweisämter führen, auch solange sie noch nicht in die Reichsanstalt eingegliedert sind, die Aufgaben durch, die den Gliedern der Reichsanstalt nach diesem Gesetz obliegen. Für die Landesämter für Arbeitsvermittlung sind die Weisungen des Vorstandes der Reichsanstalt, für die öffentlichen Arbeitsnachweise die Weisungen des Vorstandes und des Landesamts für Arbeitsvermittlung maßgebend.

II Für die Kosten der öffentlichen Arbeitsnachweise und Landesämter für Arbeitsvermittlung gelten bis zur Eingliederung, längstens aber bis zum Ablauf eines Jahres nach Inkrafttreten dieses Gesetzes, die §§ 36 bis 38 der Verordnung über Erwerbslosenfürsorge vom 16. Februar 1924 (Reichsgesetzbl. I S. 127), jedoch treten dabei an die Stelle der Beiträge der Arbeitgeber und Arbeitnehmer zur Erwerbslosenfürsorge die Mittel der Arbeitslosenversicherung. Die Kosten des Reichsamts für Arbeitsvermittlung trägt bis zu dessen Eingliederung das Reich.

§ 223. I Die Beisitzer, die den Verwaltungsausschüssen und dem Verwaltungsrate bei der Eingliederung in die Reichsanstalt angehören, bleiben über diesen Zeitpunkt hinaus zunächst im Amte. Werden die Bezirke mehrerer Arbeitsnachweisämter vereinigt, so gehören alle Beisitzer ihrer Verwaltungsausschüsse dem neuen Verwaltungsausschuß an.

II Die Behörden, denen es obliegt, die Vertreter öffentlicher Körperschaften in den Verwaltungsausschüssen der Arbeitsämter und Landesarbeitsämter und im Verwaltungsrate der Reichsanstalt zu bestellen, haben unverzüglich nach der Eingliederung solche Vertreter in der Zahl zu bestellen, die der Zahl der Arbeitgeber- oder Arbeitnehmerbeisitzer gleichkommt. Für den Verwaltungsrat der Reichsanstalt bestimmt der Reichsarbeitsminister, für die Verwaltungsausschüsse der Landesarbeitsämter bestimmt der Präsident der Reichsanstalt, für die Verwaltungsausschüsse der Landesarbeitsämter bestimmt der Vorsitzende des Landesarbeitsamtes, von welchem Zeitpunkt an die neubestellten Vertreter der öffentlichen Körperschaften in ihr Amt eintreten; mit dem gleichen Zeitpunkt scheiden die bisherigen Vertreter aus.

III Sobald als möglich sind die Organe der Reichsanstalt neu zu bilden. Sie bleiben dann bis zum 31. Dezember 1932 im Amte.

§ 224. I Zur Vorbereitung der Eingliederung kann schon vor dem Inkrafttreten dieses Gesetzes ein vorläufiger Vorstand der Reichsanstalt gebildet werden. Die §§ 12 bis 15 finden Anwendung; dabei tritt jedoch an die Stelle des Verwaltungsrats der Reichsanstalt der Verwaltungsrat des Reichsamts für Arbeitsvermittlung.

II Der vorläufige Vorstand hat die Rechte und Pflichten des Vorstandes.

III Das Amt des vorläufigen Vorstandes erlischt, wenn der endgültige Vorstand gebildet ist.

§ 225. I Die Reichsanstalt übernimmt diejenigen Personen, die bei Inkrafttreten dieses Gesetzes ausschließlich oder überwiegend in einem Arbeitsnachweisamt als Beamte tätig sind, als Beamte in die Reichsanstalt, sofern sie es bis zum Tage der Eingliederung beantragen.

II Die Reichsanstalt kann die Übernahme ablehnen,

1. wenn der Beamte erst nach dem 31. Dezember 1926 in ein Arbeitsnachweisamt versetzt worden ist, oder
2. wenn er bei Inkrafttreten dieses Gesetzes das 55. Lebensjahr überschritten hat und nicht bereits seit dem 1. Oktober 1922 ständig und ausschließlich in einem Arbeisnachweisamte tätig war.

III Statt des Antrags auf Übernahme kann der Beamte den Antrag auf Einberufung zur widerruflichen kommissarischen Beschäftigung stellen. Unabhängig davon ist die Reichsanstalt bei Beamten, die nicht seit dem 1. Oktober 1922 ständig und ausschließlich in einem Arbeitsnachweisamte tätig gewesen sind, berechtigt, von der Übernahme zunächst abzusehen und statt dessen den Beamten zur widerruflichen kommissarischen Beschäftigung einzuberufen, wenn sie ihm bis zum Tage der Eingliederung mitteilt, daß sie von diesem Rechte Gebrauch machen will.

IV Wird ein Beamter nach Abs. III zur kommissarischen Beschäftigung übernommen, so hat seine bisherige Behörde ihn für diese Zeit ohne Dienstbezüge zu zu beurlauben. Während der kommissarischen Beschäftigung, jedoch längstens bis zum Ablauf eines Jahres nach der Eingliederung des Arbeitsnachweisamts, kann die Reichsanstalt den Beamten seiner bisherigen Behörde wieder zur Verfügung stellen, wenn sie das sowohl ihm als auch der bisherigen Behörde mindestens drei Monate vorher angezeigt hat. Der Beamte ist während der kommissarischen Beschäftigung berechtigt, zu seiner bisherigen Behörde zurückzutreten, wenn er das sowohl dieser als auch der Reichsanstalt mindestens drei Monate vorher angezeigt hat. Hat die kommissarische Beschäftigung bis zum Ablauf eines Jahres nach der Eingliederung gedauert, ohne daß der Beamte vorher zu seiner bisherigen Behörde zurückgetreten oder ihr wieder zur Verfügung gestellt ist, so hat die Reichsanstalt die Übernahme auszusprechen.

V Die vorstehenden Vorschriften gelten auch für Angestellte, denen gegenüber das Kündigungsrecht ausgeschlossen oder auf den Fall eines wichtigen Grundes beschränkt ist. Dabei tritt an die Stelle des Rechtes auf Einberufung zur widerruflichen kommissarischen Beschäftigung ein entsprechendes Recht auf Einberufung zur Beschäftigung auf Probe.

VI Übernimmt die Reichsanstalt Beamte auf Kündigung oder Angestellte, denen nur beim Vorliegen eines wichtigen Grundes gekündigt werden kann, nicht, so stellt dies für die Verwaltung, bei der der Beamte oder Angestellte tätig ist, keinen wichtigen Grund zur Lösung des Vertragsverhältnisses dar. Gleiches gilt für den Fall, daß Angestellte oder Beamte nach abgelaufener probeweiser oder kommissarischer Beschäftigung von ihrem Rücktrittsrechte Gebrauch machen oder daß sie von der Reichsanstalt der bisherigen Behörde wieder zur Verfügung gestellt werden.

§ 226. I Ist ein Beamter nach § 225 von der Reichsanstalt übernommen oder zur kommissarischen Beschäftigung einberufen, so stehen ihm Dienstbezüge sowie Ansprüche auf Ruhegehalt und Hinterbliebenenversorgung innerhalb der Grenzen zu, die für vergleichbare Reichsbeamte gelten. Sind diese geringer als seine bisherigen Dienstbezüge oder Ansprüche auf Ruhegehalt und Hinterbliebenenversorgung, so behält der Beamte für seine Person seine bisherigen Dienstbezüge und seine bisherigen Ansprüche auf Ruhegehalt und Hinterbliebenenversorgung; jedoch bleibt eine Einstufung außer Betracht, wenn sie wegen einer Amtstätigkeit vorgenommen worden ist, die außerhalb der Beschäftigung im Arbeitsnachweisamte lag. Veränderungen der Dienstbezüge sowie der Ansprüche auf Ruhegehalt und Hinterbliebenenversorgung, die erst nach dem 31. März 1927 angeordnet sind, binden die Reichsanstalt nur, soweit sie auf allgemeinen Anordnungen beruhen, deren Geltungsbereich über die Beamten des Arbeitsnachweisamts hinausgeht.

II Vom Tage der Übernahme an hat der Beamte die Rechte und Pflichten eines Reichsbeamten.

§ 227. I Werden nach § 225 Beamte in die Reichsanstalt übernommen, so erhalten sie die Rechte und Pflichten der Reichsbeamten, auch wenn sie Stellen bekleiden, für deren Inhaber nach § 35 diese Rechte und Pflichten nicht vorgesehen sind.

II In gleicher Weise können bis zum Ablauf von zwei Jahren nach Inkrafttreten dieses Gesetzes auch andere Beamte, wenn sie wegen ihrer besonderen Sachkunde in die Reichsanstalt übernommen werden und dort Stellen der in

Abs. I genannten Art bekleiden, die Rechte und Pflichten der Reichsbeamten erhalten. Die Vorschriften über die Bestellung bleiben in diesen Fällen unberührt.

§ 228. Bei Angestellten und Arbeitern, die bei Inkrafttreten dieses Gesetzes ausschließlich oder überwiegend in einem Arbeitsnachweisamte tätig sind und nicht unter § 225 Abs. V fallen, tritt die Reichsanstalt mit dem Tage, an dem das Arbeitsnachweisamt ihr eingegliedert wird, an Stelle des bisherigen Arbeitgebers in dessen Rechte und Pflichten ein, sofern der Arbeitnehmer die Übernahme bis zu diesem Tage beantragt. Veränderungen im Arbeitsverhältnisse, die nach dem 31. März 1927 vereinbart oder auf Grund der Dienstordnung nach § 13 Abs. III des Arbeitsnachweisgesetzes vom 22. Juli 1922 (Reichsgesetzbl. I S. 657) nach dem 31. März 1927 angeordnet sind, binden die Reichsanstalt nur, soweit sie auf allgemeinen Vereinbarungen oder Anordnungen beruhen, deren Geltungsbereich über die Angestellten oder Arbeiter des Arbeitsnachweisamts hinausgeht.

§ 229. Bei der Beschäftigung der übernommenen Beamten und Angestellten hat die Reichsanstalt deren bisherige Stellung zu berücksichtigen, soweit es das dienstliche Interesse der Reichsanstalt erlaubt.

§ 230. I Ist das Land, der Gemeindeverband oder die Gemeinde für einen Beamten, Angestellten oder Arbeiter, den die Reichsanstalt nach § 225 oder § 228 übernimmt, einer Pensionskasse (Versorgungsverband, Fürsorgekasse) angeschlossen, so tritt die Reichsanstalt sowohl der Einrichtung als auch dem Beamten, Angestellten oder Arbeiter gegenüber in die Rechte und Pflichten des bisherigen Arbeitgebers ein; im übrigen wird die Rechtsstellung des Beamten, Angestellten oder Arbeiters durch die Übernahme in die Reichsanstalt nicht berührt. Wird die Reichsanstalt hiernach als Nachfolgerin mehrerer Länder, Gemeindeverbände oder Gemeinden Pflichtmitglied bei ein und derselben Pensionskasse, so ist sie ihr gegenüber als einheitliche Arbeitgeberin zu behandeln.

II Die Reichsanstalt kann auf die Mitgliedschaft bei der Pensionskasse verzichten. Der Verzicht ist nur für den Beginn eines Rechnungsjahrs der Pensionskasse zulässig; er muß der Pensionskasse gegenüber mindestens drei Monate vorher erklärt werden.

III Verzichtet die Reichsanstalt nach Abs. II auf die Mitgliedschaft bei einer Pensionskasse, so hat sie den Beamten, Angestellten und Arbeitern, die hiervon betroffen werden, und ihren Hinterbliebenen aus eigenen Mitteln das zu gewähren, was sie sonst als Ruhegeld oder Hinterbliebenenversorgung aus der Pensionskasse erhalten hätten.

IV Für den Fall des Ausscheidens von Beamten, Angestellten und Arbeitern aus den Diensten der Reichsanstalt, ohne daß ihnen Ruhegelder oder Hinterbliebenenversorgung gewährt werden, hat die Reichsanstalt die bei der Pensionskasse erworbenen Anwartschaften sicherzustellen. Die bei der Reichsanstalt zurückgelegte Dienstzeit ist dabei mit in Anrechnung zu bringen.

§ 231. I Grundstücke der Länder, der Gemeindeverbände und der Gemeinden, die am Tage der Eingliederung eines Arbeitsnachweisamts in die Reichsanstalt ausschließlich oder überwiegend der Unterbringung des Arbeitsnachweisamts dienen, gehen mit diesem Tage in das Eigentum der Reichsanstalt über, wenn diese nicht vorher durch ausdrückliche Erklärung gegenüber dem bisherigen Eigentümer darauf verzichtet. Mit dem Eigentum an dem Grundstück geht das Eigentum an dem Zubehör über.

II Das gleiche gilt von den Grundstücken und ihrem Zubehöre, die zwar nicht am Tage der Eingliederung des Arbeitsnachweisamts, aber in der Zeit zwischen dem 1. April 1927 und dem Tage der Eingliederung ausschließlich oder überwiegend der Unterbringung des Arbeitsnachweisamts gedient haben, wenn ein Grundstück der im Abs. I bezeichneten Art nicht vorhanden ist oder die Reichsanstalt auf den Erwerb des im Abs. I bezeichneten Grundstücks verzichtet.

III Wird der Reichsanstalt an Stelle eines Grundstücks, das sie nach Abs. I oder II erwerben würde, von dem Lande, dem Gemeindeverbande oder der

Gemeinde vor der Eingliederung ein gleichgeeignetes Grundstück zur Verfügung gestellt, so hat die Reichsanstalt auf den Erwerb nach Abs. I oder II zu verzichten. Durch den Verzicht erwirbt sie einen Anspruch auf Übertragung des Eigentums an dem als Ersatz zur Verfügung gestellten Grundstück.

§ 232. I Länder, Gemeindeverbände und Gemeinden sind für die Überlassung der Grundstücke zu entschädigen. Die Entschädigung ist gleich dem gemeinen Wert, den das Grundstück am Tage der Eingliederung hat; hiervon sind jedoch Aufwendungen, die aus Mitteln der Erwerbslosenfürsorge zum Erwerbe des Grundstücks oder zum Bau oder Umbau des darauf errichteten Gebäudes gemacht worden sind, abzusetzen.

II Die Entschädigung wird in 15 gleichen Teilbeträgen (Jahresraten) gezahlt. Der erste Teilbetrag wird sechs Monate nach dem Tage der Eingliederung, jeder folgende Teilbetrag ein Jahr später als der vorangegangene Teilbetrag fällig. Wird nach dem Zeitpunkte der Fälligkeit gezahlt, so sind von dem Zeitpunkte der Fälligkeit ab Zinsen in Höhe des jeweiligen Reichsbankdiskonts zu entrichten. Im übrigen wird die Entschädigung nicht verzinst.

III Darlehen des Reichs und der Länder, die bis zum Tage der Eingliederung von Bau oder Umbau von Arbeitsnachweisgebäuden hingegeben sind, hat die Reichsanstalt vom Tage der Eingliederung zu verzinsen und zu tilgen.

§ 233. I Bei Grundstücken der Länder, der Gemeindeverbände und der Gemeinden, die am Tage der Eingliederung eines Arbeitsnachweisamts in die Reichsanstalt nicht ausschließlich oder überwiegend, sondern nur zu einem geringeren Teil der Unterbringung des Arbeitsnachweisamts dienen, sind die Gebäudeteile, die diesem Zwecke dienen, der Reichsanstalt auf ihr Verlangen bis zur Dauer von 10 Jahren seit dem Tage der Eingliederung gegen angemessene Vergütung mietweise zu überlassen. Befinden sich die Räume in ermieteten Gebäuden, so sind sie der Reichsanstalt unterzuvermieten; einer Zustimmung des Vermieters bedarf es nicht.

II Verzichtet die Reichsanstalt auf ein Grundstück, an dem sie nach § 231 ohne Verzicht das Eigentum erwerben würde, so kann sie verlangen, daß ihr die Räume, die der Unterbringung des Arbeitsnachweisamts gedient haben, bis zur Dauer von 10 Jahren seit dem Tage der Eingliederung gegen angemessene Vergütung mietweise überlassen werden.

III Die mietweise Überlassung kann nur bis zum Ablauf eines Jahres seit dem Tage der Eingliederung verlangt werden.

§ 234. Bewegliche Sachen der Länder, der Gemeindeverbände und der Gemeinden, insbesondere Fachschriften, Büroeinrichtungen, Ausstattung der Warteräume, Akten, Vordrucke, die am Tage der Eingliederung im Dienstbetriebe von Arbeitsnachweisämtern verwendet werden, gehen, soweit sie nicht Grundstückszubehör sind, mit dem Tage, an dem das Arbeitsnachweisamt der Reichsanstalt eingegliedert wird, in deren Eigentum über. Bei der Entschädigung, die hierfür zu gewähren ist, sind Aufwendungen abzusetzen, die aus Mitteln der Erwerbslosenfürsorge zur Anschaffung, Instandhaltung, Wiederherstellung oder Verbesserung der Sachen gemacht worden sind; im übrigen kann die Entschädigung in Pauschbeträgen gewährt werden.

§ 235. I Hat ein Land, ein Gemeindeverband oder eine Gemeinde nach dem 31. März 1927 ein Grundstück veräußert, das nach § 231 ohne die Veräußerung in das Eigentum der Reichsanstalt überginge, so hat der Veräußerer der Reichsanstalt dafür geeignete Ersatzräume gegen angemessene Vergütung mietweise zu überlassen. Das gleiche gilt, soweit das Land, der Gemeindeverband oder die Gemeinde Räume, die bisher der Unterbringung des Arbeitsnachweisamts gedient haben, an einen Dritten vermietet hat.

II Für bewegliche Sachen, die nach dem 1. April 1927 außerhalb des gewöhnlichen Abganges entfernt oder veräußert worden sind, hat die Errichtungskörperschaft des Arbeitsnachweisamts der Reichsanstalt Ersatz zu leisten.

§ 236. Länder, Gemeindeverbände und Gemeinden haben der Reichsanstalt auf ihr Verlangen ein Verzeichnis der Grundstücke zu übergeben, die am 1. April 1927 ausschließlich oder überwiegend der Unterbringung von Arbeitsnachweisämtern gedient haben, sowie der beweglichen Sachen, die an diesem Tage im Dienstbetriebe von Arbeitsnachweisämtern verwendet worden sind.

§ 237. Streitigkeiten, die sich aus der Durchführung der §§ 231 bis 236 ergeben, entscheidet unter Ausschluß des Rechtsweges ein Schiedsgericht. Das Schiedsgericht besteht aus einem Vorsitzenden und zwei Beisitzern, von denen jede Partei einen ernennt. Den Vorsitzenden bestellt der Präsident des Oberlandesgerichts, in dessen Bezirk das Arbeitsnachweisamt seinen Sitz hat.

§ 238. Bis zur Bereitstellung der Mittel durch den Reichshaushalt wird die Reichsregierung ermächtigt, für die Bildung des Spruchsenats (§ 31) einen Senatspräsidenten und ein Mitglied des Reichsversicherungsamts einzustellen und die erforderlichen Mittel zu verausgaben.

§ 239. Eine Beschäftigung als Arbeitnehmer, die nur deshalb nicht arbeitslosenversicherungspflichtig war, weil sie vor Inkrafttreten dieses Gesetzes lag, steht für den Erwerb der Anwartschaft auf Arbeitslosenunterstützung nach § 95 und Krisenunterstützung nach § 101 Abs II Nr. 1 einer versicherungspflichtigen Beschäftigung gleich.

§ 240. I Arbeitslosen, die bei Inkrafttreten dieses Gesetzes Erwerbslosenunterstützung auf Grund der Verordnung über Erwerbslosenfürsorge oder Krisenunterstützung auf Grund des Gesetzes über eine Krisenfürsorge für Erwerbslose beziehen, wird zunächst Arbeitslosenunterstützung fortgewährt, ohne daß es des im § 168 vorgeschriebenen Antrags bedarf.

II Der Arbeitsnachweis prüft unverzüglich, ob die Arbeitslosenunterstützung nach dem gegenwärtigen Gesetze fortgewährt werden kann. Jedoch dürfen die Arbeitslosen, die bisher die Erwerbslosenunterstützung bezogen haben, in Bezug auf die Anwartschaft nicht schlechter gestellt werden als bisher.

III Arbeitslose, denen die Unterstützung nach Abs. II fortgewährt wird, erhalten sie bis zum Ablauf von sechs Monaten nach Inkrafttreten dieses Gesetzes in der Höhe und Dauer, wie sie erhalten werden, wenn die Vorschriften über Erwerbslosenfürsorge und Krisenfürsorge in Kraft geblieben wären. Von diesem Tage an bemessen sich Höhe und Dauer der Unterstützung nach den Vorschriften des dritten Abschnittes.

IV Arbeitslose, denen die Unterstützung auf Grund der Erwerbslosenfürsorgeverordnung versagt worden ist, können die Unterstützung nach diesem Gesetz erneut beantragen. Das Arbeitsamt prüft unverzüglich, ob dem Antrag Folge gegeben werden kann.

V Auf Antrag des Arbeitslosen ist ihm abweichend von Abs. III von einem Zeitpunkt an, den der Vorstand der Reichsanstalt bestimmt, spätestens aber vom 1. Dezember 1927 an, die Unterstützung nach den Vorschriften des dritten Abschnitts zu gewähren, soweit seine Arbeitslosenunterstützung nach diesen Vorschriften höher sein würde als seine bisherige Unterstützung und er diese nicht auf Grund des § 101 empfängt.

VI Scheiden Personen der in Abs. I genannten Art aus der Unterstützung aus, weil sie eine Arbeit aufgenommen haben, und werden sie nach einer Arbeitnehmertätigkeit von mindestens vier Wochen wieder erwerbslos, so bemißt sich die Unterstützung nach den Vorschriften des dritten Abschnitts.

§ 241. Anträge, die auf Erwerbslosenunterstützung oder Krisenunterstützung nach den bisherigen Vorschriften gerichtet sind, gelten für die Zeit nach Inkrafttreten dieses Gesetzes als Anträge auf Arbeitslosenunterstützung.

§ 242. Erwerbslosenunterstützung, die auf Grund der Verordnung über Erwerbslosenfürsorge gewährt worden ist, steht der Arbeitslosenunterstützung im Sinne des § 99 dieses Gesetzes gleich.

§ 243. I Der Reichsarbeitsminister kann Vorschriften darüber erlassen, in welcher Weise Maßnahmen der produktiven Erwerbslosenfürsorge zum Abschluß zu bringen sind, die nach den bisherigen Vorschriften gefördert worden sind.

Sind danach Maßnahmen über den Zeitpunkt hinaus fortzuführen, an dem dieses Gesetz in Kraft tritt, so behalten Bewilligungen von Förderungsbeträgen über diesen Zeitpunkt hinaus Gültigkeit; dabei tritt an die Stelle der Grundförderung aus Mitteln der Erwerbslosenfürsorge die Förderung aus Mitteln der Reichsanstalt.

II Vor Erlaß der Vorschriften hat der Reichsarbeitsminister den Verwaltungsrat der Reichsanstalt zu hören.

§ 244. I Beitragsmittel, die auf Grund der Verordnung über Erwerbslosenfürsorge erhoben, aber bei Inkrafttreten dieses Gesetzes noch nicht verausgabt sind, sind der Reichsanstalt zuzuführen.

II Sind für die unterstützende Erwerbslosenfürsorge Darlehen aufgenommen worden, die bei Inkrafttreten dieses Gesetzes noch nicht zurückgezahlt sind, so bestimmt der Reichsarbeitsminister, bis zu welchem Zeitpunkt diese Darlehen zu tilgen sind. Er hat hierbei gleichzeitig anzuordnen, daß die Beitragspflichtigen des betreffenden Gebiets für die Verzinsung und Tilgung der Darlehen einen Zuschlag zum Beitrag zu entrichten haben. Zuschlag und Beitrag dürfen jedoch auch in diesem Falle den im § 153 Abs. III vorgesehenen Höchstsatz nicht überschreiten.

§ 245. Bis der Notstock der Versicherung erstmals die Höhe erreicht hat, die in § 159 Abs. II vorgesehen ist, beträgt der Beitrag zur Reichsanstalt für das Reichsgebiet einheitlich 3 v. H. des für die Bemessung maßgebenden Arbeitsentgelts; § 161 findet Anwendung.

§ 246. § 23 des Gesetzes über die Beschäftigung Schwerbeschädigter in der Fassung vom 12. Januar 1923 (Reichsgesetzbl. I S. 57) wird, wie folgt, geändert:

1. Im Abs. I Satz 1 und Abs. 3 Satz 1 und 3 treten an die Stelle des Wortes „Reichsarbeitsverwaltung" die Worte „Hauptstelle der Reichsanstalt für Arbeitsvermittlung und Arbeitslosenversicherung".
2. Als Abs. IV wird angefügt:

   Der Reichsarbeitsminister kann anordnen, daß der Schwerbeschädigtenausschuß bei einer anderen Behörde als der Hauptstelle der Reichsanstalt für Arbeitsvermittlung und Arbeitslosenversicherung zu errichten ist.

Neunter Abschnitt.
Strafbestimmungen.

§ 247. Der Vorsitzende des Arbeitsamts kann gegen Arbeitgeber- und Arbeitnehmerbeisitzer des Verwaltungsausschusses, die sich ihren durch dieses Gesetz auferlegten Pflichten entziehen, eine Ordnungsstrafe in Geld verhängen.

§ 248. Der Vorsitzende des Landesarbeitsamts kann gegen Arbeitgeber- und Arbeitnehmerbeisitzer des Verwaltungsausschusses, die sich ihren Pflichten entziehen, eine Ordnungsstrafe in Geld verhängen.

§ 249. I Der Präsident der Reichsanstalt kann gegen Arbeitgeber- und Arbeitnehmerbeisitzer des Verwaltungsausschusses, die sich ihren durch dieses Gesetz auferlegten Pflichten entziehen, eine Ordnungsstrafe in Geld verhängen.

II Richtet sich die Ordnungsstrafe gegen einen Arbeitgeber- und Arbeitnehmerbeisitzer des Verwaltungsrats, so ist abweichend von § 191 Einspruch nicht an den Vorstand, sondern an den Verwaltungsrat zulässig.

§ 250. Ein Beisitzer, gegen den auf Grund der §§ 247 bis 249 eine Ordnungsstrafe verhängt ist, ist im Einspruchsverfahren von der Mitwirkung bei der Entscheidung ausgeschlossen.

§ 251. Ordnungsstrafen, die auf Grund der §§ 247 bis 249 verhängt sind, werden wie Gemeindeabgaben beigetrieben.

§ 252. Arbeitgeber oder ihre Angestellten, die vorsätzlich Arbeitnehmer in der Ausübung des Beisitzeramts in den Organen, Fachausschüssen oder Spruchbehörden der Reichsanstalt beschränken oder sie wegen der Übernahme oder Ausübung des Amtes benachteiligen, werden mit Geldstrafe bestraft.

§ 253. Wer eine nichtgewerbsmäßige Einrichtung zur Arbeitsvermittlung widerrechtlich unterhält, leitet oder Arbeitsvermittlung ausübt, wird mit Geldstrafe bis zu 150 Reichsmark bestraft.

§ 254. Wer vorsätzlich oder fahrlässig widerrechtlich gewerbsmäßig Stellenvermittlung oder Berufsberatung ausübt oder als Angestellter in einem solchen Betriebe Stellenvermittlung oder Berufsberatung ausübt, wird mit Geldstrafe oder Gefängnis bis zu drei Monaten bestraft.

§ 255. Gewerbsmäßige Stellenvermittler, die den vom Verwaltungsrate der Reichsanstalt erlassenen Vorschriften über die Pflicht zur Abmeldung ihres Betriebs bei der Reichsanstalt oder zur Berichterstattung zuwiderhandeln, werden mit Geldstrafe bis zu 150 Reichsmark oder mit Haft bestraft.

§ 256. I Arbeitgeber, die vorsätzlich oder fahrlässig der nach § 63 Abs. I begründeten Pflicht zur Anzeige bei Ausbruch oder Beendignug eines Ausstandes oder bei Vornahme oder Beendigung einer Aussperrung nicht nachkommen oder darüber unrichtige Angaben machen, werden mit Geldstrafe bis zu 150 Reichsmark bestraft.

II Die Verfolgung tritt nur auf Antrag des Arbeitsamts ein, dem gegenüber die Verpflichtung besteht.

§ 257. I Ist auf Grund des § 65 angeordnet, daß Arbeitgeber die bei ihnen vorhandenen offenen Arbeitsplätze anzumelden haben, so werden Arbeitgeber, die vorsätzlich oder fahrlässig der danach begründeten Pflicht zur Anmeldung der offenen Arbeitsplätze nicht nachkommen oder darüber unrichtige Angaben machen, mit Geldstrafe bis zu 150 Reichsmark bestraft.

II Die Verfolgung tritt nur auf Antrag des Arbeitsamts ein, dem gegenüber die Verpflichtung besteht.

§ 258. Wer Anordnungen zuwiderhandelt, die auf Grund des § 67 über die Anwerbung und Vermittlung von Arbeitnehmern nach dem Ausland oder die Anwerbung, Vermittlung und Beschäftigung ausländischer Arbeitnehmer erlassen sind, wird mit Geldstrafe oder mit Gefängnis bis zu sechs Monaten bestraft.

§ 259. I Gegen einen Unterstützungsempfänger, der gegen die von der Reichsanstalt zur ordnungsmäßigen Durchführung der Arbeitsvermittlung oder der Arbeitslosenversicherung erlassenen Vorschriften verstößt oder die ihm nach § 176 obliegende Anzeige unterläßt, kann der Spruchausschuß des Arbeitsamts Ordnungsstrafen bis zum fünfundzwanzigfachen Betrage der täglichen Unterstützung für jeden Übertretungsfall verhängen. Der Betrag kann durch Abzüge von der Arbeitslosenunterstützung zurückbehalten werden. Soweit dies nicht geschieht, wird er wie Gemeindeabgaben beigetrieben.

II Auf Beschwerde entscheidet die Spruchkammer des Landesarbeitsamts endgültig.

§ 260. I Gegen Privatpersonen, die eine Auskunft, zu der sie nach § 171 verpflichtet sind, verweigern, kann der Spruchausschuß des Arbeitsamts oder die Spruchkammer des Landesarbeitsamts oder der Spruchsenat des Reichsversicherungsamts eine Ordnungsstrafe bis zu 150 Reichsmark verhängen. Die Strafen werden wie Gemeindeabgaben beigetrieben.

II Auf Beschwerde entscheidet, wenn die Strafe vom Spruchausschuß verhängt ist, die Spruchkammer des Landesarbeitsamts endgültig. Ist sie in erster Instanz von der Spruchkammer verhängt, so entscheidet auf Beschwerde endgültig der Spruchsenat des Reichsversicherungsamts. Gegen die Entscheidungen des Spruchsenats ist ein Rechtsmittel nicht gegeben.

§ 261. Wer den Anzeige- oder Meldepflichten nach § 84 oder § 85 dieses Gesetzes nicht nachkommt, kann vom Versicherungsamte (Beschlußausschuß) mit Ordnungsstrafe in Geld bestraft werden. Auf Beschwerde entscheidet das Oberversicherungsamt (Beschlußkammer) endgültig.

§ 262. Reeder, die dem § 145 zuwider keine oder zu geringe Beiträge für die bei ihnen beschäftigten Seeleute entrichten, können von dem Vorstand der Seekasse mit Ordnungsstrafe in Geld bestraft werden. Auf Beschwerde entscheidet das Oberversicherungsamt (Beschlußkammer) endgültig.

§ 263. I In den Fällen des § 261 kann die Krankenkasse den Bestraften neben der Ordnungsstrafe die Zahlung des Ein- bis Fünffachen der rückständigen Beiträge für die Reichsanstalt auferlegen. Das gleiche Recht hat der Vorstand der Seekasse im Falle des § 262.

II Soweit Arbeitgebern nach § 531 Abs. 2 der Reichsversicherungsordnung die Zahlung des Ein- bis Fünffachen der rückständigen Beiträge zur Krankenversicherung auferlegt wird, kann dies auch hinsichtlich rückständiger Beiträge zur Arbeitslosenversicherung geschehen.

§ 264. I Für die Abführung der Beträge, die nach den §§ 261 bis 263 zu zahlen sind, gilt § 145.

II Soweit ihre Zahlung von einer Krankenkasse oder dem Vorstand der Seekasse auferlegt ist, werden sie wie Gemeindeabgaben beigetrieben.

§ 265. In den Fällen der §§ 247 bis 264 fließen die Beträge den Mitteln der Reichsanstalt zu. Das Nähere bestimmt der Reichsarbeitsminister.

§ 266. Rechtsmittel gegen Entscheidungen, die auf Grund der §§ 247 bis 249 und 259 bis 263 ergangen sind, bewirken Aufschub. Die entgegenstehenden Vorschriften der Reichsversicherungsordnung und des sechsten Abschnitts dieses Gesetzes gelten insoweit nicht.

§ 267. Für die Verjährung der aus den §§ 247 bis 249 und 259 bis 263 entstehenden Strafansprüche gelten die §§ 147, 148 der Reichsversicherungsordnung.

§ 268. Mitglieder der Organe der Reichsanstalt, die vorsätzlich zum Nachteil der Reichsanstalt handeln, werden mit Gefängnis bestraft. Daneben kann auf Verlust der bürgerlichen Ehrenrechte erkannt werden. Hat das Mitglied die Handlung begangen, um sich oder einem andern einen Vermögensvorteil zu verschaffen, so kann neben der Gefängnisstrafe auf Geldstrafe erkannt werden.

§ 269. I Arbeitgeber, die vorsätzlich den Beschäftigten höhere Beitragsteile vom Entgelt abziehen, als dieses Gesetz zuläßt, oder vorsätzlich den Vorschriften dieses Gesetzes zuwider Abzüge machen, werden mit Geldstrafe bis zu 150 Reichsmark oder mit Haft bestraft, wenn nicht nach anderen gesetzlichen Vorschriften härtere Strafe verwirkt wird.

II Die gleiche Strafe trifft Arbeitgeber, die den Vorschriften der §§ 400 und 402 der Reichsversicherungsordnung, soweit diese nach § 145 Abs. III des gegenwärtigen Gesetzes auf die Arbeitslosenversicherung Anwendung finden, zuwiderhandeln.

§ 270. I Arbeitgeber werden mit Gefängnis bestraft, wenn sie Beitragsteile, die sie den Beschäftigten einbehalten oder von ihnen erhalten haben, der berechtigten Kasse vorsätzlich vorenthalten.

II Daneben kann auf Geldstrafe und auf Verlust der bürgerlichen Ehrenrechte erkannt werden.

III Bei mildernden Umständen kann ausschließlich auf Geldstrafe erkannt werden.

§ 271. I Wer eine Auskunft, zu der er nach § 215 verpflichtet ist, verweigert oder vorsätzlich oder fahrlässig falsch erteilt, wird mit Geldstrafe bis zu 150 Reichsmark bestraft.

II Die Verfolgung tritt nur auf Antrag der Hauptstelle der Reichsanstalt oder, falls die Auskunftspflicht gegenüber einem Arbeitsamte oder Landesarbeitsamte besteht, auf Antrag dieses Amtes ein.

§ 272. I Der Arbeitgeber darf die Pflichten, die ihm dieses Gesetz auferlegt, Betriebsleitern, Aufsichtspersonen oder anderen Angestellten seines Betriebs übertragen.

II Handeln solche Stellvertreter den Vorschriften dieses Gesetzes zuwider, so trifft sie die Strafe. Neben ihnen ist der Arbeitgeber strafbar, wenn

1. die Zuwiderhandlung mit seinem Wissen geschehen ist,
2. er bei Auswahl und Beaufsichtigung der Stellvertreter nicht die im Verkehr erforderliche Sorgfalt beobachtet hat; in diesem Falle darf gegen

den Arbeitgeber auf keine andere Strafe als auf Geldstrafe erkannt werden.

III Das Ein- bis Fünffache der rückständigen Beiträge (§ 263) kann auch dem Stellvertreter auferlegt und von ihm beigetrieben werden. Neben ihm haftet für diesen Betrag der Arbeitgeber, falls er nach Abs. II bestraft ist.

§ 273. Die vorstehenden Strafvorschriften gelten,

1. wenn eine Aktiengesellschaft, ein Versicherungsverein auf Gegenseitigkeit, eine eingetragene Genossenschaft, eine Innung oder eine andere juristische Person Arbeitgeber ist, für die Mitglieder des Vorstandes,
2. wenn eine Gesellschaft mit beschränkter Haftung Arbeitgeber ist, für die Geschäftsführer,
3. wenn eine andere Handelsgesellschaft Arbeitgeber ist, für alle persönlich haftenden Gesellschafter, soweit sie von der Vertretung nicht ausgeschlossen sind,
4. für die gesetzlichen Vertreter geschäftsunfähiger und beschränkt geschäftsfähiger Arbeitgeber sowie für die Liquidatoren einer Handelsgesellschaft, eines Versicherungsvereins auf Gegenseitigkeit, einer eingetragenen Genossenschaft, einer Innung oder einer anderen juristischen Person.

§ 274. Die Strafbestimmungen dieses Gesetzes finden keine Anwendung auf Handlungen, die im Betrieb einer Körperschaft des öffentlichen Rechtes begangen werden. Die Durchführung des Gesetzes gegenüber Körperschaften des öffentlichen Rechts liegt den Dienstaufsichtsbehörden ob.

§ 275. Soweit nach anderen Strafgesetzen Strafen verwirkt sind, wird die Geltung dieser Strafgesetze durch die vorstehenden Bestimmungen nicht berührt.

2. Schund- und Schmutzschriftengesetz.

Gesetz zur Bewahrung der Jugend vor Schund- und Schmutzschriften vom 18. Dezember 1926.

(RGBl. I S. 505.)

Der Reichstag hat das folgende Gesetz beschlossen, das mit Zustimmung des Reichsrats hiermit verkündet wird:

§ 1. I Zum Schutze der heranwachsenden Jugend werden Schund- und Schmutzschriften in eine Liste aufgenommen. Sie sind, sobald ihre Aufnahme in die Liste öffentlich bekanntgemacht ist, im ganzen Reichsgebiete folgenden Beschränkungen unterworfen:

1. sie dürfen im Umherziehen weder feilgehalten noch angeboten oder angekündigt werden; auch dürfen auf sie keine Bestellungen im Umherziehen gesucht oder entgegengenommen werden;
2. sie dürfen im stehenden Gewerbe, von Haus zu Haus oder auf öffentlichen Wegen, Straßen, Plätzen oder an anderen öffentlien Orten nicht feilgeboten, angekündigt sowie innerhalb der Verkaufsräume und in Schaufenstern oder an anderen von der Straße aus sichtbaren Orten nicht zur Schau gestellt werden; auch dürfen Bestellungen auf sie nicht gesucht werden;
3. sie dürfen Personen unter 18 Jahren weder zum Kaufe angeboten noch innerhalb des gewerblichen Betriebs entgeltlich oder unentgeltlich überlassen werden.

II Reichs-, Staats- und Gemeindebehörden haben die Verpflichtung, dafür Sorge zu tragen, daß in keiner ihrer Einrichtungen Kindern oder Jugendlichen Bücher oder Schriften zugänglich gemacht werden, die in die Liste der Schmutz- oder Schundschriften aufgenommen sind.

III Werden mehr als zwei Nummern einer periodischen Druckschrift, die innerhalb Jahresfrist erschienen sind, auf die Liste gesetzt, so kann auch die periodische Druckschrift als solche auf die Dauer von drei bis zwölf Monaten auf die Liste gesetzt werden. Politische Tageszeitungen und politische Zeitschriften werden hiervon nicht betroffen.

IV Als auf die Liste gesetzt gilt auch eine angeblich neue Schrift, die sich sachlich als eine bereits auf die Liste gesetzte Schrift darstellt.

V Eine Schrift kann wegen ihrer politischen, sozialen, religiösen, ethischen oder weltanschaulichen Tendenz als solcher nicht auf die Liste gesetzt werden.

§ 2. I Die Entscheidungen darüber, ob eine Schrift auf die Liste gesetzt werden soll, erfolgt durch Prüfstellen, die von dem Reichsminister des Innern im Einvernehmen mit den Landesregierungen nach Bedarf errichtet werden. Ihre Zuständigkeit wird räumlich abgegrenzt. Die Entscheidungen der Prüfstellen haben für das gesamte Reichsgebiet Gültigkeit. Zur Entscheidung über Anträge gegen Aufnahme einer Schrift in die Liste oder auf Streichung sowie über Beschwerden (§ 4) wird eine Oberprüfstelle in Leipzig gebildet.

II Antragsberechtigt sind die Landeszentralbehörden und die Landesjugendämter.

III Die Entscheidungen sind dem Vorsitzenden der Oberprüfstelle mitzuteilen. Dieser hat die Schriften, deren Aufnahme in die Liste ausgesprochen ist, binnen drei Wochen öffentlich bekanntzumachen. Die Bekanntmachung unterbleibt einstweilen, wenn das Reich oder ein Land gemäß § 4 die Entscheidung der Oberprüfstelle beantragt.

§ 3. I Die Prüfstelle setzt sich aus einem beamteten Vorsitzenden und acht Sachverständigen zusammen. Von den Sachverständigen sind je zwei zu entnehmen den Kreisen

1. der Kunst und Literatur,
2. des Buch- und Kunsthandels,
3. der Jugendwohlfahrt und der Jugendorganisationen,
4. der Lehrerschaft und der Volksbildungsorganisationen.

Der Reichsminister des Innern ernennt auf Grund von Vorschlägen der beteiligten Verbände von jeder dieser Gruppen auf drei Jahr eine Anzahl Sachverständiger unter Berücksichtigung der Vertreter der Körperschaften des öffentlichen Rechtes nach Artikel 137 der Reichsverfassung. Die Heranziehung im Einzelfall erfolgt nach einem bestimmten Plane durch den Vorsitzenden.

II Nur bei Übereinstimmung von wenigstens sechs Mitgliedern der Prüfstelle ist eine Schrift in die Liste aufzunehmen.

§ 4. I Das Reich, jedes Land sowie der Verfasser und der Verleger können bei der Oberprüfstelle einen Antrag gegen Aufnahme einer Schrift in die Liste oder auf Streichung einer Schrift von der Liste stellen. Der Antrag kann von dem Verfasser oder Verleger nur binnen zwei Wochen nach Zustellung der Entscheidung gestellt werden. Ist ein Antrag gegen Aufnahme oder auf Streichung abgelehnt worden, so darf er vor Ablauf eines Jahres von keiner Seite erneuert werden.

II Lehnt die Prüfstelle den Antrag ab, eine Schrift auf die Liste zu setzen, so können die Antragsberechtigten, der Vorsitzende oder zwei an der Entscheidung beteiligte Beisitzer innerhalb zwei Wochen seit dem Tage der Entscheidung Beschwerde bei der Oberprüfstelle einlegen.

III Ist ein Antrag gegen Aufnahme in die Liste oder auf Streichung gestellt, so kann der Vorsitzende der Oberprüfstelle veranlassen, daß die öffentliche Bekanntmachung der Entscheidung der Prüfstelle einstweilen bis zur Entscheidung der Oberprüfstelle unterbleibt.

IV Die Oberprüfstelle besteht aus einem Vertreter des Reichsministeriums des Innern als Vorsitzenden, sechs vom Reichsrat gewählten Beisitzern und aus Sachverständigen der im § 3 Abs. I Satz 2 bezeichneten Gruppen, die vom Reichsminister des Innern auf drei Jahre ernannt werden. Sie entscheidet in der Besetzung von sieben Mitgliedern, die aus dem beamteten Vorsitzenden, zwei Beisitzern und je einem Sachverständigen der obenbezeichneten Gruppen bestehen. Die Entscheidungen erfolgen mit einfacher Mehrheit. Soll indessen der Antrag gegen Aufnahme in die Liste oder auf Streichung abgelehnt oder der Beschwerde aus § 4 Abs. II stattgegeben werden, so muß die Mehrheit wenigstens fünf Stimmen betragen.

V Bei geschäftlicher Anpreisung von Schriften ist der Hinweis darauf verboten, daß ein Verfahren auf Aufnahme der Schrift in die Liste anhängig oder anhängig gewesen ist.

§ 5. I Die Kosten der Errichtung der Reichsprüfstellen trägt das Reich.

II Die Kosten des Verfahrens bei der Oberprüfstelle trägt im Falle der Ablehnung der Verleger, wenn er das Verfahren beantragt hat.

§ 6. I Wer vorsätzlich den Bestimmungen der §§ 1 und 4 Abs. V zuwiderhandelt, und wer die Liste (§ 1) zum Zwecke des Anpreisens abdruckt oder vervielfältigt, wird mit Gefängnis bis zu einem Jahre und mit Geldstrafe oder mit einer dieser Strafen bestraft.

II In besonders leichten Fällen kann von Strafe abgesehen werden.

III Neben der Strafe ist bei vorsätzlicher Zuwiderhandlung auf Einziehung der zur Begehung der Tat gebrauchten oder bestimmten Schriften zu erkennen, auch wenn sie weder dem Täter noch einem Teilnehmer gehören. Auf die Einziehung kann selbständig erkannt werden, wenn die Verfolgung oder Verurteilung einer bestimmten Person nicht ausführbar ist.

§ 7. Der Reichsminister des Innern wird ermächtigt, mit Zustimmung des Reichsrats Ausführungsbestimmungen zu diesem Gesetze zu erlassen.

II. Landesteil.

1. Bezirksordnung (BezO.)

Vom 17. Oktober 1927

(GVBl. S. 325.)

Der Landtag des Freistaates Bayern hat das folgende Gesetz beschlossen, und zwar hinsichtlich des Art. 10 Ziff. 1 unter Beachtung des § 92 der Verfassungsurkunde:

Art. 1. Der Bezirk ist eine Körperschaft des öffentlichen Rechts mit dem Rechte der Selbstverwaltung nach Maßgabe der Gesetze. Sein Gebiet umfaßt den Bezirksamtssprengel.

Wirkungskreis.

Art. 2. Der Bezirk ist verpflichtet:

1. die Anstalten, Unternehmungen und Einrichtungen sowie die Straßen und Brücken des Bezirks zu unterhalten,
2. Straßen zu übernehmen und herzustellen, die bestimmt oder geeignet sind, einen über die nachbarliche Verbindung einzelner Gemeinden erheblich hinausgehenden Verkehr zu vermitteln,
3. die nötigen Sicherheitsvorrichtungen, Wegweiser und Warnungstafeln an den Straßen und Brücken des Bezirks herzustellen und zu unterhalten,
4. Bezirkskrankenhäuser zu errichten, soweit nicht für die erforderliche Krankenhauspflege auf andere Weise gesorgt ist oder gesorgt werden kann,
5. den Aufwand für Anstalten, Unternehmungen und Einrichtungen des Staates zu leisten, der dem Bezirke nach Vereinbarung obliegt oder bei Inkrafttreten dieses Gesetzes von ihm getragen wird, ferner den Aufwand, den der Bezirk für diese Zwecke künftig übernehmen wird,
6. einen Bezirksbaumeister und einen Bezirkskassenverwalter zu bestellen,
7. die Kosten der Ausbildung der Hebammen zu bestreiten, soweit diese Kosten nicht anderweit gedeckt werden können.
8. die für den gemeinsamen Gebrauch notwendigen größeren Feuerlöschgeräte zu beschaffen und zu unterhalten,
9. die Aufgaben zu erfüllen, die ihm durch andere Gesetze auferlegt sind oder künftig auferlegt werden,
10. seinen persönlichen und sachlichen Aufwand zu bestreiten, soweit er nicht vom Staate oder anderweit getragen wird.

Art. 3. Der Bezirk ist, wenn die Erfüllung der Pflichtaufgaben (Art. 2) gewährleistet ist, berechtigt, freiwillige Leistungen für solche Unternehmungen und Einrichtungen aufzuwenden, deren Durchführung einzelnen Gemeinden des Bezirks unmöglich oder nur mit besonderen Schwierigkeiten möglich ist.

Verfassung und Verwaltung.

Art. 4. Der Bezirk wird vom Bezirkstag und vom Bezirksausschusse verwaltet, soweit nicht nach Art. 5 das Bezirksamt zuständig ist.

Art. 5. I Die Geschäfte des Bezirks werden durch das Bezirksamt gemäß den Beschlüssen des Bezirkstags und des Bezirksausschusses unentgeltlich geführt. Die Geschäftsführung ist Dienstaufgabe des Bezirksamts als Staatsverwaltungsbehörde.

II Zur Geschäftsführung gehört auch der Vollzug der Beschlüsse des Bezirkstags und des Bezirksausschusses, die Aufsicht über den ordnungsmäßigen Betrieb der Anstalten, Unternehmungen und Einrichtungen des Bezirks unbeschadet des Aufsichtsrechts des Bezirkstags und Bezirksausschusses. Ist der Bezirk in einer Verwaltungsstreitsache beteiligt, die das Bezirksamt zu entscheiden hat, so hat der Bezirksausschuß einen besonderen Vertreter zu bestellen. Das gleiche gilt, wenn der Bezirk gegen eine Verfügung der Staats- oder Sachaufsichtsbehörde Beschwerde einlegt, für dieses Verfahren.

III Glaubt das Bezirksamt, daß ein Beschluß des Bezirkstags oder Bezirksausschusses dem Gesetze widerspricht oder der staatsaufsichtlichen Genehmigung bedarf, so hat es den Vollzug auszusetzen und die Verhandlungen der Staatsaufsichtsbehörde vorzulegen.

Art. 6. I Das Bezirksamt bereitet die Verhandlungen des Bezirkstags und des Bezirksausschusses vor, nimmt Anregungen aus dem Bezirkstag und Bezirksausschuß entgegen und stellt dazu seine Anträge. Es legt den Entwurf des Voranschlags vor. Über seine Anträge muß durch Beschluß zur Sache entschieden werden. Das Recht des Bezirkstags und Bezirksausschusses, von sich aus Angelegenheiten zu beraten und zu entscheiden, bleibt unberührt.

II In dringenden Fällen ist das Bezirksamt zu einzelnen Maßnahmen befugt, wenn die sofortige Berufung des Bezirksausschusses unmöglich ist. Von den getroffenen Maßnahmen ist dem Bezirksausschuß in seiner nächsten Sitzung Kenntnis zu geben.

III Der Bezirk wird durch das Bezirksamt vertreten.

Art. 7. Die Mitglieder des Bezirkstags werden in allgemeiner, gleicher, unmittelbarer, geheimer Wahl nach den Grundsätzen des Verhältniswahlrechts auf die Dauer von fünf Jahren gewählt.

Art. 8. I In den Bezirkstag sind so viele Mitglieder zu wählen, daß auf je angefangene 1000 (in der Pfalz auf je angefangene 2000) Einwohner ein Vertreter trifft, höchstens jedoch 45.

II Außerdem werden den Wahlvorschlägen nach dem Verhältnis ihrer Stimmenzahlen im ganzen Bezirke fünf Vertreter zur Benennung zugeteilt.

Art. 9. Die Bezirkstagsmitglieder werden nach folgenden Grundsätzen gewählt:

1. Jeder Bezirk bildet einen Wahlkreis.
2. Die Wahlvorschläge sind für die Bezirke im ganzen, ohne Einteilung in Stimmkreise, aufzustellen. Jeder Bewerber kann für eine oder mehrere Gemeinden, bei Gemeinden, die in Stimmbezirke eingeteilt sind, für einen oder mehrere Stimmbezirke aufgestellt werden.
3. Die Stimmzettel werden in der Weise amtlich hergestellt, daß sie die sämtlichen für die Gemeinde (bei Gemeinden, die in mehrere Stimmbezirke eingeteilt sind, für den Stimmbezirk) aufgestellten Bewerber mit dem Kennworte des Wahlvorschlages enthalten, dem die Bewerber angehören.
4. Jeder Wähler kann seine Stimme nur einem der für die Gemeinde oder, wenn diese in Stimmbezirke eingeteilt ist, für den Stimmbezirk aufgestellten Bewerber eines von dem Wahlleiter öffentlich bekanntgegebenen Wahlvorschlages geben, indem er durch ein auf den Stimmzettel gesetztes Kreuz oder auf andere Weise seine Stimmabgabe kenntlich macht. Ist der Name eines Bewerbers auf einen Stimmzettel gestrichen, so wird die Stimme als Listenstimme für den Wahlvorschlag gezählt.
5. Für die Wahlen nach Art. 8 Abs. I werden die Sitze auf die Wahlvorschläge nach dem Verhältnisse der Zahlen der Stimmzettel verteilt, die für die einzelnen Wahlvorschläge abgegeben worden sind. Bei gleichem Anspruche mehrerer Wahlvorschläge auf einen Sitz fällt der Sitz dem Wahlvorschlage zu, dessen in Betracht kommender Bewerber die größte Stimmenzahl aufweist. Bei Stimmengleichheit entscheidet in diesem Falle das Los.

Die einem Wahlvorschlage zugefallenen Sitze werden auf die einzelnen darin enthaltenen Bewerbern nach der Zahl der für sie in den Gemeinden oder Stimmbezirken, in denen sie aufgestellt sind, abgegebenen Stimmen verteilt. Bei Stimmengleichheit entscheidet die Reihenfolge der Benennung im Wahlvorschlage.

Fallen einen Wahlvorschlage mehr Sitze zu, als er Bewerber enthält, so können für die überschüssigen Sitze Personen benannt werden, die nicht in dem Wahlvorschlag enthalten sind, sofern sie wählbar sind.

6. Die nichtgewählten Bewerber sind in der Reihenfolge der Ziff. 5 die Ersatzleute der Gewählten. Sie rücken in den Bezirkstag ein, wenn ein Bewerber abgelehnt hat oder ausscheidet. Sind auf einem Wahlvorschlage keine Ersatzleute mehr vorhanden, so findet Ziff. 5 Unterabs. 3 Anwendung.
7. Für die Besetzung der nach Art. 8 Abs. II zu vergebenden Sitze gelten die Bestimmungen des Landeswahlgesetzs über die Landesabgeordneten entsprechend mit der Maßgabe, daß hierfür auch Personen benannt werden können, die in keinem Wahlvorschlag enthalten sind, sofern sie wählbar sind.

Art. 10. Im übrigen finden die Vorschriften der Gemeindeordnung Anwendung hinsichtlich

1. Der Wahlberechtigung und der Wählbarkeit mit der Maßgabe, daß an Stelle eines zwölfmonatlichen Aufenthalts in der Gemeinde hinsichtlich der Wahlberechtigung der sechsmonatige Aufenthalt in Bayern und der nicht nur vorübergehende oder nur gelegentliche Aufenthalt im Bezirke, hinsichtlich der Wählbarkeit der sechsmonatige Aufenthalt im Bezirke tritt,
2. der Behandlung der Wählerlisten und Wahlkarteien,
3. der Ausstellung von Wahlscheinen mit der Maßgabe, daß die Wahlscheine zur Abstimmung innerhalb des gleichen Bezirks berechtigen,
4. der Behandlung der Wahlvorschläge mit der Maßgabe, daß die Wahlvorschläge nicht mehr Bewerber enthalten dürfen, als Vertreter nach Art. 8 Abs. I zu wählen sind,
5. der Behandlung der Untervorschläge mit der Maßgabe, daß für die Bestimmung der Ersatzleute die Vorschriften in Art. 9 Ziff. 5 und 6 gelten,
6. der Dauer der Wahlhandlung,
7. des Wahlvorgangs, wenn kein oder nur ein gültiger Wahlvorschlag eingereicht worden ist, mit folgender Maßgabe:

   Wenn kein Wahlvorschlag eingereicht worden ist, dürfen die Stimmzettel nur je einen Namen enthalten. Die nach Art. 8 Abs. I und II insgesamt in Betracht kommenden Vertreter sind in einem Wahlgange zu wählen.

   Wenn nur ein gültiger Wahlvorschlag eingereicht worden ist und bis zur Beschlußfassung darüber auf das eineinhalbfache der Zahl der nach Art. 8 Abs. I und II zu wählenden Vertreter ergänzt wird, können die Wähler entweder für einen einzelnen der in dem Wahlvorschlag enthaltenen Bewerber oder für den unveränderten Wahlvorschlag im ganzen abstimmen. Wenn mehr als die Hälfte der Wähler für den unveränderten Wahlvorschlag im ganzen abgestimmt hat, sind die darin enthaltenen Bewerber in der vorgeschlagenen Reihenfolge gewählt oder als Ersatzleute bestimmt. Wenn dagegen in solchen Fällen weniger als die Hälfte der Wähler für den unveränderten Wahlvorschlag im ganzen abgestimmt hat, finden die Grundsätze der Mehrheitswahl Anwendung. Die Stimmzettel, die für den unveränderten Wahlvorschlag im ganzen abgegeben worden sind, sind dann für den Bewerber zu zählen, der in dem Wahlvorschlage für die Gemeinde oder den Stimmbezirk aufgestellt ist, wenn die Wähler nicht in den Stimmzetteln zu erkennen geben, daß die Stimmzettel in diesem Falle für einen anderen in dem Wahlvorschlag enthaltenen Bewerber zählen sollen;

8. der Wahlen, die gleichzeitig mit einer vom Reich oder auf Grund des Landeswahlgesetzes ausgeschriebenen Abstimmung vorgenommen werden,
9. der Folgen von Bestechung und Nötigung der Abstimmenden,
10. der Kosten der Wahl mit der Maßgabe, daß die Gemeinden nur die auf die Bereitstellung des Wahlraumes und der sonstigen für die Wahl nötigen Gegenstände sowie auf die Wählerlisten und Wahlkarteien treffenden Kosten, die Bezirke dagegen die übrigen Kosten zu tragen haben.
11. der Fortführung des Amtes durch die Bezirkstagsmitglieder bei Ablauf der Wahlzeit.

Art. 11. I Über die Gültigkeit der Wahlen und über Wahlanfechtungen entscheidet der Bezirkstag endgültig.

II Hierbei finden Art. 74 Abs. I bis V der Gemeindeordnung entsprechend Anwendung mit der Maßgabe, daß die in Abs. IV vorgesehene Entscheidung auch ohne Wahlanfechtung von Amts wegen erfolgen kann. An die Stelle der Staatsaufsichtsbehörde tritt dabei der Bezirkstag, an die Stelle des Gemeindewahlleiters der Bezirkswahlleiter, an die Stelle des Gemeindewahlausschusses der Bezirkswahlausschuß.

III Wenn der Bezirkstag das Wahlergebnis in einzelnen Gemeinden oder Stimmbezirken für ungültig erklärt und feststellt, daß es nach der Wählerzahl dieses Gebietes auf das Gesamtwahlergebnis von Einfluß sein kann, hat eine Wiederholungswahl in diesem Gebiet auf Grund der alten Wählerlisten oder Wahlkarteien und der alten Wahlvorschläge stattzufinden. Der Bezirkswahlausschuß stellt das Wahlergebnis hierauf neu fest.

IV Die Anordnung einer Neuwahl obliegt dem Staatsministerium des Innern.

Art. 12. Das Staatsministerium des Innern bestimmt den Tag der Wahl und regelt das Verfahren bei der Wahl durch eine Wahlordnung.

Art. 13. Das Amt des Bezirkstagsmitglieds kann durch schriftliche Erklärung an das Bezirksamt niedergelegt werden. Im übrigen gelten für die Mitglieder des Bezirkstags die Bestimmungen des Art. 113 Ziff. 1, 3 und 4 der Gemeindeordnung entsprechend.

Art. 14. I Die Mitglieder des Bezirkstags haben die Pflichten der ehrenamtlichen Mitglieder des Gemeinderats. Sie werden durch den Bezirksamtsvorstand auf die gewissenhafte Erfüllung ihrer Obliegenheiten durch Handschlag verpflichtet.

II Ein Mitglied des Bezirkstages verliert sein Amt, wenn es sich Handlungen schuldig macht, die bei einem ehrenamtlichen Mitgliede des Gemeinderats die Dienstentlassung begründen würden. Ob die Voraussetzungen gegeben sind, wird von der Staatsaufsichtsbehörde im verwaltungsgerichtlichen Verfahren entschieden. Im zweiten Rechtszug entscheidet der Verwaltungsgerichtshof.

Art. 15. I Die Mitglieder des Bezirkstags und des Bezirksausschusses versehen ihren Dienst ehrenamtlich. Sie haben Anspruch auf Vergütung der Reisekosten und auf angemessene Aufwandentschädigung, Angestellte und Lohnarbeiter außerdem Anspruch auf Entschädigung für entgangenen Gehalt oder Lohn.

II Den Beamten, Angestellten und Arbeitern des Staates, der Gemeinden und sonstigen Körperschaften des öffentlichen Rechts muß die zur Ausübung des Amtes erforderliche Dienstbefreiung gewährt werden.

Art. 16. I Der Bezirksausschuß besteht aus fünf oder sieben Mitgliedern des Bezirkstags. Der Bezirkstag setzt ihre Zahl fest. Der Bezirkstagsvorsitzende gehört dem Bezirksausschuß an; die übrigen Mitglieder des Bezirksausschusses werden mit Ersatzleuten durch Verhältniswahl auf die Dauer der Wahlzeit des Bezirkstags gewählt. Das Nähere regelt das Staatsministerium des Innern durch eine Wahlordnung. Die Ersatzleute können auch als Stellvertreter bei

Verhinderung von Mitgliedern vorübergehend durch das Bezirksamt einberufen werden.

II Die Verhandlungen des Bezirksausschusses werden durch den Bezirksamtsvorstand geleitet, der kein Stimmrecht hat.

Art. 17. I Der Bezirksausschuß hat die Verhandlungen des Bezirkstags vorzubereiten und den Voranschlag vorzuberaten. Der Bezirksausschuß entscheidet in folgenden Angelegenheiten endgültig:

1. Geldausgaben und Übernahme von Verbindlichkeiten aller Art in der Verwaltung der Anstalten, Unternehmungen, Einrichtungen und des sonstigen Vermögens des Bezirks, soweit im Voranschlage die Beschlußfassung im einzelnen Falle dem Bezirksausschusse vorbehalten worden ist oder soweit der Voranschlag überschritten wird und ein dringender Fall vorliegt,
2. Festsetzung der Vorausleistungen nach Art. 29 Abs. II im Rahmen der Beschlüsse des Bezirkstags,
3. Anstellung und Entlassung der Beamten und Angestellten des Bezirks.

II Der Bezirksausschuß kann vom Bezirksamt in wichtigen Fragen der Staatsverwaltung zur Beratung in Anspruch genommen werden.

Art. 18. I Der Bezirksausschuß faßt seine Beschlüsse in Sitzungen. Ausnahmsweise ist schriftliche Abstimmung ohne Sitzung zulässig, wenn kein Mitglied widerspricht.

II Der Bezirksausschuß wird vom Bezirksamt im Benehmen mit dem Vorsitzenden des Bezirkstags berufen. Er muß berufen werden, wenn es drei Mitglieder des Bezirksausschusses schriftlich unter Bezeichnung des Verhandlungsgegenstandes beantragen.

III Der Bezirksausschuß ist beschlußfähig, wenn sämtliche Mitglieder geladen sind und wenn mehr als die Hälfte der Mitglieder anwesend ist.

IV Die Verhandlungen des Bezirksausschusses sind nicht öffentlich. Unberührt bleibt die Befugnis sowohl des Bezirksamts wie des Bezirksausschusses, Beteiligte oder Beamte oder Sachverständige zu den Verhandlungen zuzulassen und zu hören.

Art. 19. I Ein Mitglied kann an der Beratung und Abstimmung nicht teilnehmen, wenn der Beschluß ihm selbst, seinem Ehegatten, einem Verwandten oder Verschwägerten bis zum dritten Grad oder einer von ihm gesetzlich oder kraft Vollmacht vertretenen Rechtspersönlichkeit des bürgerlichen Rechts einen unmittelbaren Vorteil oder Nachteil bringen kann. Ob diese Voraussetzungen vorliegen, entscheidet der Bezirksausschuß ohne Mitwirkung des in Betracht kommenden Mitglieds; gegen die Entscheidung kann jedes Mitglied des Bezirksausschusses binnen 14 Tagen Beschwerde einlegen, über welche die unmittelbar vorgesetzte Staatsaufsichtsbehörde endgültig entscheidet. Hat ein Mitglied des Bezirksausschusses entgegen der Bestimmung des Satzes 1 an der Beratung und Abstimmung teilgenommen, so ist der Beschluß ungültig.

II Ist der Bezirksausschuß durch Verhinderung von Mitgliedern nach Absatz I beschlußunfähig geworden, so hat das Bezirksamt für die verhinderten Mitglieder die Ersatzleute in der gesetzlichen Reihenfolge einzuberufen. Ist auf diese Weise die Beschlußunfähigkeit nicht zu erreichen, so kann die Staatsaufsichtsbehörde die zur Beschlußfähigkeit erforderliche Zahl herabsetzen oder das sonst zum Bestehen des Bezirks Notwendige verfügen.

III Ebenso kann die Staatsaufsichtsbehörde verfahren, wenn der Bezirksausschuß durch andere Hindernisse zeitweise beschlußunfähig geworden ist und unaufschiebbare Beratungsgegenstände vorliegen.

Art. 20. Der Bezirksausschuß beschließt in offener Abstimmung mit Mehrheit der Abstimmenden. Kein Mitglied darf sich der Stimme enthalten. Bei Stimmengleichheit ist der Antrag abgelehnt. Wahlen können in geheimer Abstimmung vorgenommen werden, wenn dies im einzelnen Falle beschlossen wird; Art. 21 Abs. II und III der Gemeindeordnung sind entsprechend anzuwenden.

Art. 21. I Dem Bezirkstag ist die Beschlußfassung über folgende Angelegenheiten vorbehalten:

1. Festsetzung des Voranschlags,
2. Feststellung der Jahresrechnungen über die Verwaltung des Bezirks und der vom Bezirke verwalteten Stiftungen,
3. Aufstellung der Grundsätze, nach denen das Vermögen des Bezirks zu verwalten ist,
4. Erhebung öffentlichrechtlicher Abgaben für den Bezirk,
5. Festsetzung erhöhter Leistungen nach Art. 29 Abs. IV,
6. Festsetzung und Änderung der Satzungen der Anstalten und sonstigen Einrichtungen des Bezirks, Festsetzung der Gebühren und sonstigen Vergütungen für die Benützung,
7. Veräußerung und Belastung von Liegenschaften, die zum Grundstockvermögen des Bezirks oder der vom Bezirke verwalteten Stiftungen gehören,
8. Errichtung oder Aufhebung von Anstalten, Unternehmungen und Einrichtungen des Bezirks,
9. Aufnahme von Anleihen und Übernahme von Bürgschaften,
10. freiwillige Leistungen nach Art. 3,
11. die Höhe der Entschädigungen der Mitglieder des Bezirkstags, des Bezirksausschusses und der besonderen Ausschüsse sowie Art und Höhe der Vergütung der Reisekosten (Art. 15),
12. Zahl, Besoldung und sonstige Anstellungsbedingungen der Beamten und Angestellten des Bezirks.

II Der Bezirkstag kann beschließen, daß zur Erledigung bestimmter Angelegenheiten die Beschlußfassung des Bezirksausschusses genügt. Über alle Angelegenheiten, die der staatsaufsichtlichen Genehmigung bedürfen, mit Ausnahme der Angelegenheiten des Art. 34 Abs. I Ziff. 4, hat der Bezirkstag zu beschließen.

III In dringenden Fällen kann der Bezirksausschuß auch über Angelegenheiten nach Abs. I Ziff. 3, 5, 7, 9 und 11, Abs. II Satz 2 endgültig beschließen, wenn die sofortige Berufung des Bezirkstags unmöglich ist. Der Beschluß ist dem Bezirkstag in seiner nächsten Sitzung mitzuteilen.

Art. 22. I Der Bezirkstag faßt seine Beschlüsse in Sitzungen.

II Der Bezirkstag wird zu seiner ersten Tagung nach der Wahl vom Bezirksamtsvorstande berufen. Dieser eröffnet die Sitzung. Unter der Leitung des Bezirksamtsvorstandes wählt der Bezirkstag aus seiner Mitte auf die Dauer der Wahlzeit den Bezirkstagsvorsitzenden und einen Stellvertreter.

III Der Bezirkstag versammelt sich jährlich in der Regel einmal auf Berufung des Bezirkstagsvorsitzenden, der hierwegen mit dem Bezirksamtsvorstand ins Benehmen tritt. In dringenden Fällen kann der Bezirkstag in gleicher Weise zu außerordentlichen Sitzungen berufen werden; er muß berufen werden, wenn es der Bezirksausschuß, die Hälfte der Bezirkstagsmitglieder schriftlich unter Bezeichnung des Verhandlungsgegenstandes oder das Bezirksamt beantragt.

IV Der Bezirkstag ist beschlußfähig, wenn sämtliche Mitglieder geladen sind und wenn mehr als die Hälfte der Mitglieder anwesend ist. Im übrigen gilt Art. 19 entsprechend.

Art. 23. I Der Bezirkstagsvorsitzende leitet die Verhandlungen des Bezirkstags. Im übrigen gelten für die Verhandlungen des Bezirkstags Art. 18 Abs. IV Satz 2, für die Beschlußfassung Art. 20 entsprechend. Der Bezirksamtsvorstand nimmt an den Verhandlungen des Bezirkstags teil. Auf Verlangen ist ihm jederzeit das Wort zu erteilen. Über seine Anträge muß durch Beschluß zur Sache entschieden werden.

II Die Sitzungen des Bezirkstags sind öffentlich, soweit nicht Rücksichten auf das Wohl des Reiches, des Staates, des Bezirkes oder berechtigte Ansprüche einzelner entgegenstehen. Über den Ausschluß der Öffentlichkeit wird in geheimer Sitzung beraten und entschieden.

III Der Vorsitzende handhabt die Ordnung. Er ist berechtigt, Zuhörer, die die Ordnung stören, entfernen zu lassen. Das gleiche Recht steht ihm mit Zustimmung des Bezirkstags zu gegen Mitglieder, die die Ordnung fortgesetzt erheblich stören.

Art. 24. Zur Erledigung der Angelegenheiten der Bezirkssparkasse oder sonstiger einzelner Anstalten und Einrichtungen kann der Bezirkstag besondere Ausschüsse bilden und ihnen vorbehaltlich des Art. 21 Abs. II Satz 2 für einzelne Aufgaben die Befugnisse des Bezirksausschusses und des Bezirkstags übertragen. Für diese Ausschüsse gelten die Vorschriften über den Bezirksausschuß entsprechend. Die Zahl der Mitglieder bestimmt der Bezirkstag.

Art. 25. I Die Mitglieder des Bezirkstags und seiner Ausschüsse sind verpflichtet, an den Sitzungen teilzunehmen.

II Gegen Mitglieder, die sich dieser Verpflichtung entziehen oder sich der Abstimmung enthalten, kann der Bezirkstag durch Beschluß Ordnungsstrafen bis zu 200 RMk. im einzelnen Falle verhängen. Die Strafe wegen Versäumnis der Sitzung kann auch verhängt werden, wenn wenigstens ein Drittel der Mitglieder des Bezirkstags anwesend ist.

III Die Befugnis nach Abs. II steht auch dem Bezirksausschuß und den besonderen Ausschüssen nach Art. 24 gegenüber ihren Mitgliedern zu.

IV Die Geldstrafen werden auf Ersuchen von der Gemeinde wie Gemeindeumlagen auf Rechnung und Kosten des Bezirks erhoben und beigetrieben.

V Entzieht sich ein Mitglied nach zwei wegen Versäumnis erkannten Strafen innerhalb eines Zeitraums von sechs Monaten weiterhin seiner Pflicht, an den Sitzungen teilzunehmen, so kann der Bezirkstag den Verlust des Amtes aussprechen.

VI Gegen den auf Geldstrafe lautenden Beschluß kann binnen vierzehn Tagen nach Eröffnung Beschwerde zur unmittelbar vorgesetzten Staatsaufsichtsbehörde eingelegt werden; diese entscheidet endgültig. Gegen den auf Verlust des Amtes lautenden Beschluß kann das ausgeschlossene Mitglied binnen vierzehn Tagen nach Eröffnung den Antrag auf verwaltungsgerichtliche Entscheidung stellen; die Kreisregierung entscheidet im einzigen Rechtszug.

Art. 26. I Über die Verhandlungen des Bezirkstages und seiner Ausschüsse fertigt das Bezirksamt Niederschriften. Diese müssen die anwesenden Mitglieder, die verhandelten Gegenstände, die Beschlüsse und das Abstimmungsergebnis ersehen lassen. Mitglieder, die einem Beschlusse nicht zugestimmt haben, können verlangen, daß dies vermerkt wird. Bei Meinungsverschiedenheiten über Inhalt und Fassung der Niederschrift entscheidet der Bezirksausschuß, im Falle des Art. 24 der besondere Ausschuß.

II Den Mitgliedern des Bezirkstages steht die Einsicht in die Niederschriften frei.

Art. 27. I Das Grundstockvermögen ist in seinem Bestand ungeschmälert zu erhalten, soweit es nicht als angesammeltes Zweckvermögen dem bestimmten Zwecke zugeführt wird. Zum Grundstockvermögen gehören alle Werte, die nicht zur Veräußerung oder zum Verbrauch im Haushalte des Bezirks bestimmt sind.

II Wird Grundstockvermögen veräußert, so ist der Erlös dem Grundstockvermögen zuzuführen. Werden Grundstücke veräußert, so sind Grundstücke zu beschaffen. Wird Grundstockvermögen geschmälert, so ist es in angemessener Zeit durch Zuweisung aus Wirtschaftsmitteln zu ersetzen. Von diesen Vorschriften kann aus wichtigen Gründen abgewichen werden, wenn die Staatsaufsichtsbehörde hiergegen keine Erinnerung erhebt. Mit Genehmigung der Staatsaufsichtsbehörde kann Grundstockvermögen unentgeltlich veräußert werden.

Art. 28. I Anleihen dürfen nur zu werbenden Zwecken oder zu Ausgaben für Einrichtungen von dauerndem Nutzen aufgenommen werden, zu deren sofortigen Deckung die Leistungsfähigkeit des Bezirks nicht ausreicht.

II Anleihen müssen nach einem festgestellten Plan in angemessener Zeit aus Wirtschaftsmitteln getilgt werden. Anleihen zu Befriedigung wiederkehrender Bedürfnisse sollen bis zur Wiederkehr des Bedürfnisses getilgt oder durch

Rücklage ausgeglichen sein. Die Tilgungspläne sind der Staatsaufsichtsbehörde vorzulegen.

III Aus wichtigen Gründen kann die Staatsaufsichtsbehörde zulassen, daß von den Vorschriften der Abs. I und II abgewichen wird.

IV Die Genehmigung der Staatsaufsichtsbehörde ist erforderlich, wenn der Betrag der aufzunehmenden Schuld allein oder zusammen mit anderen Beträgen im Sinne der Abs. I, IV und V im gleichen Rechnungsjahr 100 000 RM. übersteigt. Das gleiche gilt ohne Rücksicht auf die Höhe des Betrages, wenn der Geldgeber ein Ausländer ist oder wenn die Verpflichtung des Bezirks ganz oder teilweise in ausländischer Währung zu erfüllen ist. Das Staatsministerium des Innern kann im Einvernehmen mit dem Staatsministerium der Finanzen bindende Richtlinien für die Fälle des vorstehenden Satzes aufstellen.

V Der Aufnahme von Anleihen steht die Aufnahme von Darlehen, der Abschluß von Bürgschaftsverträgen und verwandten Rechtsgeschäften, die ein Einstehen für fremde Schuld zum Gegenstand haben, gleich. Soweit Tilgungspläne nicht in Frage kommen, ist Anzeige an die Staatsaufsichtsbehörde zu erstatten.

VI Betriebskredite, das sind Kredite, die bestimmungsgemäß in kürzester Zeit, längstens aber innerhalb eines Jahres seit der Aufnahme zurückbezahlt werden und deren Verwendungsart die Rückzahlung in dieser Zeit gewährleistet, bedürfen der Genehmigung der Staatsaufsichtsbehörde, wenn sie, ohne abgedeckt zu sein, in dem gleichen Rechnungsjahre die in Abs. IV genannte Summe übersteigen oder wenn die Voraussetzungen des Abs. IV Satz 2 vorliegen. Die Aufnahme aller übrigen Betriebskredite ist der Staatsaufsichtsbehörde anzuzeigen.

Art. 29. I Der Bezirk ist berechtigt, soweit nicht Gesetze oder Staatsverträge entgegenstehen, durch Satzung die Benützung seines Eigentums, seiner Anstalten, Unternehmungen und Einrichtungen zu ordnen und Gebühren für die Benützung festzusetzen.

II Wird durch Führung eines Betriebes oder durch Bewirtschaftung oder Ausbeutung eines Grundstücks eine Bezirksstraße in außergewöhnlicher Weise abgenützt, so kann der Bezirk den Inhaber des Betriebes und den Eigentümer oder Besitzer des Grundstücks zu besonderen Vorausleistungen heranziehen. Das Staatsministerium des Innern kann hierüber Vorschriften erlassen.

III Der Bedarf des Bezirks ist, soweit die sonstigen Einnahmen des Bezirks hierfür nicht ausreichen, durch Umlagen, Verbrauchssteuern und örtliche Abgaben zu decken; für die Umlagen, Verbrauchssteuern und örtlichen Abgaben gelten die besonderen Gesetze.

IV Der Bezirk kann für einzelne Gemeinden oder abgesonderte Markungen je nach der Teilnahme an den Vorteilen einer Einrichtung des Bezirks den Hundertsatz der steuerlichen Belastung bis zum eineinhalbfachen des allgemeinen, gesetzlich zulässigen Satzes erhöhen. Er kann unter der gleichen Voraussetzung und bis zur gleichen Wertsgrenze einzelnen Gemeinden oder abgesonderten Markungen Sachleistungen auferlegen. Die Beschlüsse bedürfen der Zustimmung von zwei Dritteln der anwesenden Mitglieder des Bezirkstags und der staatsaufsichtlichen Genehmigung.

V Zur Erhebung von Verbrauchssteuern und örtlichen Abgaben, soweit diese durch Gesetz und Staatsvertrag zugelassen und nicht anderweit geregelt sind, sowie zur Erhebung von Pflaster-, Wege- und Brückenzöllen ist die Genehmigung der Kreisregierung erforderlich. Das Staatsministerium des Innern ist befugt, im Einvernehmen mit dem Staatsministerium der Finanzen bindende Richtlinien zu erlassen.

VI Um die Durchführung der Satzung nach Abs. I zu sichern, können bezirkspolizeiliche Vorschriften erlassen werden; darin kann die Hinterziehung oder Verkürzung der Gebühren sowie eine andere Zuwiderhandlung gegen die Satzung mit Geldstrafe bis zu 150 RM. bedroht werden. Die Geldstrafen fließen in die Bezirkskasse. Das gleiche gilt für die Sicherung der Erhebung von Verbrauchssteuern, örtlichen Abgaben, Vorausleistungen nach Abs. II sowie für die Sicherung der Erhebung von Pflaster-, Wege- und Brückenzöllen.

VII Streitigkeiten über die Benützung der Anstalten, Unternehmungen und Einrichtungen und über die Verbindlichkeit zur Entrichtung von Gebühren hierfür sowie über Ansprüche auf Rückvergütung solcher Gebühren entscheidet die Staatsaufsichtsbehörde im verwaltungsgerichtlichen Verfahren. Im zweiten Rechtszug entscheidet der Verwaltungsgerichtshof. Das gleiche gilt für Streitigkeiten über die Verbindlichkeit zur Entrichtung von Verbrauchssteuern, örtlichen Abgaben, Vorausleistungen nach Abs. II, erhöhten Leistungen nach Abs. IV, Pflaster-, Wege- und Brückenzöllen sowie über Ansprüche auf ihre Rückvergütung.

VIII Die öffentlichen Abgaben und Gefälle für den Bezirk sind, soweit nicht durch Gesetz anderes bestimmt ist, auf Verlangen von der Gemeinde wie Gemeindeumlagen auf Rechnung und Kosten des Bezirks zu erheben und beizutreiben. Das Staatsministerium des Innern kann über den Vollzug Vorschriften erlassen.

Art. 30. I Das Rechnungsjahr läuft vom 1. April bis zum 31. März.

II Der Bezirk ist verpflichtet, alljährlich vor Beginn des Rechnungsjahres einen Voranschlag über die voraussehbaren Einnahmen und Ausgaben aufzustellen und der Staatsaufsichtsbehörde vorzulegen. Der Voranschlag muß ersehen lassen, wie die sämtlichen Ausgaben gedeckt werden sollen.

III Der vom Bezirkstage festgestellte Voranschlag bildet, vorbehaltlich der Art. 6 Abs. II, Art. 17 Abs. I Ziff. 1, Art. 21 Abs. III, die Grundlage des Haushalts.

Art. 31. I Die Rechnungen über die Führung des Haushalts werden durch den Bezirkskassenverwalter oder die sonst vom Bezirksausschusse bestimmten Personen auf Kosten des Bezirks gefertigt.

II Sie sind nach Ablauf des Rechnungsjahres in der nächsten öffentlichen Sitzung des Bezirkstags festzustellen und der Staatsaufsichtsbehörde vorzulegen, sofern nicht die Vorlegung erlassen ist.

III Das Staatsministerium des Innern kann die Form der Voranschläge und Rechnungen bestimmen. Für die Rechnungstellung kann die Staatsaufsichtsbehörde widerruflich Abweichungen hiervon gestatten.

Staatsaufsicht.

Art. 32. Die Staatsaufsicht über die Bezirke wird unter der Leitung des Staatsministeriums des Innern von den Kreisregierungen geführt.

Art. 33. I Die Staatsaufsichtsbehörde kann gesetzwidrige Beschlüsse ändern oder aufheben und die Erfüllung der gesetzlichen und übernommenen Verpflichtungen des Bezirks erzwingen.

II Die Staatsaufsichtsbehörde kann zur Durchführung ihrer Befugnisse Anstalten und Einrichtungen des Bezirks besichtigen, die Geschäfts- und Kassenführung prüfen sowie Berichte und Akten einfordern.

III Verweigert der Bezirk innerhalb einer ihm gesetzten Frist die Änderung oder Zurücknahme gesetzwidriger Beschlüsse, so ändert die Staatsaufsichtsbehörde diese Beschlüsse oder hebt sie auf. Bestreitet der Bezirk innerhalb einer ihm gesetzten Frist die gesetzliche Verpflichtung oder gibt er innerhalb dieser Frist keine Erklärung ab oder verweigert er die Erfüllung der unbestrittenen Verpflichtung, so beschließt die Staatsaufsichtsbehörde.

IV Die Staatsaufsichtsbehörde kann in den Fällen des Abs. III vorläufige Anordnungen treffen, insbesondere in dringenden Fällen ihre Beschlüsse vor eingetretener Rechtskraft vollziehen.

V Zur Erfüllung der endgültig festgesetzten Verpflichtungen oder zum Vollzuge der vorläufigen Anordnungen kann die Staatsaufsichtsbehörde an Stelle des Bezirks den notwendigen Aufwand in den Voranschlag einstellen oder die sonst erforderlichen Verfügungen treffen und rechtserhebliche Erklärungen abgeben.

VI Gegen den Beschluß nach Abs. III ist binnen vier Wochen Beschwerde zum Verwaltungsgerichtshofe zulässig, wenn der Bezirk behauptet, daß der Beschluß sein gesetzliches Selbstverwaltungsrecht verletze oder ihn mit einer gesetzlich nicht begründeten Leistung belaste. Gegen vorläufige Anordnungen oder gegen Verfügungen zum Vollzuge der Verpflichtungen ist binnen gleicher Frist Beschwerde zum Staatsministerium des Innern zulässig. Die Beschwerde hat keine aufschiebende Wirkung.

Art. 34. I Der Bezirk bedarf der Genehmigung der Staatsaufsichtsbehörde:

1. zur Ausleihung und Anlegung von Geldern unter Abweichung von den für die Gemeinden gegebenen Vorschriften,
2. zur Errichtung von Sparkassen und Banken, ferner zur Errichtung neuer und zum Weiterbetriebe bestehender Zweig- und Annahmestellen in- und außerhalb des Bezirks,
3. zur Errichtung und zum Betriebe von Erwerbsunternehmungen oder zu erheblicher Beteiligung an solchen sowie zu Einrichtungen, die die Versorgung der Bevölkerung mit Gegenständen des täglichen Bedarfs bezwecken,
4. zur Belastung von Grundstücken mit einer Hypothek, Grundschuld oder Rentenschuld, wenn es sich nicht um Kaufschillingsreste handelt,
5. zur Aufhebung oder wesentlichen Änderung solcher Gebäude und sonstiger unbeweglicher oder beweglicher Gegenstände aus älterer Zeit, deren Erhaltung wegen ihres geschichtlichen, wissenschaftlichen oder Altertumswertes für die Allgemeinheit von Bedeutung ist, zur Veräußerung oder wesentlichen Veränderung von schutzwürdigen Naturgebilden und zu allen Maßnahmen am Bezirkseigentum, die ein schutzwürdiges Orts- oder Landschaftsbild wesentlich verändern.

II Art. 61 Abs. II der Gemeindeordnung gilt entsprechend; die Zustimmung der kreisunmittelbaren Gemeinde, in der sich der Sitz des Bezirksamts befindet, und der Gemeinden des Bezirks ist nicht erforderlich.

III Art. 61 Abs. IV der Gemeindeordnung gilt entsprechend.

IV Das Staatsministerium des Innern kann über den Betrieb von Anstalten und Unternehmungen des Abs. I Ziff. 2 Vorschriften erlassen sowie die Vorschriften über die Anlegung des Gemeindevermögens auf das Bezirksvermögen ausdehnen und ergänzen.

V Die Pläne und Voranschläge für den Bau oder für erhebliche Umbauten von Anstalten, Straßen und Brücken des Bezirks sind vor der Ausführung der Staatsaufsichtsbehörde zur Genehmigung vorzulegen.

VI Das Staatsministerium des Innern kann allgemeine Vorschriften über die Bauart und die Unterhaltung der Bezirksstraßen erlassen.

Sachaufsicht.

Art. 35. I Den zur Durchführung der Sachaufsicht zuständigen Staatsministerien stehen die Befugnisse des Art. 33 Abs. II zu.

II Das Staatsministerium für Unterricht und Kultus kann Anordnungen für die Unterrichts- und Erziehungsanstalten der Bezirke erlassen.

Bezirksbeamte.

Art. 36. I Für die Beamten des Bezirks gelten die Vorschriften der Gemeindeordnung über die Gemeindebeamten entsprechend.

II Das Bezirksamt verpflichtet die Beamten des Bezirks auf die gewissenhafte Erfüllung ihrer Obliegenheiten durch Handschlag.

III Das Bezirksamt führt die Dienstaufsicht über die Beamten und sonstigen Kräfte des Bezirks und erteilt den Urlaub. Das Bezirksamt kann diese Befugnisse ganz oder teilweise an Beamte des Bezirks für ihren Dienstbereich übertragen. Beschwerden über die Verfügungen des Bezirksamts oder über die von ihm gebilligten Verfügungen der Beauftragten entscheidet die Staatsaufsichtsbehörde endgültig.

Art. 37. I Zur Verhängung von Ordnungsstrafen gegen Beamte des Bezirks sowie zur Verhängung von Disziplinarstrafen gegen widerrufliche Beamte des Bezirks ist der Bezirksausschuß zuständig. Er kann seine Zuständigkeit allgemein oder im einzelnen Falle dem Bezirksamt übertragen. Die Vorbehandlung im Disziplinarverfahren gegen unwiderrufliche Beamte des Bezirks obliegt dem Bezirksamt.

II Gegen Beschlüsse des Bezirksausschusses und des Bezirksamts nach Abs. I steht dem Beamten des Bezirks binnen vierzehn Tagen Beschwerde zur Staatsaufsichtsbehörde zu. Diese entscheidet endgültig.

III Zur vorläufigen Dienstenthebung nach Art. 172 des Beamtengesetzes ist das Bezirksamt zuständig. Auf Beschwerde, die binnen vierzehn Tagen einzulegen ist, entscheidet die Staatsaufsichtsbehörde endgültig. Die Beschwerde hat keine aufschiebende Wirkung. Zur vorläufigen Dienstenthebung nach Art. 111 Abs. I Satz 2 der Gemeindeordnung ist der Bezirksausschuß, in dringenden Fäen das Bezirksamt vorbehaltlich der Entscheidung des Bezirksausschusses, zuständig.

IV Die Disziplinargerichte (Disziplinarkammern und Disziplinarhof) werden durch Ernennung von je vier unwiderruflichen Bezirksbeamten sowie der gleichen Anzahl von Stellvertretern ergänzt. Die Beamten werden in doppelter Höhe der erforderlichen Anzahl von der Gemeindebeamtenkammer vorgeschlagen und vom Staatsministerium des Innern auf die Dauer der Wahlzeit der Gemeindebeamtenkammer ernannt.

Art. 38. Das Staatsministerium des Innern kann Vorschriften über die Vorbildung und den Wirkungskreis der Bezirksbaumeister erlassen.

Besondere Bestimmungen.

Art. 39. I Wird einer Gemeinde nach Art. 54 Abs. I der Gemeindeordnung die Kreisunmittelbarkeit verliehen, so ist hierbei zu bestimmen, ob und unter welchen Bedingungen die Gemeinde gleichzeitig aus dem Bezirk auszuscheiden hat.

II Kreisunmittelbare Gemeinden können mit ihrer Zustimmung in den Bezirk aufgenommen werden.

Art. 40. I Vor Änderungen im Bestand eines Bezirks ist in wichtigen Fällen der Bezirkstag, im übrigen der Bezirksausschuß zu hören. Bei einer Änderung werden die Vermögensverhältnisse, die Rechte und Pflichten in Bezug auf bestehende Anstalten, Gebäude und Einrichtungen, die Übernahme von Beamten und Angestellten sowie die aus Dienstverhältnissen sich ergebenden Verpflichtungen gegenüber Beamten und Angestellten und ihren Hinterbliebenen durch Übereinkunft der beteiligten Bezirke geregelt. Kommt eine Übereinkunft nicht zustande, so entscheidet die Kreisregierung. Gegen Entscheidungen der Kreisregierung ist binnen vierzehn Tagen Beschwerde zum Verwaltungsgerichtshofe zulässig. Kreisregierung und Verwaltungsgerichtshof entscheiden durch Schiedspruch nach billigem Ermessen und im verwaltungsgerichtlichen Verfahren. Sind mehrere Kreise beteiligt, so wird die zuständige Kreisregierung vom Staatsministerium des Innern bestimmt. Wird ein Bezirk aufgehoben, so wird er vom bisherigen Bezirksausschusse vertreten.

II Die Staatsaufsichtsbehörde kann nach Anhörung des Bezirksausschusses in den von der Änderung betroffenen Bezirken Neuwahlen des Bezirkstags für den Rest der laufenden Wahlzeit anordnen. Sie kann auf die gleiche Zeit die Zahl der Mitglieder des Bezirkstags über die bisherige Zahl vermehren und die Wahl für diese neuen Stellen auf Teile des Bezirks beschränken und hierbei von den Vorschriften der Art. 7 bis 10 abweichen. Im Falle von Zuwahlen kann die Staatsaufsichtsbehörde auch die Neuwahl des Bezirksausschusses anordnen.

III Wird bei einer Änderung vereinbart, daß das Eigentum oder ein anderes Recht an einem Grundstücke von einem Bezirk auf einen anderen Bezirk übergehen soll, so tritt die Rechtsänderung in dem Zeitpunkt ein, in dem die Änderung im Bestande des Bezirks wirksam wird oder der in der Verfügung über die Änderung bestimmt wird. Das gleiche gilt, wenn die Vereinbarung durch einen rechtskräftigen Schiedspruch ersetzt wird.

Art. 41. Bei Änderungen nach Art. 40 erstrecken sich die öffentlichrechtlichen Vorschriften des Bezirks, mit dem die Vereinigung erfolgt ist, vom Zeitpunkte der Änderung an auch auf die einbezogenen Gebiete.

Art. 42. Bezirksbeamte, die infolge der Änderung von einem anderen Bezirk übernommen werden sollen, sind verpflichtet, in den Dienst des neuen Bezirks zu treten, wenn ihnen eine ihrer Berufsbildung entsprechende Stelle zugewiesen wird und ihre Rechte gewahrt werden. Im Streitfall entscheidet die Staatsaufsichtsbehörde des neuen Bezirks im verwaltungsgerichtlichen Verfahren. Im zweiten Rechtszug entscheidet der Verwaltungsgerichtshof. Der neue Bezirk hat dem Beamten die Umzugskosten nach den Vorschriften zu ersetzen, die für die Beamten des Staates bestehen.

Art. 43. I Soweit durch Art. 1 in der Pfalz mehrere Bezirke zu einem vereinigt werden, geht ihr Vermögen auf den neuen Bezirk über. Das Staatsministerium des Innern erläßt die zum Vollzuge der Zusammenlegung notwendigen Anordnungen. Es kann die Lastenverteilung abweichend von den gesetzlichen Vorschriften regeln.

II Für die unter bayerischer Verwaltung gebliebenen Teile der Bezirke Homburg und Waldmohr und für den Bezirk Landstuhl trifft das Staatsministerium des Innern besondere Bestimmungen.

III Die Zugehörigkeit der kreisunmittelbaren Städte der Pfalz zu den Bezirken bleibt aufrechterhalten. Das Staatsministerium des Innern kann genehmigen, daß eine kreisunmittelbare Stadt aus dem Bezirk ausscheidet, und die Bedingungen hierfür festsetzen.

Art. 44. Die Bezirke müssen dem Bayerischen Versorgungsverband (Art. 118 bis 126 der Gemeindeordnung) als Mitglieder angehören.

Art. 45. Für die Bezirke gelten folgende Bestimmungen der Gemeindeordnung entsprechend:

1. Art. 127 bis 132 über die Stiftungen für die vom Bezirke verwalteten Stiftungen,
2. Art. 133 bis 141 über die Zweckverbände,
3. Art. 143 und 162 Abs. I.

Art. 46. Die Wahlzeit der auf Grund dieses Gesetzes erstmals gewählten Bezirkstage läuft mit der Wahlzeit der im Jahre 1929 gewählten Gemeinderäte ab.

Art. 47. I Das Distriktsratsgesetz vom 28. Mai 1852 wird aufgehoben.

II Dieses Gesetz tritt, soweit es sich um die Bildung des Bezirkstags und Bezirksausschusses für die Zeit nach dem 31. März 1928 handelt, sofort, im übrigen am 1. April 1928 in Kraft.

III Bis zur Neubildung der Vertretungskörper nach diesem Gesetze bleiben Bezirkstag und Bezirksausschuß in ihrer bisherigen Zusammensetzung tätig.

Art. 48. Die Vollzugsvorschriften zu diesem Gesetz erläßt das Staatsministerium des Innern.

2. Finanzausgleich-Vollzugsgesetz.

Gesetz zum Vollzuge des Finanzausgleichgesetzes. In der Fassung der MB. vom 5. September 1927.

(GVBl. S. 283.)

Anteile der Gemeinden und Kreise an der Einkommensteuer und Körperschaftsteuer.

Art. 1. I Die Gemeinden und Kreise werden an dem nach den §§ 22 ff. und § 35 des Finanzausgleichgesetzes in der Fassung der Bekanntmachung vom 27. April 1926 (RGBl. I S. 203) und des Gesetzes vom 9. April 1927 (RGBl. I S. 91) dem Lande und den Gemeinden zukommenden Anteile am Ertrage der Einkommensteuer und der Körperschaftsteuer nach Maßgabe des örtlichen Aufkommens verhältnismäßig beteiligt.

II Für jede Gemeinde und jeden Kreis wird der Anteil gesondert nach dem Verhältnisse berechnet, in welchem die Solleinnahme des Landes an Einkommen-, Kapitalrenten- und Vermögenssteuern einschließlich der Zuschläge nach dem Durchschnitte der Jahre 1912 mit 1919 zu den Solleinnahmen der Gemeinde oder des Kreises an Umlagen zu diesen Steuern stand. Die Hundertsätze für die Anteile der Gemeinden und Kreise sind auf ganze Zahlen aufzurunden.

III Die Verteilung erfolgt unter Beachtung der Grundsätze in den §§ 25 bis 32 des Finanzausgleichgesetzes. Die auf ausmärkische Bezirke ausgeschiedenen Rechnungsanteile werden in der Weise geteilt, daß nach Abzug des Reichsanteils dem Lande 51 v. H., dem Kreise 14 und dem Bezirke 35 v. H. zukommen.

IV Das Staatsministerium des Innern wird ermächtigt, Gemeinden, für die sich nach vorstehenden Bestimmungen kein Anteil berechnet, im Falle dringender finanzieller Notlage zu Lasten des Anteils der übrigen Gemeinden einen Rechnungsanteil von höchstens 10 vom Hundert des Gesamtrechnungsanteils der Gemeinde nach Abzug des Reichsanteils zuzuteilen.

V Für die Rechnungsjahre 1927 und 1928 werden 5 vom Hundert des Anteils der Gemeinden und Kreise an der Einkommen- und der Körperschaftsteuer für die Bezirke und Kreise einbehalten. Das Staatsministerium des Innern verteilt den vom Gemeindeanteil einbehaltenen Betrag an die Bezirke nach dem Verhältnis ihrer Lasten für Fürsorge und Bezirksstraßen, den vom Kreisanteil einbehaltenen Betrag an die Kreise nach dem Verhältnis ihrer steuerlichen Einnahmen zu den ungedeckten Ausgaben der Landesfürsorgeverbände.

VI Soweit das Reich Anteile an der Einkommen- und der Körperschaftsteuer nach dem Verteilungsschlüssel für die Umsatzsteuer verteilt, ist für die Beteiligung der Gemeinden Art. 34 des Gesetzes maßgebend.

Örtliche Abgaben.

Art. 2. I Die Gemeinden sind zur Erhebung örtlicher Abgaben berechtigt.

II Der Beschluß über die Erhebung örtlicher Abgaben bedarf der Genehmigung der Regierung, Kammer des Innern. Die Genehmigung kann nur versagt werden, soweit reichs- oder landesrechtliche Vorschriften oder allgemeine, insbesondere volkswirtschaftliche oder steuerliche Interessen des Landes entgegenstehen. Gegen den ablehnenden Beschluß steht der Gemeinde binnen einer Frist von 14 Tagen Beschwerde an das Staatsministerium des Innern zu, das im Benehmen mit dem Staatsministerium der Finanzen und dem etwa sonst beteiligten Staatsministerium entscheidet.

Zuwachssteuer.

Art. 3. I Beim Übergange des Eigentums an einem Grundstück oder beim Übergang eines Rechtes, das den Grundstücken gleichsteht, ist die Gemeinde, in der das Grundstück liegt oder das Recht besteht, befugt, eine gemeindliche Steuer nach dem unverdienten Wertzuwachse (Zuwachssteuer) zu erheben.

II Dem Übergange des Eigentums an Grundstücken steht gleich der Übergang von Rechten an dem Vermögen einer Gesellschaft mit beschränkter Haftung, einer Kommanditgesellschaft, Gewerkschaft, eingetragenen Genossenschaft, eines eingetragenen Vereins oder einer offenen Handelsgesellschaft, soweit das Vermögen der Vereinigung aus Grundstücken besteht, wenn entweder zum Gegenstande des Unternehmens die Verwertung von Grundstücken gehört oder wenn die Vereinigung geschaffen ist, die Zuwachssteuer zu ersparen.

III Die Verwaltung der Steuer obliegt den Gemeinden, sie kann vertragsweise auch einem Notar übertragen werden.

IV Das Staatsministerium des Innern ist ermächtigt, im Einvernehmen mit dem Staatsministerium der Justiz und der Finanzen eine Mustersatzung mit bindender Kraft aufzustellen.

V Die Mustersatzung ist dem Landtage vor Inkrafttreten vorzulegen; sie tritt außer Kraft oder wird abgeändert, wenn der Landtag es verlangt.

Grundwertabgabe.

Art. 4. I Die Gemeinden sind berechtigt, von unbebauten Grundflächen des Gemeindebezirkes, die nicht dauernd land- oder fortwirtschaftlichen oder gärtnerischen Zwecken zu dienen bestimmt sind, neben der Grundsteuer alljährlich eine Abgabe bis zu sechs vom Tausend des gemeinen Wertes der Grundfläche (Grundwertabgabe) zu erheben.

II Die Verwaltung der Abgabe obliegt den Gemeinden.

III Das Staatsministerium des Innern ist ermächtigt, im Einvernehmen mit dem Staatsministerium der Finanzen eine Mustersatzung mit bindender Kraft aufzustellen.

IV Die Mustersatzung ist dem Landtage vor Inkrafttreten vorzulegen; sie tritt außer Kraft oder wird abgeändert, wenn der Landtag es verlangt.

Warenhaussteuer und Steuer von Filialgeschäften.

Art. 5. I Die Gemeinden können beschließen, daß gewerbliche Unternehmungen, deren Geschäftsbetrieb zur gewinnbringenden Verwertung größerer Betriebsmittel eine außergewöhnliche Ausdehnung hat und durch die Art des Geschäftsverfahrens von den Grundsätzen und Formen der üblichen Gewerbeausübung wesentlich abweicht, besondere Zuschläge zur Gewerbsteuer zu entrichten haben (Warenhaussteuer).

II Zu den gewerblichen Unternehmungen dieser Art zählen unter den angegebenen Voraussetzungen insbesondere:

1. Warenhäuser, Großmagazine, Großbazare, Abzahlungsgeschäfte, Versteigerungsgeschäfte und Versandgeschäfte, durch welche Waren, die nach ihrer Beschaffenheit verschiedenen Gattungen angehören oder als Erzeugnisse verschiedener Gewerbe- oder Handwerkszweige anzusehen sind, im größeren Umfange mittels Einzelverkaufs in offenen Verkaufsstellen feilgehalten oder im Wege des unmittelbaren Versandes an die Verbraucher veräußert werden;
2. Gewerbe der in Ziff. 1 bezeichneten Art, in denen der Betriebsumfang durch Haltung einer Mehrzahl von Verkaufsstellen oder Niederlagen für den Vertrieb der Waren oder Erzeugnisse außergewöhnlich erweitert ist.

III Die Gemeinden können ferner beschließen, daß Gewerbetreibende, die im Gemeindebezirk, ohne in ihm ihren Wohnsitz oder Hauptbetriebssitz zu haben, Verkaufsstellen oder Lager unterhalten, von denen aus Waren zum Verkauf abgegeben werden, zur Entrichtung besonderer Zuschläge zur Gewerbsteuer verpflichtet sind (Filialsteuer).

IV Die Zuschlagspflicht erstreckt sich nicht auf gewerbliche Betriebe inländischer Personenvereinigungen und Zweckvermögen, die nach der Satzung, Stiftung oder sonstigen Verfassung ausschließlich gemeinnützigen oder mildtätigen Zwecken dienen; die Gemeinnützigkeit ist bei Personenvereinigungen nicht ausgeschlossen, wenn die Einlagen nach der Satzung oder sonstigen Verfassung mit höchstens fünf vom Hundert verzinst werden, bei Auslosungen, Ausscheiden eines Mitglieds oder für den Fall der Auflösung der Personenvereinigung nicht mehr als der Nennwert der Einlage zugesichert und bei der Auflösung der Rest des Vermögens für gleiche Zwecke bestimmt ist. Die Vorschriften des Art. XIX § 1 der 2. Steuernotverordnung (RGBl. I 1923 S. 1205) finden entsprechende Anwendung.

V Die Zuschläge dürfen 200 vom Hundert, in den Fällen des Abs. III für Gewerbebetriebe, die nicht unter Abs. I und II fallen, 50 vom Hundert der auf die Gemeinde treffenden Gewerbsteuer nicht übersteigen.

Vergnügungssteuer.

Art. 6. I Die in dem § 14 des Finanzausgleichgesetzes vorgeschriebene Vergnügungssteuer verbleibt den Gemeinden und wird von diesen erhoben.

II Auf die Erhebung und das Rechtsmittelverfahren finden die für die örtlichen Abgaben geltenden Vorschriften entsprechende Anwendung.

III In ausmärkischen Bezirken ist der Bezirk berechtigt, die Vergnügungssteuer zu seinen Gunsten zu erheben.

Verwaltungskostenabgabe.

Art. 7. I Die Gemeinden sind berechtigt, von allen im Gemeindebezirke wohnenden Personen, die selbständig auf eigene Rechnung leben und über 21 Jahre alt sind, eine Verwaltungskostenabgabe zu erheben. Die Abgabe muß für alle Pflichtigen gleich hoch bemessen werden und darf den Betrag von sechs Reichsmark jährlich nicht übersteigen. Von der Abgabe sind befreit deutsche Kleinrentner, Sozialrentner, Schwerkriegsbeschädigte und Personen, die ihnen gleichstehen, ferner Arbeitnehmer, die beim Arbeitgeber Wohnung und Verpflegung haben, sowie die kasernierten Unteroffiziere und Mannschaften der Reichswehr und die kasernierten Landespolizeibeamten der Wachtmeisterklasse.

II Die Abgabe ist jeweils am 1. April für das ganze Jahr fällig, und zwar für die Gemeinde, in der der Steuerpflichtige am 1. April wohnt. Bei mehrfachem Wohnsitze wird die Steuer entsprechend geteilt.

Umlagen zu den Ertragsteuern des Landes.

Art. 8. I Die Gemeinden, Ortschaften, Bezirke und Kreise sind berechtigt, zur Grundsteuer, Haussteuer, Gewerbsteuer und Steuer vom Gewerbebetrieb im Umherziehen Umlagen zu erheben.

II Die nach einem einheitlichen Hundertsatz zu bemessenden Umlagen dürfen in den Gemeinden 400 vom Hundert, in den Bezirken 200 vom Hundert und in den Kreisen 50 vom Hundert dieser Steuern nicht übersteigen. Die Umlagen der Gemeinden, Bezirke und Kreise zur Grundsteuer dürfen bis um die Hälfte erhöht werden. Soweit die Bezirke Umlagen erheben, senkt sich das Umlagenrecht der Gemeinden um den Hundertsatz der Bezirksumlagen. Bezirks- und Gemeindeumlagen dürfen zusammen den Betrag von 400 beziehungsweise bei der Grundsteuer 600 vom Hundert nicht übersteigen. Umlagen der Ortschaften (Ortsumlagen) sind nur insoweit statthaft, als die Gemeindeumlagen einschließlich der Bezirksumlagen hinter diesen Sätzen zurückbleiben.

III Als Erhebungszeitraum gilt für die Gemeindeumlagen

a) aus der Grund- und Haussteuer das Rechnungsjahr, für das die Steuern veranlagt worden sind,
b) aus der Gewerbsteuer das Rechnungsjahr, in dem der veranlagte Steuerabschnitt endet,
c) aus der Steuer vom Gewerbebetrieb im Umherziehen das Kalenderjahr, für das die Steuern veranlagt worden sind.

IV In den Rechnungsjahren 1927 und 1928 dürfen mit Genehmigung der Staatsaufsichtsbehörde die Gemeinden ihre Umlagen um höchstens 90 vom Hundert, die Bezirke um höchstens 30 vom Hundert und die Kreise um höchstens 10 vom Hundert erhöhen, wenn sie trotz Ausschöpfung aller sonstigen zur Verfügung stehenden steuerlichen Einnahmequellen nicht in der Lage sind, ihren Haushalt abzugleichen. Die Umlagen der Gemeinden und Bezirke dürfen 490, bei der Grundsteuer 690 vom Hundert zusammen nicht übersteigen.

V Das Staatsministerium des Innern ist ermächtigt, die Verteilung der Umlagen zwischen den Gemeinden und Bezirken der Pfalz abweichend zu regeln.

Gemeindeumlagen.

Art. 9. I Gemeindeumlagenpflichtig ist, wer mit einer der in Art. 8 bezeichneten Steuern veranlagt ist.

II Der Veranlagung steht die vormerkungsweise Veranlagung gleich.

III Die Gemeindeumlagenpflicht bemißt sich nach der veranlagten Steuer. Die Zuschläge nach Art. 19 des Gewerbsteuergesetzes bleiben dabei außer Betracht.

IV Steuernachlässe bewirken die entsprechende Minderung oder Aufhebung der Gemeindeumlagenpflicht, die Niederschlagung von Umlagen bleibt der Gemeinde vorbehalten.

Art. 10. Gemeindeumlagenfrei sind Erträge

1. aus Grundstücken des Reiches oder des Landes, die unmittelbar zur Erfüllung öffentlicher Aufgaben dienen,
2. aus Kirchen, Bethäusern, Synagogen,
3. aus Dienstgrundstücken der Versicherungskammer,
4. aus unmittelbar zur Erfüllung öffentlicher Aufgaben dienenden Grundstücken der Kreise, der Bezirke, der Gemeinden und der Ortschaften sowie der zur Durchführung der Arbeiter- und Angestelltenversicherung auf Grund der Reichs- oder Landesgesetze errichteten Kassen, Berufsgenossenschaften und Versicherungsanstalten,
5. aus unmittelbar zu Zwecken des Unterrichts oder der Erziehung dienenden Grundstücken öffentlicher Unterrichts- oder Erziehungsanstalten sowie aus Grundstücken dieser Art von Privatanstalten, die für öffentliche Unterrichts- oder Erziehungsanstalten Ersatz bieten und nicht Erwerbszwecke verfolgen,
6. aus Grundstücken, die unmittelbar zu Zwecken der öffentlichen Wohltätigkeit oder der öffentlichen Gesundheitspflege unter Ausschluß von Erwerbs- oder Sportszwecken dienen,
7. aus öffentlichen Sammlungen und öffentlichen Denkmälern.

Art. 11. Die Gemeindeumlagenfreiheit (Art. 10) beginnt und endet mit dem Anfange des Kalendervierteljahres nach dem Zeitpunkt, in dem ihre Voraussetzungen eingetreten oder weggefallen sind.

Art. 12. I Die Staatsregierung kann in Bezug auf Gemeindeumlagenpflichtige, die auch dem Steuerrechte nichtbayerischer Gemeinden unterliegen, Vereinbarungen und Verfügungen treffen, die von den Vorschriften dieses Gesetzes abweichen.

II Zur Gewährung einer Umlagenminderung oder einer Umlagenbefreiung sind in Fällen solcher Art auch die Gemeinden berechtigt.

III Die Staatsregierung kann ferner über die Gemeindeumlagenpflicht von Personen, die zu einem anderen Staate in Beziehung stehen, nach dem Grundsatze der Gegenseitigkeit Anordnungen treffen, die von den Vorschriften dieses Gesetzes abweichen.

Art. 13. Umlagenberechtigt in Bezug auf die Erträge aus Grundbesitz, Hausbesitz und Gewerbebetrieb im Umherziehen ist vorbehaltlich des § 11 des Finanzausgleichgesetzes die Gemeinde des Ortes der Steuerveranlagung.

Art. 14. I Umlagenberechtigt in Bezug auf die Erträge aus stehendem

Gewerbebetrieb ist die Gemeinde, in der eine Betriebsstätte zur Ausübung des stehenden Gewerbes unterhalten wird.

II Betriebsstätte im Sinne dieses Gesetzes ist jede feste örtliche Anlage oder Einrichtung, die der Ausübung des Betriebs eines stehenden Gewerbes dient. Außer dem Hauptsitz eines Betriebs gelten hiernach als Betriebsstätten: Zweigniederlassungen, Fabrikationsstätten, Ein- und Verkaufsstellen, Kontore und sonstige zur Ausübung des Gewerbes durch den Unternehmer selbst, dessen Geschäftsteilhaber, Prokuristen oder andere andere ständige Vertreter unterhaltenen Geschäftseinrichtungen. Als Betriebsstätten gelten auch Bauausführungen, die die Dauer von 12 Monaten überschreiten.

Art. 15. I Kommen nach Art. 41 mehrere Gemeinden in Betracht, so ist jede dieser Gemeinden anteilsweise umlagenberechtigt. Die Berechnung der Anteile geschieht dadurch, daß die Gewerbsteuer (Betriebskapitalsanlage und Ertragsanlage) ausgeschieden wird.

II Die Ausscheidung geschieht in folgender Weise:

1. Die Betriebskapitalsanlage wird nach Maßgabe der reichsrechtlichen Vorschriften über die Zerlegung der Einheitswerte auf die Länder und Gemeinden ausgeschieden.
2. Die Ausscheidung der Ertragsanlage erfolgt nach den Grundsätzen der §§ 27 und 28 des Finanzausgleichgesetzes.

III Die Ausscheidung der Gewerbsteuer erfolgt veranlaßtenfalls auch in Bezug auf die ausmärkischen Bezirke.

Art. 16. I Die Steuerausscheidung (Art. 15) erfolgt mangels vorgängiger Vereinbarung des Umlagenpflichtigen und der beteiligten Gemeinden durch die Finanzämter nach Maßgabe der für die Veranlagung der Gewerbsteuer geltenden Vorschriften durch schriftlichen Steuerbescheid. Wird eine Steuerveranlagung im Rechtsmittelverfahren abgeändert, so ist zugleich die Steuerausscheidung zu berichtigen.

II Gegen den Bescheid über die Steuerausscheidung sind dieselben Rechtsmittel zulässig wie gegen den Gewerbesteuerbescheid. Zur Einlegung von Rechtsmitteln sind auch die beteiligten Gemeinden berechtigt. Die Gemeinden sind berechtigt, Auskünfte sowie Einsicht in die Akten des Finanzamts zu verlangen. Die Einlegung von Rechtsmitteln ist allen Beteiligten mitzuteilen.

III Hat das Finanzamt die Ausscheidung der Gewerbsteuer auf eine umlagenberechtigte Gemeinde unterlassen, so können die Gemeinde oder der Umlagenpflichtige selbst die nachträgliche Ausscheidung der Steuer beantragen. Nach Ablauf eines Jahres seit dem Zeitpunkt, in dem das Steuersoll unanfechtbar feststeht, können neue Ansprüche nicht mehr erhoben werden. Gegen den Bescheid, mit dem das Finanzamt die Ausscheidung ablehnt, sind dieselben Rechtsmittel wie gegen die Steuerausscheidung gegeben.

Art. 17. I Die Berechnung der Umlagenschuldigkeit des einzelnen Pflichtigen erfolgt durch die Gemeindeverwaltung.

II Die Gemeindeverwaltungen sind befugt, bei den Finanzämtern, in der Pfalz auch bei den Steuereinnehmereien die einschlägigen Steuerlisten und die sonstigen Behelfe einzusehen und Abschriften davon zu nehmen.

Art. 18. I Die Gemeindeumlagen werden mit den Landessteuern, zu denen sie erhoben werden, fällig. Den Zeitpunkt der Entrichtung bestimmt die Gemeindeverwaltung.

II Einwendungen gegen den Rechtsbestand der Umlagenforderung haben keine aufschiebende Wirkung.

III Die auf die Umlagenschuldigkeit zu leistenden Vorauszahlungen, die bei oder nach Abgabe der Steuererklärung zu leistenden Einzahlungen sowie Verzugszinsen und Zuschläge, die bei nicht rechtzeitiger Zahlung oder bei erheblichen Abweichungen der endgültigen Umlagenschuldigkeit von den zu leistenden Einzahlungen zu entrichten sind, werden durch Bekanntmachung der Staatsministerien des Innern und der Finanzen geregelt.

Art. 19. I Die Gemeindeumlagen sind von den Pflichtigen an den Gemeindeeinnehmer abzuliefern.

II Säumige Umlagenschuldner sind vom Gemeindeeinnehmer zu mahnen. Die Mahnung kann auch durch öffentliches Ausschreiben erfolgen.

III Bleibt die Mahnung erfolglos, so ist vom Gemeindeeinnehmer ein Ausstandsverzeichnis anzufertigen. Die Gemeindeverwaltung hat das Ausstandsverzeichnis mit dem Vermerk zu versehen: „Vorstehendes Ausstandsverzeichnis wird hiermit für vollstreckbar erklärt."

IV Die Vollstreckung ist von der Gemeindeverwaltung nach Maßgabe der Art. 4 ff. des Ausführungsgesetzes zur Zivilprozeßordnung und Konkursordnung vom 23. Februar 1879 zu bewirken.

V Die für die Mahnung und Beitreibung zu erhebenden Gebühren werden durch Bekanntmachung der Staatsministerien des Innern und der Finanzen geregelt.

Art. 20. Die Vorschriften des Art. 18 Abs. II und des Art. 19 gelten sinngemäß auch für andere öffentliche Gemeindegefälle.

Art. 21. I Die Gemeindeverwaltung kann in einzelnen Fällen die Gemeindeumlagen ganz oder teilweise niederschlagen, wenn feststeht, daß die Beitreibung keinen Erfolg haben wird, wenn die Kosten der Beitreibung außer Verhältnis zu dem Betrage stehen, oder wenn die Einhebung die Pflichtigen in ihrem wirtschaftlichen Fortkommen gefährden würde.

II Sind Umlagen zu Unrecht bezahlt und aus diesem Grunde zu erstatten, so sind sie vom Tage der Entrichtung an mit dem gleichen Zinsfuß zu verzinsen, der für die nicht rechtzeitige Einzahlung festgesetzt war.

III Abs. I findet auf andere öffentlich-rechtliche Leistungen an die Gemeinde entsprechende Anwendung.

Ortsumlagen.

Art. 22. Auf die Ortsumlagen finden die Art. 9 bis 21 entsprechende Anwendung.

Bezirksumlagen.

Art. 23. I Bezirksumlagenpflichtig ist, wer mit einer in Art. 8 bezeichneten Steuer veranlagt ist.

II Die Vorschriften des Art. 9 Abs. II, III finden entsprechende Anwendung.

III Die Niederschlagung von Gemeindeumlagen und Steuernachlässe bewirken die entsprechende Minderung oder Aufhebung der Bezirksumlagepflicht.

Art. 24. I Bezirksumlagenfrei sind die in Art. 10 bezeichneten Erträge.

II Die Art. 11 und 12 finden entsprechende Anwendung.

Art. 25. Bezirksumlagenberechtigt ist

1. in Bezug auf die Erträge aus Grundbesitz, Hausbesitz und Gewerbebetrieb im Umherziehen vorbehaltlich des § 11 des Finanzausgleichgesetzes der Bezirk des Ortes der Steuerveranlagung;
2. im übrigen der Bezirk, zu dem die nach Art. 14 bis 16 umlagenberechtigten Gemeinden gehören, und zwar nach Maßgabe der Steuerbeträge, die auf diese Gemeinden treffen.

Art. 26. I Die Bezirksumlagen werden von den Gemeinden auf Rechnung und auf Kosten des Bezirkes gleichmäßig mit den Gemeindeumlagen eingehoben. Die Art. 17 bis 21 finden Anwendung.

II Umlagenausfälle werden zwischen Bezirk und Gemeinden nach dem Verhältnisse der Höhe der Umlagen geteilt.

Art. 27. Die Bezirke als Bezirksfürsorgeverbände können für den Aufwand, den sie nach Art. 3 Abs. I der vorläufigen Ausführungsverordnung vom 27. März 1924 zur Reichsverordnung über die Fürsorgepflicht endgültig zu tragen haben, von der Gemeinde, in deren Gebiet die endgültige Fürsorgepflicht für den Hilfsbedürftigen begründet ist, bis zu 30 vom Hundert Ersatz verlangen.

Kreisumlagen.

Art. 28. I Kreisumlagenpflichtig ist, wer mit einer der in Art. 8 bezeichneten Steuern veranlagt ist.

II Die Vorschriften des Art. 9 Abs. II, III finden entsprechende Anwendung.

III Steuerniederschlagungen und Steuernachlässe bewirken die entsprechende Minderung oder Aufhebung der Kreisumlagenpflicht.

Art. 29. I Kreisumlagenfrei sind die in Art. 10 bezeichneten Erträge.

II Im Falle des Abs. I findet der Art. 11 entsprechende Anwendung.

Art. 30. Die Staatsregierung kann in Bezug auf Kreisumlagenpflichtige, die auch außerhalb Bayerns zur Bestreitung kreislastenähnlicher Ausgaben beizutragen haben, Vereinbarungen und Verfügungen treffen, die von den Vorschriften dieses Gesetzes abweichen.

Art. 31. I Kreisumlagenberechtigt ist

1. in Bezug auf die Erträge aus Grundbesitz, Hausbesitz und Gewerbebetrieb im Umherziehen vorbehaltlich des § 11 des Finanzausgleichgesetzes die Kreisgemeinde des Ortes der Steuerveranlagung,
2. im übrigen der Kreis, zu dem die nach Art. 14—16 umlagenberechtigten Gemeinden gehören, und zwar nach Maßgabe der Steuerbeträge, die auf diese Gemeinden treffen.

II An die Stelle des nach Abs. I Ziff. 2 berechtigten Kreises tritt die Kreisgemeinde des Ortes der Steuerveranlagung, wenn die Steuern des Pflichtigen, die hiernach auf jenen Kreis treffen, weniger als 100 Mark betragen.

Art. 32. I Die Kreisumlagen werden mit den Landessteuern fällig, denen sie zugeschlagen werden.

II Die Kreisumlagen werden zugleich mit den Landessteuern erhoben und in derselben Weise wie diese beigetrieben. Art. 18, 21 Abs. II finden entsprechende Anwendung.

Grunderwerbsteuer.

Art. 33. I Der Landesanteil an der Grunderwerbsteuer (§ 36 des Finanzausgleichgesetzes) wird zur Hälfte nach Maßgabe des örtlichen Aufkommens den Gemeinden, soweit es sich um ausmärkische Grundstücke handelt, den Bezirken überwiesen.

II Die Gemeinden dürfen Zuschläge zur Grunderwerbsteuer nach näherer Bestimmung des § 38 des Finanzausgleichgesetzes erheben. Beschlüsse hierüber bedürfen keiner Genehmigung.

Umsatzsteuer.

Art. 34. Von dem Landesanteil an der Umsatzsteuer (§ 40 des Finanzausgleichgesetzes) erhält das Land die eine Hälfte, die andere Hälfte bekommen die Gemeinden vorbehaltlich der Bestimmung im Art 2 des Gesetzes vom 9. Juli 1926 (GVBl. S. 383). Die Verteilung unter die Gemeinden regelt das Staatsministerium des Innern im Einvernehmen mit dem Staatsministerium der Finanzen.

Lastenverteilung.

Art. 35. Wenn der Staat den Gemeinden, Bezirken oder Kreisen neue Aufgaben zuweist, so soll die Beteiligung des Staates an den Kosten gesetzlich geregelt werden.

Ortspolizeiliche Vorschriften zur Sicherung gemeindlicher Gefälle.

Art. 36. I Die Gemeinden sind berechtigt, zur Sicherung der in den Art. 2 bis 5 und Art. 7 bezeichneten Gefälle ortspolizeiliche Vorschriften zu erlassen und darin die Hinterziehung mit Geldstrafen bis zum zehnfachen, im Rückfalle bis zum zwanzigfachen Betrage der hinterzogenen Abgabe, andere Zuwiderhandlungen gegen die Steuersatzung oder die ortspolizeilichen Vorschriften mit Geldstrafen bis zu 500 RMk. oder mit Ordnungsstrafen bis zu 150 RMk. zu bedrohen. Die erkannten Geldstrafen fließen in die Gemeindekasse.

II Die Strafverfolgung von Steuerzuwiderhandlungen verjährt in fünf Jahren und, wenn es sich um Zuwiderhandlungen handelt, die mit Ordnungsstrafen bedroht sind, in einem Jahre. Die Verjährung wird auch unterbrochen durch die Einleitung des Verwaltungsstrafverfahrens und den Erlaß eines Strafbescheids.

III Die Zuständigkeit und das Verfahren bei strafbaren Zuwiderhandlungen richten sich nach den Vorschriften des Reichsgerichtsverfassungsgesetzes und der Reichsstrafprozeßordnung.

IV Die Gemeindeverwaltungen sind berechtigt, Strafbescheide im Verwaltungswege zu erlassen; auf das Verfahren finden die Vorschriften der §§ 386 ff. der Reichsabgabenordnung sinngemäße Anwendung.

Einziehung staatlicher usw. Gefälle.

Art. 37. Soweit die Einziehung von staatlichen, gemeindlichen oder sonstigen, nicht in die Reichskasse fließenden Abgaben und Gefällen gemäß § 19 der Reichsabgabenordnung Reichsbehörden übertragen ist, gelten für die Beitreibung an Stelle der Art. 6, 7 des Ausführungsgesetzes zur Zivilprozeßordnung und Konkursordnung vom 23. Februar 1879 und hinsichtlich der Kosten des Mahn- und Vollstreckungsverfahrens die reichsrechtlichen Vorschriften über die Beitreibung der Reichssteuern entsprechend.

Änderung früherer Gesetze.

Art. 38. Das Schulbedarfsgesetz vom 14. August wird geändert wie folgt:

1. Im Art. 12 Abs. II werden die Worte „die sich im Schulsprengel für die Gemeindeumlagen der Beteiligten nach dem Art. 24 und 25 des Umlagengesetzes ergeben“ ersetzt durch die Worte: „mit denen die Beteiligten im Schulsprengel zur Einkommensteuer veranlagt sind“.
2. Die Art. 25 und 34 werden gestrichen.
3. Im Art. 37 werden die Worte „gelten die Art. 33 und 34 entsprechend“ ersetzt durch die Worte: „gilt Art. 33 entsprechend“.
4. Im Art. 58 Abs. II Satz 2 werden die Worte „wenn sie im gegebenen Falle Umlagen für die Schule zu entrichten haben“ ersetzt durch die Worte: „wenn sie bei fortdauernder Gültigkeit der bisherigen Vorschriften im gegebenen Falle Umlagen für die Schule zu entrichten hätten“.

Art. 39. Art. 40 Abs. IV der rechtsrheinischen und Art. 31 Abs. IV der pfälzischen Gemeindeordnung erhalten folgende Fassung:

„Verbrauchssteuern der Gemeinden und Pflaster-, Weg- und Brückenzölle der Gemeinden und Bezirke können nur mit Genehmigung der zuständigen Regierung, Kammer des Innern, eingeführt oder erhöht werden.“

Art. 40. I Art 100 Abs. III und Art. 144 Abs. III der Gemeindeordnung für die Landesteile diesseits des Rheins sowie Art. 170 Abs. I Ziff. 21 des Kostengesetzes vom 16. Februar 1921 werden gestrichen.

II In Art. 30 des AG. zum GVG. werden zweimal die Worte „und 3“ gestrichen.

Art. 41. Das Gesetz vom 8. August 1878, betreffend die Errichtung eines Verwaltungsgerichtshofes und das Verfahren in Verwaltungsrechtssachen wird geändert wie folgt:

In Art. 8 Ziff. 31 sind nach „Verpflichtung zur Entrichtung von gemeindlichen Verbrauchssteuern“ die Worte einzuschalten: „Zuwachssteuern, Grundwertabgaben, Filialsteuern“.

Inkrafttreten des Gesetzes. Vollzugsvorschriften.

Art. 42. I Dieses Gesetz ist dringend und tritt mit Wirkung vom 1. April 1927 in Kraft. Die Bestimmung in Abs. V tritt erst vom 1. Juli 1927 an in Kraft.

II Die erforderlichen Vollzugsvorschriften werden von den Staatsministerien des Innern und der Finanzen erlassen.

3. Gemeindeordnung (GO.)

Vom 27. Oktober 1927.

(GVBl. S. 293.)

Der Landtag des Freistaates Bayern hat das folgende Gesetz beschlossen:

Art. 1. Die Gemeinden sind Körperschaften des öffentlichen Rechts mit dem Rechte der Selbstverwaltung nach Maßgabe der Gesetze.

Gemeindemarkung.

Art. 2. I Gemeinden sind die Teile des Staatsgebiets, die als Gemeinden beim Inkrafttreten dieses Gesetzes bestehen oder später gebildet werden. Sie bestehen, solange sie nicht nach Art. 5 aufgehoben werden.

II Städte und Märkte heißen die Gemeinden, die diese Bezeichnung beim Inkrafttreten dieses Gesetzes führen oder künftig durch das Staatsministerium des Innern erhalten.

III Die Benennung neuer Ansiedlungen sowie die Änderung des Namens von Gemeinden, Ortschaften und Ansiedlungen bedarf der Genehmigung des Staatsministeriums des Innern.

Art. 3. Jedes Grundstück muß einer Gemeindemarkung angehören.

Art. 4. I In den Landesteilen rechts des Rheins sind von Art. 3 ausgenommen größere Waldungen, Freigebirge und Seen, die bisher keiner Gemeindemarkung zugeteilt waren. Sie bilden eigene, von dem Gemeindeverband abgesonderte Markungen. Diesen abgesonderten Markungen stehen die gemeindefreien Besitzungen der ehemals Coburgischen Landesteile gleich.

II Die Ortspolizei steht hier dem Bezirksamte zu. Die Eigentümer der Grundstücke haben die öffentlichrechtlichen Verpflichtungen der Gemeinden zu erfüllen, insbesondere die erforderlichen Verbindungswege, Brücken und Stege sowie die nötigen Sicherheitsvorrichtungen, Wegweiser und Warnungstafeln an ihnen herzustellen und zu unterhalten. Der Eigentümer der Grundstücke steht hinsichtlich der Erfüllung dieser Verpflichtungen einer Gemeinde gleich.

III Die Staatsaufsicht obliegt dem Bezirksamt. Hierbei sind die für die Staatsaufsicht über die Gemeinden geltenden Vorschriften entsprechend anzuwenden.

Art. 5. I Änderungen im Bestande der Gemeinden, Ortschaften und abgesonderten Markungen sind zulässig, wenn alle Beteiligten einverstanden sind oder wenn die Kreisregierung ein dringendes öffentliches Bedürfnis dafür festgestellt hat. Die Änderungen werden vom Staatsministerium des Innern oder von der hierzu ermächtigten Kreisregierung verfügt.

II In dem Verfahren sind beteiligt die Gemeinden, die Ortschaften, die Eigentümer abgesonderter Markungen, die Bezirke und Kreise, deren Grenzen unmittelbar betroffen werden.

III Bleibende Niederlassungen innerhalb der abgesonderten Markungen und die Grundstücke, die mit den Niederlassungen eine wirtschaftliche Einheit bilden, sind einer der nächstgelegenen Gemeinden zuzuteilen, soweit nicht nach Art. 2 Abs. I eine eigene Gemeinde gebildet wird. Auch ohne die Begründung bleibender Niederlassungen und ohne die Voraussetzungen des Abs. I Satz 1 können abgesonderte Markungen, die nicht im Eigentume des Staates stehen, ganz oder teilweise den angrenzenden Gemeinden oder einer von ihnen zugeteilt werden.

IV Sind mehrere Kreise beteiligt, so bestimmt das Staatsministerium des Innern die zuständige Kreisregierung.

Art. 6. Bei Änderungen nach Art. 5 werden die Vermögensverhältnisse, die Rechte und Pflichten in Bezug auf bestehende Anstalten, Gebäude und Einrichtungen, die Übernahme von Beamten und Angestellten sowie die aus Dienstverhältnissen sich ergebenden Verpflichtungen gegenüber Beamten und Angestellten und ihren Hinterbliebenen durch Übereinkunft der Beteiligten geregelt. Kommt eine Übereinkunft nicht zustande, so entscheidet die Kreisregierung durch Schiedspruch nach billigem Ermessen; diese Entscheidung kann mit der Feststellung des dringenden öffentlichen Bedürfnisses (Art. 5 Abs. I Satz 1) verbunden werden.

Art. 7. I Wenn es sich bei Änderungen nach Art. 5 um unbesiedelte oder noch nicht baureife Grundflächen von weniger als 10 ha oder um besiedelte oder baureife Grundflächen von weniger als 0,5 ha handelt, entscheidet die Kreisregierung nach Art. 5 Abs. I Satz 1 endgültig. Im übrigen können die Beteiligten sowie der Generalstaatsanwalt beim Verwaltungsgerichtshofe gegen Entscheidungen der Kreisregierungen, die nach Art. 5 Abs. I Satz 1 und Art. 6 ergehen, binnen vierzehn Tagen Beschwerde zum Verwaltungsgerichtshof erheben. Dieser entscheidet als Schiedsgericht nach billigem Ermessen. Kreisregierung und Verwaltungsgerichtshof entscheiden im verwaltungsgerichtlichen Verfahren.

II Die Kosten des Verfahrens trägt der Staat mit Ausnahme der Vertretungskosten der Beteiligten.

Art. 8. I Die Staatsaufsichtsbehörde kann in den von der Änderung betroffenen Gemeinden Neuwahlen für den Rest der laufenden Wahlzeit anordnen, auf die gleiche Zeit die Zahl der Mitglieder der Vertretungskörper über die bisherige Zahl vermehren und die Wahl für die neuen Stellen auf Teile des Gemeindebezirkes beschränken.

II Wird bei einer Änderung vereinbart, daß das Eigentum oder ein anderes Recht an einem Grundstücke von einer Gemeinde auf eine andere Gemeinde übergehen soll, so tritt die Rechtsänderung in dem Zeitpunkt ein, in dem die Änderung im Bestande der Gemeinde wirksam wird oder der in der Verfügung über die Änderung bestimmt wird. Das gleiche gilt, wenn die Vereinbarung durch einen rechtskräftigen Schiedspruch ersetzt wird.

Art. 9. I Bei Änderungen nach Art. 5 erstrecken sich die öffentlichrechtlichen Vorschriften der Gemeinde, mit der die Vereinigung erfolgt ist, vom Zeitpunkte der Änderung an auch auf die einbezogenen Gebiete; die in diesen Gebieten bis zur Vereinigung geltenden öffentlichrechtlichen Vorschriften der Gemeinde treten gleichzeitig außer Kraft. Ausnahmen können in der Verfügung über die Änderung genehmigt werden.

II Ist der Aufenthalt Voraussetzung für Rechte oder Pflichten, so gilt der vor der Änderung liegende Aufenthalt in dem einbezogenen Gebiet als Aufenthalt in der neuen Gemeinde.

Art. 10. Gemeindebeamte, die infolge der Änderung von einer anderen Gemeinde übernommen werden sollen, sind verpflichtet, in den Dienst der neuen Gemeinde zu treten, wenn ihnen eine ihrer Berufsbildung entsprechende Stelle zugewiesen wird und ihre Rechte gewahrt werden. Im Streitfall entscheidet die Staatsaufsichtsbehörde der neuen Gemeinde im verwaltungsgerichtlichen Verfahren. Im zweiten Rechtszug entscheidet der Verwaltungsgerichtshof. Die neue Gemeinde hat dem Beamten die Umzugskosten nach den Vorschriften zu ersetzen, die für die Beamten des Staates bestehen.

Ehrenbürgerrecht.

Art. 11. Die Gemeinden sind befugt, an volljährige Personen das Ehrenbürgerrecht zu verleihen. Die Verleihung an Ausländer bedarf der Genehmigung des Staatsministeriums des Innern.

Dienst- und Hoheitszeichen.

Art. 12. I Zur Annahme von Wappen und Flaggenfarben und zu ihrer Änderung bedürfen die Gemeinden der Genehmigung des Staatsministeriums des Innern. Dieses kann allgemeine Anordnungen hierüber erlassen.

II Die Gemeinden führen Dienstsiegel. Form und Beschaffung der Dienstsiegel regelt das Staatsministerium des Innern. Gemeinden, die ein Wappen besitzen, können es im Dienstsiegel führen.

III Das Staatsministerium des Innern kann die Dienstabzeichen der Bürgermeister und anderen Mitglieder des Gemeinderats regeln.

Verfassung.

Art. 13. I Der Gemeinderat besteht

1. aus dem ersten Bürgermeister,
2. in Gemeinden mit weniger als 200 Einwohnern aus 5 ehrenamtlichen Gemeinderatsmitgliedern,

   in Gemeinden mit 200, aber weniger als 500 Einwohnern aus höchstens 8 ehrenamtlichen Gemeinderatsmitgliedern,

   in Gemeinden mit 500, aber weniger als 1000 Einwohnern aus höchstens 12 ehrenamtlichen Gemeinderatsmitgliedern,

   in Gemeinden mit 1000, aber weniger als 10 000 Einwohnern aus höchstens 20 ehrenamtlichen Gemeinderatsmitgliedern,

   in Gemeinden mit 10 000, aber weniger als 50 000 Einwohnern aus höchstens 30 ehrenamtlichen Gemeinderatsmitgliedern,

   in Gemeinden mit 50 000, aber weniger als 100 000 Einwohnern aus höchstens 40 ehrenamtlichen Gemeinderatsmitgliedern,

   in Gemeinden mit 100 000 und mehr Einwohnern aus höchstens 50 ehrenamtlichen Gemeinderatsmitgliedern.

II Die Zahl der ehrenamtlichen Gemeinderatsmitglieder im Rahmen des Abs. I Ziff. 2 bestimmt der Gemeinderat. Eine Änderung ist nur für den Ablauf der Wahlzeit zulässig.

III Der Gemeinderat kann beschließen, daß ein oder zwei weitere Bürgermeister in den Gemeinderat zugewählt werden; sie haben unbeschadet der besonderen Bestimmungen dieses Gesetzes die Rechte und Pflichten der Gemeinderatsmitglieder.

IV Nur in Gemeinden mit mehr als 3000 Einwohnern können die Bürgergermeister berufsmäßig angestellt werden. In diesen Gemeinden kann außerdem der Gemeinderat beschließen, daß ein oder mehrere berufsmäßige Gemeinderatsmitglieder in den Gemeinderat zugewählt werden; diese haben Stimmrecht nur in den Gegenständen ihrer Geschäftsaufgaben.

V In Städten heißt der Gemeinderat Stadtrat, in Märkten Marktgemeinderat.

Art. 14. I Wenn in Gemeinden bis zu 2000 Einwohnern mindestens ein Drittel, in Gemeinden mit mehr als 2000 Einwohnern mindestens ein Fünftel der Anzahl der bei der letzten Gemeindewahl in den Wählerlisten eingetragenen Wahlberechtigten es beantragt, ist den Wahlberechtigten Gelegenheit zu geben, darüber abzustimmen, ob die ehrenamtlichen Mitglieder des Gemeinderats sich einer Neuwahl zu unterziehen haben. Der Antrag kann durch einen Beschluß des Gemeinderats ersetzt werden. Dieser Beschluß ist nur dann gültig, wenn sämtliche Mitglieder des Gemeinderats zur Sitzung unter Mitteilung des Gegenstandes der Beschlußfassung geladen wurden, zwischen der Ladung und dem Beschluß eine Woche liegt und wenn zwei Drittel der erschienenen Mitglieder des Gemeinderats dem Beschlusse zustimmen. Vor Ablauf eines Jahres nach einer Wahl des Gemeinderats kann ein Antrag nach Satz 1 nicht gestellt und ein Beschluß nach Satz 2 nicht gefaßt werden.

II Die Staatsaufsichtsbehörde ermittelt, ob die Voraussetzungen für die Abstimmung erfüllt sind, und ordnet die Abstimmung an.

III Haben sich mindestens drei Fünftel der abgegebenen gültigen Stimmen für die Neuwahl ausgesprochen, so ordnet die Staatsaufsichtsbehörde die Neuwahl an. Die Neugewählten versehen das Amt für den Rest der laufenden Wahlzeit. Haben sich nicht wenigstens drei Fünftel der abgegebenen gültigen

Stimmen für die Neuwahl ausgesprochen, so kann innerhalb eines Jahres nach der Abstimmung das Verfahren nicht wiederholt werden.

IV Das Staatsministerium des Innern ordnet das Verfahren beim Antrage der Wahlberechtigten und bei der Abstimmung; bei der Ordnung des Abstimmungsverfahrens sind die Vorschriften über die Gemeindewahlen zugrunde zu legen. Für die Anfechtung und Berichtigung der Abstimmung gelten die Vorschriften des Art. 74 entsprechend.

Art. 15. I Kreisunmittelbare Gemeinden sind verpflichtet, wenigstens ein berufsmäßiges Mitglied des Gemeinderats anzustellen, das die Befähigung für den höheren Justiz- und Verwaltungsdienst in Bayern besitzt.

II Gemeinden mit mehr als 2000 Einwohnern müssen für die Geschäftsstelle der Gemeinde einen Gemeindebeamten anstellen, der die Prüfung für den mittleren Staats- und Gemeindeverwaltungsdienst mit Erfolg abgelegt hat, wenn nicht einer der Bürgermeister diese Prüfung oder die Prüfung nach Abs. I bestanden hat. Dies gilt auch für mehrere Gemeinden, die zusammen mehr als 2000 Einwohner zählen und sich zur Aufstellung eines gemeinsamen Beamten nach Satz 1 vereinigt haben. Die Staatsaufsichtsbehörde kann Ausnahmen zulassen. Dem Gemeindebeamten nach Satz 1 und Satz 2 kommt beratende Stimme im Gemeinderate zu.

Geschäftsgang.

Art. 16. Der Gemeinderat vertritt die Gemeinde und verwaltet ihre Angelegenheiten. Er kann zur Regelung des Geschäftsgangs eine Geschäftsordnung erlassen; in Gemeinden mit mehr als 2000 Einwohnern muß eine Geschäftsordnung erlassen werden.

Art. 17. I Der erste Bürgermeister leitet und verteilt die Geschäfte. Er führt den Vorsitz im Gemeinderat und bereitet die Beratungsgegenstände für die Sitzungen des Gemeinderates vor; soweit Beratungsgegenstände zu den Geschäftsaufgaben eines berufsmäßigen Mitgliedes des Gemeinderats gehören, obliegt diesem Mitgliede die Vorbereitung unbeschadet der Zuständigkeit des ersten Bürgermeisters zur Leitung der Geschäfte. Der erste Bürgermeister vollzieht die Beschlüsse des Gemeinderats und vertritt hierbei den Gemeinderat nach außen. Er ist befugt, in eigener Zuständigkeit dringende Anordnungen, die sofort vollzogen werden müssen, zu erlassen und unaufschiebbare Geschäfte zu erledigen; hiervon hat er dem Gemeinderat in der nächsten Sitzung Kenntnis zu geben. Der erste Bürgermeister kann ferner einfache Geschäfte der laufenden Verwaltung und solche Geschäfte, die sich zur Behandlung im Gemeinderate nicht eignen, in eigener Zuständigkeit besorgen. Durch die Geschäftsordnung oder durch besondere Beschlüsse können ihm weitere Geschäfte zur selbständigen Erledigung übertragen werden.

II Der erste Bürgermeister hat Beschlüsse des Gemeinderats, die er für rechtswidrig hält, zu beanstanden und den Vollzug bis zur Entscheidung der Staatsaufsichtsbehörde zu unterlassen.

III Urkunden, die eine Verpflichtung der Gemeinde begründen, müssen in Gemeinden bis zu 3000 Einwohnern vom ersten Bürgermeister und zwei Mitgliedern des Gemeinderats unterzeichnet sein.

Art. 18. I Die allgemeine Stellvertretung des ersten Bürgermeisters steht zunächst den weiteren Bürgermeistern in ihrer Reihenfolge zu. Im übrigen regelt die allgemeine Stellvertretung des ersten Bürgermeisters der Gemeinderat; hierbei sind in erster Linie berufsmäßige, in zweiter Linie ehrenamtliche Gemeinderatsmitglieder als Stellvertreter zu bestimmen; dieser Beschluß des Gemeinderats ist öffentlich bekanntzumachen.

II Der erste Bürgermeister kann seine Befugnisse teilweise dem zunächst zur Vertretung gesetzlich berufenen Bürgermeister oder mit dessen Zustimmung einem weiteren Bürgermeister, Gemeinderatsmitglied oder Gemeindebeamten widerruflich übertragen. In den letzteren Fällen kann der erste Bürgermeister als seinen Stellvertreter in den Angelegenheiten, die zu den Geschäftsaufgaben des weiteren Bürgermeisters oder eines berufsmäßigen Gemeinderatsmitglieds gehören, zunächst nur den beteiligten Bürgermeister oder das beteiligte Gemeinderatsmitglied bestellen.

Art. 19. I Der Gemeinderat beschließt in Sitzungen.

II Der Gemeinderat wird von dem ersten Bürgermeister berufen und muß berufen werden, wenn es ein Viertel der ehrenamtlichen Mitglieder des Gemeinderats unter Bezeichnung des Verhandlungsgegenstandes schriftlich beantragt.

III Der Gemeinderat ist beschlußfähig, wenn sämtliche Mitglieder geladen sind und wenn mehr als die Hälfte der für den Beratungsgegenstand stimmberechtigten Mitglieder anwesend ist. In Gemeinden bis zu 3000 Einwohnern sollen die Gegenstände der Verhandlung bei der Ladung angegeben werden. In Gemeinden mit mehr als 3000 Einwohnern ist eine Ladung unnötig, wenn die Sitzungszeiten im voraus durch Beschluß des Gemeinderats bestimmt sind.

Art. 20. I Ein Mitglied kann an der Beratung und Abstimmung nicht teilnehmen, wenn der Beschluß ihm selbst, seinem Ehegatten, einem Verwandten oder Verschwägerten bis zum dritten Grad oder einer von ihm gesetzlich oder kraft Vollmacht vertretenen Rechtspersönlichkeit des bürgerlichen Rechts einen unmittelbaren Vorteil oder Nachteil bringen kann. Ob diese Voraussetzungen vorliegen, entscheidet der Gemeinderat ohne Mitwirkung des in Betracht kommenden Mitglieds; gegen die Entscheidung kann jedes Mitglied des Gemeinderats binnen vierzehn Tagen Beschwerde einlegen, über welche die unmittelbar vorgesetzte Staatsaufsichtsbehörde endgültig entscheidet. Hat ein Mitglied des Gemeinderats entgegen der Bestimmung des Satzes 1 an der Beratung und Abstimmung teilgenommen, so ist der Beschluß ungültig.

II Ist der Gemeinderat durch Verhinderung von Mitgliedern nach Abs. I beschlußunfähig geworden, so treten für die verhinderten Mitglieder die Ersatzleute in der gesetzlichen Reihenfolge ein. Ist auf diese Weise die Beschlußfähigkeit nicht zu erreichen, so kann die Staatsaufsichtsbehörde die zur Beschlußfähigkeit erforderliche Zahl herabsetzen oder das sonst zum Besten der Gemeinde Notwendige verfügen.

III Ebenso kann die Staatsaufsichtsbehörde verfahren, wenn der Gemeinderat durch andere Hindernisse zeitweise beschlußunfähig geworden ist und unaufschiebbare Beratungsgegenstände vorliegen.

Art. 21. I Der Gemeinderat beschließt in offener Abstimmung mit Mehrheit der Abstimmenden. Wahlen können in geheimer Abstimmung vorgenommen werden, wenn dies im einzelnen Falle beschlossen wird. Kein Mitglied darf sich der Stimme enthalten. Bei Stimmengleichheit ist der Antrag abgelehnt.

II Wahlen sind nur gültig, wenn sämtliche Mitglieder des Gemeinderats unter Angabe dieses Gegenstandes geladen sind und mehr als die Hälfte seiner Mitglieder anwesend ist. Gewählt ist, wer mehr als die Hälfte der abgegebenen gültigen Stimmen auf sich vereinigt. Wird diese Mehrheit im ersten Wahlgange nicht erreicht, so tritt Stichwahl unter den beiden Bewerbern ein, die im ersten Wahlgange die höchsten Stimmenzahlen erreicht haben. Bei Stimmengleichheit entscheidet das Los, wer in die Stichwahl zu bringen ist. Ergibt auch die Stichwahl Stimmengleichheit, so entscheidet das Los. Für die Wahlen nach Art. 65 gelten die besonderen Bestimmungen dieses Gesetzes und der Wahlordnung.

III Beschlüsse über die Anstellung von Personen im Gemeindedienste gelten nicht als Wahlen, soweit es sich nicht um die Anstellung berufsmäßiger Mitglieder des Gemeinderats handelt.

Art. 22. I Der Gemeinderat kann vorberatende Ausschüsse bilden. In Gemeinden mit mehr als 3000 Einwohnern sollen alle wichtigen Angelegenheiten, insbesondere Angelegenheiten, die der staatsaufsichtlichen Genehmigung bedürfen, die Aufstellung des Voranschlags, Abweichungen vom Voranschlag sowie die Feststellung der Rechnung in einem vorberatenden Ausschusse vorbehandelt werden.

II Der Gemeinderat kann die Verwaltung bestimmter Geschäftszweige oder die Erledigung einzelner Geschäfte beschließenden Ausschüssen (Senaten) übertragen. Beschlüsse, die der Genehmigung der Staatsaufsichtsbehörde bedürfen, und Beschlüsse über die allgemeine Regelung der Bezüge der Gemeindebeamten kann nur der Gemeinderat fassen; dies gilt auch für Beschlüsse über die Bezüge der einzelnen Gemeindebamten, falls die Bezüge nicht allgemein geregelt sind.

III Die beschließenden Ausschüsse erledigen die ihnen übertragenen Angelegenheiten an Stelle des Gemeinderats. Dem Gemeinderat ist jedoch die Nachprüfung ihrer Beschlüsse unbenommen, sofern die aus den Beschlüssen erwachsenen Rechte Dritter hiervon nicht berührt werden. Die Nachprüfung muß erfolgen, wenn der erste Bürgermeister oder ein Drittel der Mitglieder des Ausschusses binnen einer vom Gemeinderat in der Geschäftsordnung bestimmten Frist dies beantragt. Soweit jedoch die beschließenden Ausschüsse verwaltungsgerichtlich tätig sind, unterliegen ihre Entscheidungen lediglich der Nachprüfung nach den Vorschriften über das verwaltungsgerichtliche Verfahren.

IV Die Besetzung der Ausschüsse wird durch die Geschäftsordnung geregelt. Hierbei ist dafür zu sorgen, daß die Minderheiten verhältnismäßig vertreten sind; Änderungen im Stärkeverhältnis sind zu berücksichtigen; Stellvertretung ist zulässig.

V Auf den Geschäftsgang der beschließenden Ausschüsse sind die Vorschriften über den Geschäftsgang des Gemeinderats entsprechend anzuwenden. Der Geschäftsgang der vorberatenden Ausschüsse wird durch die Geschäftsordnung geregelt. Den Vorsitz in den Ausschüssen führt der erste Bürgermeister.

VI Der Gemeinderat kann einen Ausschuß jederzeit auflösen.

Art. 23. I Die Sitzungen des Gemeinderats sind öffentlich, soweit nicht Rücksichten auf das Wohl des Reiches, des Staates, der Gemeinde oder berechtigte Ansprüche einzelner entgegenstehen. Über den Ausschluß der Öffentlichkeit wird in geheimer Sitzung beraten und entschieden.

II Der Vorsitzende handhabt die Ordnung. Er ist berechtigt, Zuhörer, die die Ordnung stören, entfernen zu lassen. Das gleiche Recht steht ihm mit Zustimmung des Gemeinderats zu gegen Mitglieder, die die Ordnung fortgesetzt erheblich stören.

III Der Gemeinderat kann bestimmen, daß ein Mitglied durch den Vorsitzenden auf zwei weitere Sitzungen ausgeschlossen werden kann, wenn das Mitglied schon von einer früheren Sitzung ausgeschlossen worden ist und binnen zwei Monaten erneut die Ordnung der Sitzung gröblich verletzt.

IV Die Zustimmung nach Abs. II und die Bestimmung nach Abs. III kann auch allgemein ergehen.

V Für die Ausschüsse gelten die Abs. II bis IV entsprechend.

Art. 24. I Über die Verhandlungen des Gemeinderats und der beschließenden Ausschüsse sind Niederschriften in Sitzungsbücher aufzunehmen. Die Niederschriften müssen die anwesenden Mitglieder, die verhandelten Gegenstände, die Beschlüsse und das Abstimmungsergebnis ersehen lassen. Mitglieder, die einem Beschlusse nicht zugestimmt haben, können verlangen, daß dies vermerkt wird. Die Niederschriften sind von dem Vorsitzenden und in Gemeinden bis zu 2000 Einwohnern von mindestens zwei weiteren Mitgliedern des Gemeinderats zu unterzeichnen. Weitere Unterschriften können durch die Geschäftsordnung oder durch besonderen Beschluß des Gemeinderats angeordnet werden.

II In Gemeinden mit mehr als 2000 Einwohnern bestimmt der Gemeinderat, ob an die Stelle der Aufnahme der Niederschriften in Sitzungsbücher eine andere Regelung tritt.

III Den Mitgliedern des Gemeinderats steht die Einsicht in die Niederschriften nach Abs. I und II frei.

Art. 25. I Die ehrenamtlichen Mitglieder des Gemeinderats und der Ausschüsse sind verpflichtet, an den Sitzungen teilzunehmen und Geschäfte, die ihnen zugewiesen werden, zu übernehmen.

II Gegen ehrenamtliche Mitglieder, die sich dieser Verpflichtung entziehen oder sich der Abstimmung enthalten, kann der Gemeinderat durch Beschluß Ordnungsstrafen bis zu 200 RMk. im einzelnen Falle verhängen. Die Strafe wegen Versäumnis der Sitzung kann auch verhängt werden, wenn wenigstens ein Drittel der Mitglieder des Gemeinderats anwesend ist. Die Strafen werden durch die Gemeinde wie Gemeindeumlagen beigetrieben.

III Entzieht sich ein ehrenamtliches Mitglied nach zwei wegen Versäumnis erkannten Strafen innerhalb eines Zeitraums von sechs Monaten weiterhin seiner Pflicht, an den Sitzungen teilzunehmen, so kann der Gemeinderat den Verlust des Amts aussprechen.

IV Gegen den auf Geldstrafe lautenden Beschluß kann binnen vierzehn Tagen nach Eröffnung Beschwerde zur Staatsaufsichtsbehörde eingelegt werden. Diese entscheidet endgültig. Gegen den auf Verlust des Amts lautenden Beschluß kann das ausgeschlossene Mitglied binnen vierzehn Tagen nach Eröffnung den Antrag auf verwaltungsgerichtliche Entscheidung stellen. Die Kreisregierung entscheidet in allen Fällen im letzten Rechtszuge.

Art. 26. I Die Gemeinden können örtliche Satzungen erlassen, wenn das Gesetz dies ausdrücklich vorsieht oder wenn die Gemeinden im Rahmen ihrer Aufgaben Vorschriften zu geben berechtigt sind.

II Satzungen müssen in ortsüblicher Weise bekannt gemacht werden. Sie treten, wenn nichts anderes bestimmt wird, am Tage nach der Bekanntmachung in Kraft.

III Die Gemeinde ist an die Bestimmungen einer Satzung, solange diese besteht, gebunden.

Verwaltung.

Art. 27. I Die Gemeinden sind verpflichtet, für den ordnungsmäßigen Gang der Geschäfte zu sorgen und die dazu erforderlichen Einrichtungen zu treffen.

II Der erste Bürgermeister ist verantwortlich für den Vollzug der Gesetze und Verordnungen sowie der Weisungen der Staatsbehörden (Art. 50) und für den Vollzug der Beschlüsse und Anordnungen der Staatsaufsichtsbehörden (Art. 59 bis 61).

Art. 28. I Die Gemeinden sind, abgesehen von den durch die Gesetze und Verordnungen sonst auferlegten Obliegenheiten, verpflichtet:

zur Herstellung und Unterhaltung der Flur- und Markungsgrenzen, der erforderlichen Gemeindegebäude, der nötigen Begräbnisplätze und Bestattungsanstalten, der erforderlichen Feuerlöschanstalten und Löschgeräte und der nötigen Viehverscharrungsplätze;

zur Herstellung und Unterhaltung der Gemeindewege, Brücken, Stege und Fähren, zur Unterhaltung und Reinhaltung der Ortsstraßen und -plätze sowie zur Herstellung und Unterhaltung der nötigen Sicherheitsvorrichtungen, Wegweiser und Warnungstafeln an ihnen;

zur Herstellung und Unterhaltung der Ortstafeln und öffentlichen Uhren;

zur Herstellung, Unterhaltung und Reinhaltung der nicht nur für einzelne notwendigen Anlagen zur Versorgung mit Trinkwasser und zur Beseitigung von Abwässern, zur Unterhaltung und Reinhaltung der anderen öffentlichen Brunnen, Wasserleitungen und Kanäle;

zur Instandhaltung und ordnungsmäßigen Verwahrung ihrer Registraturen und Archive;

zur Anschaffung der vom Staatsministerium des Innern vorgeschriebenen Gesetz- und Amtsblätter;

zur Überlassung geeigneter Räume für die Nacheichung der Meßgeräte bei den Bezirksbereisungen durch den Eichmeister und zur Beförderung der eichamtlichen Geräte zum nächsten Nacheichungsort.

II Verpflichtungen Dritter zur Herstellung und Unterhaltung solcher Einrichtungen oder zur Bestreitung der Kosten werden nicht berührt.

Art. 29. I Soweit die öffentlichen Feld- und Waldwege einschließlich der ihrer Instandhaltung dienenden Abzugsgräben von den Beteiligten nicht ordnungsmäßig unterhalten werden, haben die Gemeinden für die Instandhaltung zu sorgen. Der Aufwand ist auf die Eigentümer der beteiligten land- und forstwirtschaftlichen Grundstücke nach dem Verhältnis umzulegen, in dem diese Grundstücke zur Grundsteuer veranlagt sind; als beteiligt gelten die Grundstücke, deren Bewirtschaftung jene Wege dienen. Die Heranziehung der Grundstückseigentümer kann unterbleiben, wenn der Pachtschilling für die Gemeindejagd in der Gemeindekasse verbleibt.

II Wird durch Führung eines Betriebes oder durch Bewirtschaftung oder Ausbeutung eines Grundstücks ein Gemeindeweg, ein öffentlicher Feld- oder Waldweg in außergewöhnlicher Weise abgenützt, so kann die Gemeinde den Inhaber des Betriebes und den Eigentümer oder Besitzer des Grundstücks zu besonderen Vorausleistungen heranziehen. Das Staatsministerium des Innern kann hierüber Vorschriften erlassen.

III Die Beiträge nach Abs. I und II werden wie Gemeindeumlagen erhoben und beigetrieben.

IV Streitigkeiten werden im verwaltungsgerichtlichen Verfahren entschieden. Im zweiten Rechtszug entscheidet der Verwaltungsgerichtshof.

V Abs. I, III und IV gelten für die Herstellung der öffentlichen Feldwege einschließlich der ihrer Instandhaltung dienenden Abzugsgräben sowie für die Herstellung und Unterhaltung von anderen Abzugsgräben einfacher Art entsprechend, soweit die Herstellung und Unterhaltung nicht in den besonderen Aufgabenkreis einer öffentlichen Wasser-, Ödland- oder Flurbereinigungsgenossenschaft fällt und die Gemeinde über die benötigte Grundfläche verfügen kann.

Art. 30. I Das Grundstockvermögen ist in seinem Bestand ungeschmälert zu erhalten, soweit es nicht als angesammeltes Zweckvermögen dem bestimmten Zwecke zugeführt wird. Zum Grundstockvermögen gehören alle Werte, die nicht zur Veräußerung oder zum Verbrauch im Haushalte der Gemeinde bestimmt sind.

II Wird Grundstockvermögen veräußert, so ist der Erlös dem Grundstockvermögen zuzuführen. Werden Grundstücke veräußert, so sind Grundstücke zu beschaffen. Wird Grundstockvermögen geschmälert, so ist es in angemessener Zeit durch Zuweisung aus Wirtschaftsmitteln zu ersetzen. Von diesen Vorschriften kann aus wichtigen Gründen abgewichen werden, wenn die Staatsaufsichtsbehörde hiergegen keine Erinnerung erhebt. Mit Genehmigung der Staatsaufsichtsbehörde kann Grundstockvermögen unentgeltlich veräußert werden.

III Die Verteilung von Bestandteilen des Grundstockvermögens kann vom Gemeinderate nur mit einer Mehrheit von zwei Dritteln seiner Mitglieder und nur dann beschlossen werden, wenn dadurch eine erhebliche Steigerung des Ertrags gewährleistet wird. Den Kreis der Berechtigten bestimmt Art. 32 Satz 3. Die Verteilung bedarf der Genehmigung der Staatsaufsichtsbehörde. Das Eigentum geht mit dieser Genehmigung über.

Art. 31. Für die Bewirtschaftung der Gemeindewaldungen gelten die besonderen gesetzlichen Vorschriften.

Art. 32. Die Erträgnisse des Gemeindevermögens fließen vorbehaltlich der Art. 33 bis 39 in die Gemeindekasse. Die Verteilung solcher Erträgnisse ist nur zulässig, wenn die Gemeindebedürfnisse gedeckt werden können, ohne daß Umlagen oder örtliche Verbrauchssteuern erhoben werden, und wenn größere Ausgaben für außerordentliche Gemeindebedürfnisse nicht in Aussicht stehen. An der Verteilung nehmen alle Reichsangehörigen, die in der Gemeinde seit Jahresfrist den gewöhnlichen Aufenthalt haben und einen eigenen Haushalt führen, gleichmäßig teil. Zur Verteilung ist die Genehmigung der Staatsaufsichtsbehörde notwendig.

Art. 33. I Rechte einzelner auf Nutzungen am Gemeindevermögen können nicht neu begründet werden.

II Nutzungsrechte, die sich auf bürgerliches Recht gründen, werden durch dieses Gesetz nicht berührt.

Art. 34. Rechte einzelner auf Nutzungen am Gemeindevermögen sind begründet, wenn und soweit hierfür ein besonderer Rechtstitel oder rechtsbegründetes Herkommen besteht. Diese Rechte können auch ausgeübt werden, wenn die Gemeinde Umlagen, örtliche Abgaben oder örtliche Verbrauchssteuern erhebt.

Art. 35. Das Herkommen gilt als rechtsbegründet, wenn die Nutzungen kraft Rechtsüberzeugung ununterbrochen wenigstens dreißig Jahre lang bis zum Inkrafttreten dieses Gesetzes oder, falls der Anspruch schon vorher in einem Verwaltungsrechtsstreit geltend gemacht wurde, bis zum Zeitpunkte der Geltendmachung des Anspruchs ausgeübt worden sind, es sei denn, daß der Ausübung eine rechtskräftige Entscheidung entgegensteht. Wird der Anspruch nach Inkrafttreten dieses Gesetzes erhoben, so müssen außerdem die Nutzungen bis zur Geltendmachung des Anspruchs ausgeübt worden sein.

Art. 36. I Ein Nutzungsrecht, das auf einem Haus oder Grundstück ruht, kann nur ausnahmsweise aus wichtigen Gründen auf ein Wohnhaus der gleichen Gemeinde übertragen werden. Die Übertragung bedarf der Genehmigung der Gemeinde und der Staatsaufsichtsbehörde.

II Gegen den Beschluß der Staatsaufsichtsbehörde steht dem Berechtigten und der Gemeinde binnen vierzehn Tagen Beschwerde an die nächsthöhere Staatsaufsichtsbehörde zu. Diese entscheidet endgültig.

III Die Übertragung bedarf der Genehmigung der Gemeinde nicht und ist von der Staatsaufsichtsbehörde zu gestatten, wenn das Haus, auf dem das Nutzungsrecht ruht, durch Brand oder Naturereignis zerstört oder abgebrochen oder für einen öffentlichen Zweck abgetreten wird und das Recht auf ein in der gleichen Gemeinde neuerrichtetes Wohnhaus des Berechtigten übertragen werden soll.

IV Die Häufung von mehr als einem vollen Nutzungsrecht auf ein Wohnhaus oder die Zerstückelung eines Rechts bedarf der Genehmigung der Kreisregierung.

Art. 37. I Wer Nutzungen bezieht, hat die auf dem Gegenstand des Nutzungsrechts ruhenden Lasten zu tragen und die zur Gewinnung der Nutzungen und zur Erhaltng oder zur Erhöhung der Ertragsfähigkeit erforderlichen Ausgaben zu bestreiten. Wird Gemeindevermögen teilweise von der Gemeinde, teilweise von Berechtigten genutzt, so sind diese Lasten und Auslagen verhältnismäßig von der Gemeinde und den Berechtigten zu tragen, es sei denn, daß bisher die Verteilung anderweit geregelt war.

II Die Berechtigten sind verpflichtet, für die Nutzungen Gegenleistungen an die Gemeinde zu entrichten, soweit dies bisher der Fall war. Die Höhe der Gegenleistungen bemißt sich nach dem Wertverhältnis zwischen Nutzungen und Gegenleistungen am 1. Januar 1914.

Art. 38. Die Gemeinde kann Nutzungsrechte ohne Entschädigung nur mit Einwilligung der Berechtigten, gegen Entschädigung mit Einwilligung der Mehrheit der Berechtigten aufheben. Werden die Nutzungen nicht zu gleichen Teilen von allen Berechtigten bezogen, so hat jeder Berechtigte so viel Stimmrecht, als der ihm zustehenden Nutzung entspricht. Wenn eine Gemeinde Nutzungsrechte einzelner vor Inkrafttreten dieses Gesetzes abgelöst hat oder künftig ablöst, so gelten diese Nutzungsrechte zugunsten der Gemeinde als fortbestehend; solche Nutzungsrechte können nicht mehr nach Art. 36 übertragen werden. Streitigkeiten werden im verwaltungsgerichtlichen Verfahren entschieden, im zweiten Rechtszuge durch den Verwaltungsgerichtshof. Über die Höhe der Entschädigung entscheiden im Streitfalle die ordentlichen Gerichte.

Art. 39. Wenn Nutzungsrechte die ordnungsmäßige Bewirtschaftung oder die Verbesserung der belasteten Grundstücke verhindern oder erheblich erschweren, so können sie von der Gemeinde gegen Entschädigung abgelöst werden. Sind die belasteten Grundstücke ganz oder teilweise in den Bereich einer öffentlichen

Wasser-, Ödland- oder Flurbereinigungsgenossenschaft einbezogen, so steht auch dieser unter den gleichen Voraussetzungen das Ablösungsrecht zu. Die Ablösung ist nicht zulässig, soweit sie die Wirtschaftsführung der Nutzungsberechtigten in hohem Maße erschweren würde. Die Entschädigung beträgt das Fünfzehnfache des durchschnittlichen Jahreswerts der Nutzungen, die in den der Ablösung unmittelbar vorangehenden zehn Jahren bezogen worden sind, abzüglich der in Art. 37 erwähnten Lasten, Ausgaben und Gegenleistungen. Die Entschädigung ist drei Monate nach dem Abschluß der Vereinbarung oder der Rechtskraft der Entscheidung über die Ablösung fällig. Art. 38 Satz 5 und 6 gelten entsprechend.

Art. 40. I Entsteht ein Streit darüber, ob ein Grundstück Eigentum der Gemeinde oder Eigentum anderer Personen ist, oder entsteht darüber Streit, ob und wieweit das Verfügungsrecht der Gemeinde durch einen Anspruch beschränkt ist, der auf ein Nutzungsrecht des bürgerlichen Rechts begründet wird, so hat die Staatsaufsichtsbehörde der Gemeinde einen Ausgleichsversuch vorzunehmen.

II Die Staatsaufsichtsbehörde ist berechtigt, im Falle verübter oder drohender Selbsthilfe oder, wenn die Verhütung anderer dringender Gefahren es erfordert, vorbehaltlich der Entscheidung des ordentlichen Gerichts die nötigen vorsorglichen Verfügungen zu treffen.

Art. 41. I Für die Erfüllung gesetzlicher Pflichtaufgaben der Gemeinde, insbesondere zur Unterhaltung der öffentlichen Wege, zur Erhaltung des Gemeindevermögens und zur Handhabung der öffentlichen Sicherheit kann der Gemeinderat Gemeindedienste (Hand- und Spanndienste) anordnen. Wissenschaftliche, kunst- oder handwerksmäßige Arbeiten können nicht gefordert werden.

II Zu Gemeindediensten sind die Einwohner verpflichtet, die in der Gemeinde einen eigenen Haushalt führen, zur Unterhaltung der öffentlichen Feldwege jedoch nur, soweit sie zur Bewirtschaftung ihrer Grundstücke solche Feldwege benützen. Leben mehrere Verpflichtete in Familiengemeinschaft, so sind sie einem einzigen Verpflichteten gleichzuachten. Die Dienste dürfen auch durch geeignete Stellvertreter geleistet werden und können, außer in Fällen öffentlicher Not, mit Zustimmung der Gemeinde durch eine an die Gemeinde abzuführende Geldleistung abgeleistet werden, die dem Werte der geforderten Dienstleistung entspricht. Zu Spanndiensten sind auch die juristischen Personen des bürgerlichen Rechts verpflichtet.

III Von den Handdiensten sind befreit

1. Personen, die berufsmäßig in einem öffentlichen Dienstverhältnisse stehen, soweit sie nicht Hauseigentümer oder ausübende Landwirte sind,
2. erheblich erwerbsbeschränkte Personen, wenn sie kein arbeitsfähiges Haushaltsmitglied haben oder dieses wegen ihrer Erwerbsbeschränktheit nicht entbehren können.

IV Die Verpflichtung zu Spanndiensten erstreckt sich auch auf geeignete Kraftfahrzeuge. Fahrzeuge, die zum öffentlichen Dienst gehalten werden, scheiden aus.

V Die Handdienste werden nach der Kopfzahl der Pflichtigen, die Spanndienste nach der Zahl der pflichtigen Gespanne und Kraftfahrzeuge verteilt. Die Spanndienste werden auf Handdienste und die Spanndienste untereinander nach Billigkeit angerechnet. Die Gemeinde regelt die Verteilung und die Anrechnung durch eine Satzung. Sie kann allgemein oder nach Billigkeit in einzelnen Fällen für die Leistung der Dienste angemessene Vergütung gewähren.

VI Werden Gemeindedienste nicht rechtzeitig geleistet so kann die Gemeinde nach einer Mahnung die Dienste auf Kosten des Säumigen vornehmen lassen oder, wenn dies nicht möglich ist, ihn zur Zahlung eines Beitrags an die Gemeindekasse verpflichten, der dem Werte der verweigerten Dienste entspricht. Die Schuld des Verpflichteten wird wie eine Gemeindeumlage beigetrieben.

VII Über Streitigkeiten entscheidet die unmittelbar vorgesetzte Staatsaufsichtsbehörde endgültig.

Art. 42. I Anleihen dürfen nur zu werbenden Zwecken oder zu Ausgaben für Einrichtungen von dauerndem Nutzen aufgenommen werden, zu deren sofortigen Deckung die Leistungsfähigkeit der Gemeinde nicht ausreicht.

II Anleihen müssen nach einem festgestellten Plan in angemessener Zeit aus Wirtschaftsmitteln getilgt werden. Anleihen zur Befriedigung wiederkehrender Bedürfnisse sollen bis zur Wiederkehr des Bedürfnisses getilgt oder durch Rücklagen ausgeglichen sein. Die Tilgungspläne sind der Staatsaufsichtsbehörde vorzulegen.

III Aus wichtigen Gründen kann die Staatsaufsichtsbehörde zulassen, daß von den Vorschriften des Abs. I und II abgewichen wird.

IV Die Genehmigung der Staatsaufsichtsbehörde ist erforderlich, wenn der Betrag der aufzunehmenden Schuld allein oder zusammen mit anderen Beträgen im Sinne der Abs. I, IV, V im gleichen Rechnungsjahr

in den Gemeinden	bis zu 1000			Einwohnern	10 000 RMk.,
in Gemeinden mit	1 001	bis zu	2 000	Einwohnern	20 000 RMk.,
„ „ „	2 001	„ „	10 000	„	50 000 RMk.,
„ „ „	10 001	„ „	20 000	„	80 000 RMk.,
„ „ „	20 001	„ „	50 000	„	150 000 RMk.,
„ „ „	50 001	„ „	100 000	„	300 000 RMk.,
„ „ „	100 001	„ „	300 000	„	500 000 RMk.,
„ „ „	mehr als		300 000	„	1 000 000 RMk.,

übersteigt. Das gleiche gilt ohne Rücksicht auf die Höhe des Betrags, wenn der Geldgeber ein Ausländer ist oder wenn die Verpflichtung der Gemeinde ganz oder teilweise in ausländischer Währung zu erfüllen ist. Das Staatsministerium des Innern kann im Einvernehmen mit dem Staatsministerium der Finanzen bindende Richtlinien für die Fälle des vorstehenden Satzes aufstellen.

V Der Aufnahme von Anleihen steht die Aufnahme von Darlehen, der Abschluß von Bürgschaftsverträgen und verwandten Rechtsgeschäften, die ein Einstehen für fremde Schuld zum Gegenstande haben, gleich. Soweit Tilgungspläne nicht in Frage kommen, ist Anzeige an die Staatsaufsichtsbehörde zu erstatten.

VI Betriebskredite, das sind Kredite, die bestimmungsgemäß in kürzester Zeit, längstens aber innerhalb eines Jahres seit der Aufnahme zurückbezahlt werden und deren Verwendungsart die Rückzahlung in dieser Zeit gewährleistet, bedürfen der Genehmigung der Staatsaufsichtsbehörde, wenn sie, ohne abgedeckt zu sein, in dem gleichen Rechnungsjahre die in Abs. IV genannten Summen übersteigen oder wenn die Voraussetzungen des Abs. IV Satz 2 vorliegen. Die Aufnahme aller übrigen Betriebskredite ist der Staatsaufsichtsbehörde anzuzeigen.

Art. 43. I Soweit die sonstigen Einnahmen der Gemeinde für den Bedarf der Gemeinde nicht ausreichen, ist dieser durch Umlagen, örtliche Verbrauchssteuern und örtliche Abgaben zu decken.

II Für die Überweisung von Reichs- und Landessteuern an die Gemeinden, für die örtlichen Abgaben und Steuern aller Art gelten die besonderen Gesetze. Dabei ist auf die Erhaltung der Lebensfähigkeit der Gemeinden Rücksicht zu nehmen.

III Zur Erhebung von örtlichen Verbrauchssteuern, soweit diese durch Gesetz und Staatsvertrag zugelassen und nicht anderweit geregelt sind, sowie zur Erhebung von Pflaster-, Wege- und Brückenzöllen ist die Genehmigung der Kreisregierung erforderlich. Das Staatsministerium des Innern ist befugt, im Einvernehmen mit dem Staatsministerium der Finanzen bindende Richtlinien zu erlassen.

Art. 44. I Die Gemeinden sind berechtigt, soweit nicht Gesetze oder Staatsverträge entgegenstehen, durch Satzung die Benützung ihres Eigentums, ihrer Anstalten, Unternehmungen und Einrichtungen zu ordnen und Gebühren für die Benützung festzusetzen. Zur Benützung ist jeder berechtigt, der in der Gemeinde wohnt oder sich aufhält oder in der Gemeinde mit Umlagen veranlagt ist und die für die Benützung allgemein bestimmten Voraussetzungen erfüllt.

II Um die Durchführung der Satzung zu sichern, sind die Gemeinden berechtigt, ortspolizeiliche Vorschriften zu erlassen und darin die Hinterziehung oder Verkürzung der Gebühren und sonstige Zuwiderhandlungen gegen die Satzung mit Geldstrafe bis zu 150 RMk. zu bedrohen. Die Geldstrafen fließen in die Gemeindekasse. Das gleiche gilt für die Sicherung der Erhebung von örtlichen Verbrauchssteuern nach Art. 43 Abs. III, ferner für die Sicherung der Erhebung von Pflaster-, Wege- und Brückenzöllen.

III Unterläßt jemand zu tun, was ihm auf Grund einer nach Abs. I erlassenen Satzung obliegt, so können die Gemeinden die Handlung auf Kosten des Verpflichteten vornehmen lassen und die Kosten wie Gemeindeumlagen beitreiben. Die Handlung darf an Stelle des Verpflichteten erst vorgenommen werden, wenn dieser einer an ihn gerichteten Verfügung innerhalb bestimmter Frist nicht Folge geleistet hat.

IV Gegen die Androhung oder Durchführung der Ersatzvornahme ist binnen vierzehn Tagen Beschwerde zur Staatsaufsichtsbehörde zulässig. Sie hat aufschiebende Wirkung, wenn die Staatsaufsichtsbehörde nichts anderes bestimmt.

V Streitigkeiten über die Benützung der Anstalten, Unternehmungen und Einrichtungen und über Verbindlichkeiten zur Entrichtung von Gebühren hierfür sowie über Ansprüche auf Rückvergütung solcher Gebühren werden im verwaltungsgerichtlichen Verfahren entschieden; im zweiten Rechtszug entscheidet der Verwaltungsgerichtshof.

VI Die Gemeinden können durch Satzung die Benützung gemeindlicher Wasserleitungen, Kanalisationen und Schlachthöfe sowie gemeindlicher Anstalten zur Beseitigung des Unrats und zur Straßenreinigung zur Zwangspflicht machen, wenn für alle Beteiligten unabhängig von der örtlichen Lage gleiche Bedingungen der Benützung aufgestellt werden. Die Satzung einschließlich der Gebührenregelung bedarf der Genehmigung der Staatsaufsichtsbehörde. Die Bestimmungen der Abs. I bis V gelten entsprechend.

Art. 45. I Die Gemeinde kann durch Satzung bestimmen, daß der Aufwand für die von der Gemeinde bestellten Hirten auf die Viehbesitzer nach der Zahl der Stücke der Viehgattung, für die der Hirte bestimmt ist, umgelegt wird.

II Zur Umlage sind Viehbesitzer nicht heranzuziehen, die auf die Teilnahme an der gemeindlichen Weide für ihr Vieh verzichten.

III Streitigkeiten entscheidet die unmittelbar vorgesetzte Staatsaufsichtsbehörde endgültig.

Art. 46. I Das Rechnungsjahr läuft vom 1. April bis zum 31. März.

II Die Gemeinden sind verpflichtet, alljährlich vor Beginn des Rechnungsjahres einen Voranschlag über die voraussehbaren Einnahmen und Ausgaben aufzustellen. Der Voranschlag muß einen Stellenausweis über alle Beamten und sonstigen Kräfte enthalten. Der Voranschlag muß ersehen lassen, wie die sämtlichen Ausgaben gedeckt werden sollen.

III Der in öffentlicher Sitzung beschlossene Voranschlag ist zwei Wochen lang nach vorheriger ortsüblicher Bekanntgabe dieser Frist öffentlich aufzulegen. Soweit Einwendungen gegen den Voranschlag erhoben worden sind, wird hierüber in öffentlicher Sitzung entschieden. Der festgestellte Voranschlag ist der Staatsaufsichtsbehörde vorzulegen. Erhebt diese binnen vier Wochen keine Erinnerung, so gilt er als unbeanstandet.

IV Der Voranschlag bildet die Grundlage des Haushalts.

V Für Stiftungen und solche Kassen, die jährlich gleichbleibende Einnahmen und Ausgaben haben, kann der Voranschlag für mehrere Jahre aufgestellt werden, sofern die Staatsaufsichtsbehörde nichts anderes anordnet.

Art. 47. I Die Rechnungen über die Führung des Haushalts sind von dem Gemeinderate tunlichst bald nach Ablauf des Rechnungsjahres in öffentlicher Sitzung festzustellen. Die Rechnungen müssen den Stellenausweis (Art. 46) nach seiner tatsächlichen Durchführung enthalten.

II Die Rechnungen sind zwei Wochen lang nach vorheriger ortsüblicher Frist öffentlich aufzulegen.

III Die Rechnungen sind mit den Belegen und den erhobenen Einwendungen der Staatsaufsichtsbehörde vorzulegen, sofern nicht die Vorlegung erlassen ist. Bei kreisunmittelbaren Gemeinden findet nur die staatsaufsichtliche Würdigung, eine rechnerische Prüfung jedoch nicht statt. Die Rechnungen der unter der Staatsaufsicht des Bezirksamts stehenden Gemeinden werden von diesem auch rechnerisch geprüft und beschieden. Das Nähere hierüber bestimmt das Staatsministerium des Innern.

IV Die Staatsaufsichtsbehörde kann eine Frist zur Feststellung nach Abs. I Satz 1 und zur Vorlegung nach Abs. III Satz 1 bestimmen.

V Den Bürgermeistern ist es untersagt, eine gemeindliche Kasse zu führen.

Art. 48. I Das Staatsministerium des Innern kann die Form der Voranschläge und Rechnungen bestimmen.

II Das Staatsministerium des Innern kann für Gemeinden, die der Staatsaufsicht des Bezirksamts unterstehen, Vorschriften über die Kassen- und Rechnungsführung erlassen. Die Staatsaufsichtsbehörde kann für einzelne Gemeinden Abweichungen hiervon widerruflich gestatten.

Art. 49. I In der Pfalz werden die Kassen- und Rechnungsgeschäfte der Gemeinden von Einnehmern geführt.

II Die Staatsregierung regelt, soweit es sich um Gemeinden handelt, die der Staatsaufsicht des Bezirksamts unterstehen, die Einrichtung, insbesondere die Befugnisse, die Voraussetzungen der Anstellung und die Bezüge der Einnehmer. Die beteiligten Gemeinden sind verpflichtet, die darnach festgesetzten Vergütungen zu leisten. Mit Genehmigung der Kreisregierung kann eine Gemeinde aus einer Gemeindeeinnehmerei ausscheiden und einen besonderen Gemeindeeinnehmer bestellen.

III Die besonderen Gemeindeeinnehmer müssen als Gemeindebeamte bestellt werden. Sie müssen die Voraussetzungen der Anstellung zum Einnehmer nach Abs. II erfüllen.

IV Mit Genehmigung des Landtags kann die Einrichtung der Einnehmer auch in den Landesteilen rechts des Rheins für die der Staatsaufsicht des Bezirksamts unterstehenden Gemeinden getroffen werden.

Staatsverwaltung und Polizei.

Art. 50. I Die Gemeinden sind verpflichtet, die ihnen vom Staate durch Gesetz oder Verordnung übertragenen Angelegenheiten unter der Sachaufsicht der für diese Angelegenheiten zuständigen Staatsbehörden zu erledigen. In Ausübung ihrer Sachaufsicht können die Staatsbehörden den Gemeinden Weisungen erteilen, Anstalten und Einrichtungen der Gemeinden besichtigen, die Geschäfts- und Kassenführung prüfen, sowie Berichte und Akten einfordern.

II Neue Aufgaben können den Gemeinden nur auf Grund Gesetzes zugewiesen werden.

III Den Gemeinden obliegt die Wahrnehmung der örtlichen Verrichtungen der inneren Staatsverwaltung, sofern nicht andere Behörden dafür bestellt sind. Die Gemeinden können nur durch Gesetz verpflichtet werden, in der sonstigen Verwaltung des Staates oder in der Verwaltung anderer öffentlicher Körperschaften mitzuwirken.

IV Das Staatsministerium für Unterricht und Kultus kann Anordnungen für die Unterrichts- und Erziehungsanstalten der Gemeinden erlassen.

Art. 51. I Den Gemeinden obliegt die Sorge für die öffentliche Ruhe, Ordnung und Sicherheit und der Vollzug der die Polizei betreffenden Gesetze und Vorschriften im Gemeindebezirk, soweit die Gesetze nichts anderes bestimmen (Ortspolizei). Die zuständigen Staatsbehörden haben das Recht, die Handhabung der Ortspolizei zu überwachen und den Gemeinden die nötigen Weisungen zu erteilen.

II Der Gemeinderat erläßt die ortspolizeilichen Vorschriften nach Maßgabe der Gesetze.

III Die übrigen ortspolizeilichen Geschäfte werden in den Gemeinden, die der Staatsaufsicht des Bezirksamts unterstehen, von dem ersten Bürgermeister persönlich oder unter seiner Leitung und Verantwortung durch Gemeindebeamte versehen. Für die Stellvertretung des ersten Bürgermeisters gilt Art. 18 mit der Einschränkung, daß Aufgaben der Sicherheitspolizei nur mit Genehmigung der Staatsaufsichtsbehörde übertragen werden können. Bei Gefahr im Verzuge sind die zuständigen Staatsbehörden berechtigt, die erforderlichen Maßnahmen zu treffen und Anordnungen an die Polizeibeamten der Gemeinde zu richten; diese sind verpflichtet, den Anordnungen Folge zu leisten. Die Staatsbehörde hat den ersten Bürgermeister von diesen Maßnahmen und Anordnungen unverzüglich zu verständigen.

IV Die Gemeinden sind verpflichtet, die Kosten der Ortspolizei zu tragen, die dafür erforderlichen Anstalten bereitzustellen und die erforderlichen Einrichtungen zu treffen, insbesondere die notwendigen Beamten und sonstigen Kräfte anzustellen.

V Für Orte, in denen der Bürgermeister nicht seinen Wohnsitz hat, kann der Gemeinderat mit Genehmigung der Staatsaufsichtsbehörde einen Ortsführer bestellen, der die Aufträge des Bürgermeisters zu vollziehen und in dringenden Fällen an seiner Stelle zu handeln hat.

VI Die Gemeinde ist zur Aufstellung der für den Feld- und Waldschutz notwendigen Kräfte verpflichtet. Sie hat den Aufwand auf die Eigentümer der beteiligten land- und forstwirtschaftlichen Grundstücke nach dem Verhältnisse der für diese Grundstücke zu entrichtenden Grundsteuer umzulegen. Die Heranziehung der Grundstückseigentümer kann unterbleiben, wenn der Pachtschilling für die Gemeindejagd in der Gemeindekasse verbleibt.

VII Der Eigentümer eines zusammenhängenden Waldbesitzes von mindestens 100 ha kann für den Waldschutz selbst eine Kraft bestellen. Er ist in diesem Fall auf Antrag von den Leistungen zum Waldschutze nach Abs. VI zu befreien.

VIII Streitigkeiten nach Abs. VI Satz 2 und 3 und Abs. VII Satz 2 werden im verwaltungsgerichtlichen Verfahren entschieden; im zweiten Rechtszug entscheidet der Verwaltungsgerichtshof.

Art. 52. I Aus Rücksicht auf die öffentliche Sicherheit kann das Staatsministerium des Innern anordnen, daß die Polizeigewalt in Gemeinden vorübergehend ganz oder teilweise durch staatliche Beamte ausgeübt wird. Die Polizeibeamten der Gemeinde sind verpflichtet, den Anordnungen der mit der Ausübung der Polizeigewalt betrauten staatlichen Beamten Folge zu leisten.

II Bei Gefahr im Verzug kann die Staatsaufsichtsbehörde der Gemeinde die gleichen Anordnungen treffen; sie ist verpflichtet, unverzüglich die Entscheidung des Staatsministeriums des Innern einzuholen.

III Erstreckt sich die Ausübung der Polizeigewalt durch staatliche Beamte nach Maßgabe der Abs. I und II auf länger als ein Jahr, so ist eine gesetzliche Regelung des Zustandes notwendig.

Zwangsbefugnisse.

Art. 53. I Der Gemeinderat und der erste Bürgermeister können die Durchführung von Verfügungen, die sie innerhalb ihrer Zuständigkeit zum Vollzuge von Gesetzen und Verordnungen, deren Übertretung nicht mit Strafe bedroht ist, an bestimmte Personen erlassen und diesen eröffnet haben, unter Anwendung der Art. 21 und 22 des Polizeistrafgesetzbuchs erzwingen.

II Über Beschwerden entscheidet die Staatsaufsichtsbehörde; bei Gemeinden, die der Staatsaufsicht des Bezirksamts unterstehen, entscheidet im Falle der weiteren Beschwerde die Kreisregierung endgültig.

Kreisunmittelbare Gemeinden.

Art. 54. I Kreisunmittelbare Gemeinden sind die Gemeinden, die beim Inkrafttreten dieses Gesetzes der Kreisregierung unmittelbar untergeordnet sind.

Das Staatsministerium des Innern kann einer Gemeinde auf Antrag des Gemeinderats die Kreisunmittelbarkeit verleihen; dies soll in der Regel nur geschehen, wenn die Gemeinde wenigstens 10 000 Einwohner zählt. Kreisunmittelbare Gemeinden können mit ihrer Zustimmung dem Verwaltungsbezirk eines Bezirksamts zugeteilt werden.

II Die kreisunmittelbaren Gemeinden haben für den Gemeindebezirk die Zuständigkeit des Bezirksamts (Bezirksverwaltung, Bezirkspolizei), soweit die Gesetze nichts anderes bestimmen. Für die Bezirkspolizei gilt Art. 51 Abs. I Satz 2 und Abs. III Satz 3 bis 5 entsprechend.

III Die orts- und bezirkspolizeilichen Vorschriften erläßt in den kreisunmittelbaren Gemeinden der Gemeinderat oder ein beschließender Ausschuß (Senat).

IV Die übrigen orts- und bezirkspolizeilichen Geschäfte versieht in diesen Gemeinden der Gemeinderat oder ein beschließender Ausschuß (Senat) mit der Einschränkung, daß für die Handhabung der Sicherheitspolizei der erste Bürgermeister allein zuständig und verantwortlich ist. Der erste Bürgermeister ist außerdem berechtigt und verpflichtet, in allen dringenden Fällen die dem Gemeinderate nach Satz 1 zustehenden polizeilichen Befugnisse auszuüben. Für die Stellvertretung des ersten Bürgermeisters gilt Art. 51 Abs. III Satz 2.

V Die kreisunmittelbaren Gemeinden sind verpflichtet, die Kosten der Bezirkspolizei zu tragen und die dazu erforderlichen Einrichtungen zu treffen. Sie erhalten hierzu Zuschüsse, deren Höhe jeweils im Staatshaushalt bestimmt wird.

Art. 55. I Die Staatsregierung ist befugt, die Sicherheitspolizei in den kreisunmittelbaren Städten ganz oder teilweise staatlichen Behörden zu übertragen und deren Zuständigkeit durch Verordnung festzusetzen. Sie kann diese Behörden auch mit der Besorgung sonstiger Polizei- und Bezirksverwaltungsgeschäfte, die zur Handhabung der Sicherheitspolizei unbedingt erforderlich sind, betrauen. Für benachbarte kreisunmittelbare Städte kann eine gemeinschaftliche staatliche Polizeibehörde bestellt werden.

II Die Zuständigkeit der staatlichen Polizeibehörden in kreisunmittelbaren Städten kann auf benachbarte Gemeinden, die der Staatsaufsicht des Bezirksamts unterstehen, ganz oder teilweise erstreckt werden, wenn dies aus Rücksicht auf die öffentliche Sicherheit erforderlich ist.

III Die staatlichen Polizeibehörden und die Gemeindebehörden haben sich in ihrer Tätigkeit gegenseitig zu unterstützen. Im Falle einer Gefährdung oder Störung der öffentlichen Ruhe, Ordnung und Sicherheit haben die Gemeindebehörden zu deren Erhaltung oder Wiederherstellung nach den Weisungen der staatlichen Polizeibehörde mitzuwirken. Zu diesem Zwecke ist der Leiter der staatlichen Polizeibehörde oder sein Beauftragter berechtigt, bei Gefahr im Verzug Anordnungen an die Polizeibeamten der Gemeinde zu richten; diese sind verpflichtet, den Anordnungen Folge zu leisten. Die staatliche Polizeibehörde hat den ersten Bürgermeister von diesen Anordnungen unverzüglich zu verständigen.

IV Die Kosten der staatlichen Polizeibehörden und ihrer Verwaltung treffen den Staat. Das Gesetz über Leistungen der Gemeinden für die staatliche Polizeiverwaltung vom 22. November 1923 (GVBl. Seite 377) bleibt unberührt.

V Die der Polizeidirektion München und der Lokalbaukommission München bisher zugewiesenen besonderen Zuständigkeiten bleiben unberührt, soweit sie nicht durch Verordnung geändert werden.

Bürgermeistereien.

Art. 56. I Gemeinden des gleichen Bezirks können auf ihren Antrag zu einer Bürgermeisterei vereinigt werden. Eine Bürgermeisterei ist auf Antrag aller beteiligten Gemeinden aufzulösen.

II Eine Bürgermeisterei kann auf Antrag einer Gemeinde trotz des Widerspruchs einer oder mehrerer anderer Gemeinden aufgelöst werden oder es kann das Ausscheiden einer oder mehrerer Gemeinden verfügt werden, wenn ein öffentliches Bedürfnis dafür gegeben ist.

III Die Befugnis zur Vereinigung und zur Auflösung einer Bürgermeisterei wie zur Ausscheidung einzelner Gemeinden kommt der Kreisregierung zu. Sie bestimmt den Namen der Bürgermeisterei.

Art. 57. I Sind Gemeinden zu einer Bürgermeisterei vereinigt, so wählt jede Gemeinde ihren Gemeinderat, bestehend aus mindestens einem, höchstens zweit weiteren Bürgermeistern und der von ihr festgesetzten Zahl der Gemeinderatsmitglieder. Wenn die vereinigten Gemeinden mehr als 3000 Einwohner haben, kann durch übereinstimmenden Beschluß der sämtlichen Gemeinderäte die Anstellung eines berufsmäigen Bürgermeisters beschlossen werden. Der gemeinschaftliche erste Bürgermeister wird nach den Vorschriften über die Gemeindewahlen gewählt.

II Mit der Neubildung einer Bürgermeisterei erlischt das Amt der ersten Bürgermeister. Für die Neuwahl gilt Abs. I Satz 3.

Art. 58. I In allen Gemeinden der Bürgermeisterei ist der erste Bürgermeister Vorsitzender des Gemeinderats und übt die ihm gesetzlich zustehenden Befugnisse aus. Er kann in den Gemeinden außerhalb seines Wohnortes die Polizeiverwaltung und die Erledigung einzelner Angelegenheiten den weiteren Bürgermeistern dieser Gemeinden übertragen.

II Bei Abwesenheit oder Verhinderung wird der erste Bürgermeister durch den weiteren Bürgermeister der in Frage kommenden Gemeinde vertreten.

III Die Gemeinderäte können zu gemeinschaftlicher Sitzung vereinigt werden, um den Dienstbezug des ersten Bürgermeisters festzustellen, um über Anstellung und Bezüge von gemeinschaftlichen Beamten und sonstige gemeinsame Verwaltungsaufgaben zu beschließen und um ortspolizeiliche Vorschriften für sämtliche Gemeinden zu erlassen. Für diese Sitzungen gelten die Vorschriften für den Gemeinderat entsprechend. Der gemeinschaftliche Aufwand wird nach einem von den Gemeinden vereinbarten Maßstab auf die Gemeinden umgelegt. Kommt keine Vereinbarung zustande, so entscheidet die Staatsaufsichtsbehörde endgültig.

Staatsaufsicht.

Art. 59. Die Staatsaufsicht wird unter der Leitung des Staatsministeriums des Innern über die kreisunmittelbaren Gemeinden von den Kreisregierungen, über die übrigen Gemeinden von den Bezirksämtern geführt.

Art. 60. I Die Staatsaufsichtsbehörde kann gesetzwidrige Beschlüsse ändern oder aufheben und die Erfüllung der gesetzlichen und übernommenen Verpflichtungen der Gemeinde erzwingen.

II Die Staatsaufsichtsbehörde kann zur Durchführung ihrer Befugnisse Anstalten und Einrichtungen der Gemeinde besichtigen, die Geschäfts- und Kassenführung prüfen sowie Berichte und Akten einfordern.

III Verweigert die Gemeinde innerhalb einer ihr gesetzten Frist die Änderung oder Zurücknahme gesetzwidriger Beschlüsse, so ändert die Staatsaufsichtsbehörde diese Beschlüsse oder hebt sie auf. Bestreitet die Gemeinde innerhalb einer ihr gesetzten Frist die gesetzliche Verpflichtung oder gibt sie innerhalb dieser Frist keine Erklärung ab oder verweigert sie die Erfüllung der unbestrittenen Verpflichtung, so beschließt die Staatsaufsichtsbehörde.

IV Die Staatsaufsichtsbehörde kann in den Fällen des Abs. III vorläufige Anordnungen treffen, insbesondere in dringenden Fällen ihre Beschlüsse vor eingetretener Rechtskraft vollziehen.

V Zur Erfüllung der endgültig festgesetzten Verpflichtungen oder zum Vollzuge der vorläufigen Anordnungen kann die Staatsaufsichtsbehörde an Stelle der Gemeinde den notwendigen Aufwand in den Voranschlag einstellen oder die sonst erforderlichen Verfügungen treffen und rechtserhebliche Erklärungen abgeben.

VI Gegen den Beschluß nach Abs. III ist binnen vier Wochen Beschwerde zum Verwaltungsgerichtshofe zulässig, wenn die Gemeinde behauptet, daß der Beschluß ihr gesetzliches Selbstverwaltungsrecht verletze oder sie mit einer gesetzlich nicht begründeten Leistung belaste. Gegen vorläufige Anordnungen oder gegen Verfügungen zum Vollzuge der Verpflichtungen ist binnen gleicher Frist Beschwerde zur nächsthöheren Staatsaufsichtsbehörde zulässig. Ist diese die Kreisregierung, so entscheidet sie endgültig. Die Beschwerde hat keine aufschiebende Wirkung.

Art. 61. I Die Gemeinden bedürfen der Genehmigung der Staatsaufsichtsbehörde

1. zur Ausleihung und Anlegung von Geldern unter Abweichung von den gegebenen Vorschriften,
2. zur Errichtung von Sparkassen und Banken, ferner zur Errichtung neuer und zum Weiterbetriebe bestehender Zweig- und Annahmestellen in einer anderen Gemeinde,
3. zur Errichtung und zum Betriebe von Erwerbsunternehmungen oder zu erheblicher Beteiligung an solchen sowie zu Einrichtungen, die die Versorgung der Bevölkerung mit Gegenständen des täglichen Bedarfs bezwecken,
4. zur Belastung von Grundstücken mit einer Hypothek, Grundschuld oder Rentenschuld, wenn es sich nicht um Kaufschillingsreste handelt,
5. zur Veräußerung oder wesentlichen Änderung solcher Gebäude und sonstiger unbeweglicher oder beweglicher Gegenstände aus älterer Zeit, deren Erhaltung wegen ihres geschichtlichen, wissenschaftlichen oder Altertumswertes für die Allgemeinheit von Bedeutung ist, zur Veräußerung oder wesentlichen Veränderung von schutzwürdigen Naturgebilden und, soweit es sich nicht um kreisunmittelbare Gemeinden handelt, zu allen Maßnahmen am Gemeindeeigentum, die ein schutzwürdiges Orts- und Landschaftsbild wesentlich verändern,
6. soweit es sich nicht um kreisunmittelbare Gemeinden handelt, zur Ausscheidung, Veräußerung oder Vernichtung von erheblichen Bestandteilen der Registraturen und Archive.

II Die Genehmigung zur Errichtung und zum Weiterbetriebe von Unternehmungen nach Abs. I Ziff. 2 in einer anderen Gemeinde kann nur mit Zustimmung dieser Gemeinde erteilt werden.

III Das Staatsministerium des Innern kann über den Betrieb von Anstalten und Unternehmungen des Abs. I Ziff. 2 Vorschriften erlassen.

IV Der Genehmigung bedürfen nicht: Land- und forstwirtschaftliche Einrichtungen, Wasserleitungen, Straßenbahnen und sonstige Verkehrseinrichtungen, Einrichtungen zur Erzeugung, Verteilung und Verwendung von Gas und Elektrizität, Volksbäder, Volksküchen und sonstige Einrichtungen, die im wesentlichen der Wohltätigkeit dienen, die Einrichtungen zur Straßenreinigung und zur Abfuhr des Unrats und die Schlachthofanlagen. Das gleiche gilt für alle mit einer Einrichtung dieser Art verbundenen, dem gleichen Zwecke dienenden Nebeneinrichtungen. Soweit nach anderen Vorschriften Genehmigung erforderlich ist, bleiben diese Vorschriften unberührt.

Ortschaften.

Art. 62. I Siedlungen mit eigener Ortsflur und eigenem Vermögen (Ortschaften) sind Körperschaften des öffentlichen Rechts mit dem Zweck, ihr Ortschafts- und Stiftungsvermögen zu erhalten und ordnungsgemäß zu verwalten. Sie können Umlagen zu diesem Zwecke nach Maßgabe der Gesetze erheben.

II Wenn Ortschaften vor dem Inkrafttreten des Selbstverwaltungsgesetzes aus ihrem, durch das Selbstverwaltungsgesetz auf die Gemeinde nicht übergegangenen Vermögen die Unterhaltung der Wege, Straßen, Brücken, Fähren und Stege, Gebäude, öffentlichen Uhren und Begräbnisplätze, öffentlichen Brunnen, Wasserleitungen und Abzugsgräben in der Ortschaft nach Herkommen oder aus einem anderen Rechtsgrunde ganz oder teilweise bestritten haben, so kann der Gemeinderat verlangen, daß die Ortschaften nach ihrer Wahl diese Aufgaben auch künftig erfüllen oder die entsprechenden Aufwendungen der Gemeinde ersetzen, soweit die Erträgnisse des Ortschaftsvermögens hierzu ausreichen. Herkommen in diesem Sinne liegt dann vor, wenn die Leistungen ununterbrochen wenigstens dreißig Jahre bis zum Inkrafttreten des Selbstverwaltungsgesetzes von der Ortschaft aus diesem Vermögen aufgebracht worden sind.

III Die Ortschaft kann durch Vertrag mit der Gemeinde ihr Vermögen mit allen Verbindlichkeiten auf die Gemeinde übertragen und verliert damit die Eigenschaft einer Körperschaft des öffentlichen Rechts. Nutzungsrechte werden vom Übergange des Eigentums nicht berührt.

IV Für die Ortschaften gelten, soweit in diesem Artikel nichts anderes bestimmt ist, die für die Gemeinden gegebenen Vorschriften entsprechend. Staatsaufsichtsbehörde ist die Staatsaufsichtsbehörde der Gemeinde. Für die Verwaltung der Ortschaft wird ein Pfleger und ein Ausschuß von höchstens drei weiteren Mitgliedern (Ortsausschuß) gewählt. Die Rechtsstellung des Pflegers entspricht der des Bürgermeisters, die Rechtsstellung des Ortsausschusses der des Gemeinderats, die Rechtsstellung der Mitglieder des Ortsausschusses der Rechtsstellung der Gemeinderatsmitglieder. Für die Verwaltung des Ortschaftsvermögens kann ein besonderer Verwalter aufgestellt werden. Sind nicht wenigstens drei wählbare Ortseinwohner vorhanden, so hat die Staatsaufsichtsbehörde einen Ortsverwalter zu bestimmen. Das gleiche gilt für die Zeit, in der eine gültige Wahl nicht zustande gekommen ist.

V Wird eine Gemeinde mit einer anderen Gemeinde vereinigt, so kann das Staatsministerium des Innern bei der Verfügung nach Art. 5 bestimmen, daß die Gemeinden oder eine von ihnen Ortschaften im Sinne dieses Artikels werden.

Gemeindewahlen.

Art. 63. I Wahlberechtigt bei Gemeindewahlen sind alle reichsdeutschen Männer und Frauen, die am Tage der Wahl

1. das zwanzigste Lebensjahr vollendet haben,
2. sich seit wenigstens zwölf Monaten in der Gemeinde aufhalten.

II Vom Wahlrecht ist ausgeschlossen,

1. wer entmündigt ist oder unter vorläufiger Vormundschaft oder wegen geistiger Gebrechen unter Pflegschaft steht,
2. wer rechtskräftig durch Richterspruch die bürgerlichen Ehrenrechte verloren hat.

III Die Ausübung des Wahlrechts ruht für die Soldaten während der Dauer der Zugehörigkeit zur Wehrmacht.

IV Behindert in der Ausübung ihres Wahlrechts sind Personen, die wegen Geisteskrankheit oder Geistesschwäche in einer Heil- oder Pflegeanstalt untergebracht sind, ferner Straf- und Untersuchungsgefangene sowie Personen, die infolge gerichtlicher oder polizeilicher Anordnung in Verwahrung gehalten werden. Personen, die sich aus politischen Gründen in Schutzhaft befinden, werden hiervon nicht berührt.

Art. 64. I Wählbar zu Gemeindeämtern sind die nach Art. 63 wahlberechtigten Personen, wenn sie das fünfundzwanzigste Lebensjahr zurückgelegt und nicht durch Richterspruch die Fähigkeit zur Bekleidung öffentlicher Ämter verloren haben.

II Für berufsmäßige Mitglieder des Gemeinderats entfällt die Voraussetzung des Art. 63 Abs. I Ziff. 2.

Art. 65. I Die Mitglieder des Gemeinderats werden folgendermaßen gewählt:

1. Die Bürgermeister.

Der erste Bürgermeister wird in Gemeinden bis zu 3000 Einwohnern von sämtlichen Wahlberechtigten, im übrigen von den stimmberechtigten Mitgliedern des Gemeinderats, in beiden Fällen mit mehr als der Hälfte der abgegebenen gültigen Stimmen gewählt. Die weiteren Bürgermeister werden durch den Gemeinderat gewählt, und zwar, wenn gleichzeitig mehrere ehrenamtliche weitere Bürgermeister zu wählen sind, nach den in Art. 66 aufgestellten Grundsätzen, sonst mit mehr als der Hälfte der abgegebenen gültigen Stimmen.

Die stimmberechtigten Mitglieder des neugewählten Gemeinderats bestimmen die Zahl der von ihnen zu wählenden Bürgermeister, in Gemeinden mit mehr als 3000 Einwohnern auch die Art der zu wählenden Bürgermeister.

Erhält bei der Wahl des ersten Bürgermeisters durch sämtliche Wahlberechtigte kein Bewerber mehr als die Hälfte der abgegebenen gültigen Stimmen, so treffen die stimmberechtigten Mitglieder des Gemeinderats mit mehr als der Hälfte der abgegebenen gültigen Stimmen die Auswahl unter den drei Bewerbern mit den höchsten Stimmenzahlen. Erhält auch hierbei kein Bewerber mehr als die Hälfte der abgegebenen gültigen Stimmen, so tritt Stichwahl unter den beiden Bewerbern ein, die bei dieser Auswahl die höchsten Stimmenzahlen erreicht haben. Bei Stimmengleichheit entscheidet das Los darüber, wer in die engere Wahl oder Stichwahl zu bringen ist. Ergibt auch die Stichwahl Stimmengleichheit, so entscheidet das Los.

Erhält in den übrigen Fällen, in denen die Wahl mit mehr als der Hälfte der abgegebenen gültigen Stimmen nach Unterabsatz 1 vorgeschrieben ist, kein Bewerber diese Stimmenzahl, so tritt Stichwahl nach Maßgabe des Unterabsatzes 3 ein.

2. Die berufsmäßigen Gemeinderatsmitglieder wählt der Gemeinderat mit mehr als der Hälfte der abgegebenen gültigen Stimmen. Wird diese Stimmenzahl nicht erreicht, so tritt Stichwahl nach Ziff. 1 Unterabsatz 3 ein.

3. Die übrigen Gemeinderatsmitglieder werden von sämtlichen Wahlberechtigten nach Maßgabe des Art. 66 gewählt.

II Diese Wahlen sind gültig ohne Rücksicht auf die Zahl der anwesenden und abstimmenden Mitglieder des Gemeinderats.

Art. 66. Die ehrenamtlichen Gemeinderatsmitglieder werden nach folgenden Grundsätzen gewählt:

1. Jede Gemeinde bildet einen Wahlkreis.
2. Für die Wahl hat die Gemeinde Wählerlisten oder Wahlkarteien aufzustellen und vom 21. bis 14. Tage vor der Wahl öffentlich aufzulegen. Einsprüche sind in der gleichen Frist einzulegen. Wahlberechtigt ist nur, wer in die Wählerliste oder in die Wahlkartei eingetragen ist oder einen Wahlschein vorlegt.
3. Einen Wahlschein erhält ein Wahlberechtigter, der nachweist
   a) daß er die Einspruchsfrist ohne sein Verschulden versäumt hat oder
   b) daß er nach Ablauf der Einspruchsfrist die Wohnung in einen anderen Stimmbezirk der Gemeinde verlegt hat oder
   c) daß er am Wahltage während der Wahlzeit aus zwingenden Gründen außerhalb seines Stimmbezirks sich aufhält oder
   d) daß er infolge eines körperlichen Leidens oder Gebrechens in seiner Bewegungsfreiheit behindert ist und durch den Wahlschein die Möglichkeit erhält, einen für ihn günstiger gelegenen Wahlraum aufzusuchen.

   Mit diesem Wahlscheine muß der Wahlberechtigte in jedem Stimmbezirke der gleichen Gemeinde zur Wahl zugelassen werden.
4. Die Wahl geschieht, von den in Ziff. 5 bezeichneten Fällen abgesehen, als Verhältniswahl auf Grund von Wahlvorschlägen. Diese sind spätestens am 17. Tage vor dem Wahltag abends acht Uhr einzureichen. Von da an bis zum 14. Tage vor dem Wahltag abends 8 Uhr ist sodann, wenn wenigstens ein Wahlvorschlag vorliegt, noch die Einreichung weiterer Wahlvorschläge, nicht aber die Zurückziehung der bereits vorliegenden Wahlvorschläge zulässig.

   Ein Wahlvorschlag darf in Gemeinden bis zu 10 000 Einwohnern höchstens eineinhalbmal, sonst eineinviertelmal so viel Bewerber enthalten, als Vertreter zu wählen sind.

   Die Verbindung von Wahlvorschlägen ist zulässig.

5. Wird nur ein einziger gültiger Wahlvorschlag oder überhaupt kein gültiger Wahlvorschlag eingereicht, so findet Mehrheitswahl ohne Bindung an die vorgeschlagenen Bewerber und ohne das Recht der Stimmenhäufung auf einen Bewerber statt. Die Stimmzettel können doppelt so viele Namen enthalten, als Vertreter zu wählen sind. Gewählt sind die Bewerber in der Reihenfolge der Stimmenzahlen. Die gleiche Reihenfolge gilt für die Ersatzleute. Bei Stimmengleichheit entscheidet das Los. Liegt ein gültiger Wahlvorschlag mit der höchstzulässigen Bewerberzahl vor, so ist die Reihenfolge der Bewerber in diesem maßgebend, wenn mehr als die Hälfte aller Stimmzettel für den unveränderten Wahlvorschlag abgegeben worden sind. In einem solchen Wahlvorschlage kann die Bewerberzahl bis zur Beschlußfassung über den Wahlvorschlag auf das Doppelte der zu wählenden Vertreterzahl vermehrt werden. Bei einem gemeinsamen Wahlvorschlage mehrerer Gruppen gilt Ziff. 11 Unterabsatz 2 entsprechend.
6. Die Wahl dauert von neun Uhr vormittags bis sechs Uhr nachmittags. Sie kann schon vorher geschlossen werden, wenn sämtliche in der Wählerliste eingetragenen Personen ihre Stimmen abgegeben haben. Ist die Wahldauer von neun bis sechs Uhr zu lange, so kann der Gemeindewahlausschuß durch einstimmigen Beschluß die Wahldauer bis auf fünf Stunden abkürzen und den Beginn der Wahl auf zehn Uhr festsetzen.
7. In den Gemeinden mit mehr als 20 000 Einwohnern sind die Wähler an die Wahlvorschläge gebunden. Die Stimmzettel müssen das Kennwort des Wahlvorschlags enthalten. Sie sollen außerdem auch die Namen der drei ersten Bewerber enthalten.

   In den übrigen Gemeinden können die Wähler, abgesehen von den Fällen der Ziff. 5, nur Bewerbern ihre Stimme geben, die in einem von dem Wahlleiter öffentlich bekanntgegebenen Wahlvorschlag aufgenommen sind, und zwar einem Bewerber höchstens drei Stimmen. Die Stimmzettel müssen das Kennwort des Wahlvorschlags enthalten und dürfen höchstens so viele Namen enthalten, als nach Ziff. 4 in die Wahlvorschläge aufgenommen werden dürfen. Sie dürfen nicht Namen aus verschiedenen Wahlvorschlägen enthalten.
8. Die Sitze werden auf die Wahlvorschläge nach dem Verhältnisse der Zahlen der Stimmzettel verteilt, die für die einzelnen und verbundenen Wahlvorschläge abgegeben wurden. Bei gleichem Anspruche mehrerer Wahlvorschläge auf einen Sitz fällt dieser dem Wahlvorschlage zu, dessen in Betracht kommender Bewerber die größte Stimmenzahl aufweist; sonst entscheidet das Los.
9. Die nach Ziff. 8 einem Wahlvorschlage zugefallenen Sitze werden folgendermaßen verteilt:

   In den Gemeinden mit mehr als 20 000 Einwohnern ist die Reihenfolge der Bewerber im Wahlvorschlage maßgebend.

   In den übrigen Gemeinden ist, wenn mehr als die Hälfte aller für einen Wahlvorschlag abgegebenen Stimmzettel für den unveränderten Wahlvorschlag abgegeben worden sind, die Reihenfolge der Bewerber im Wahlvorschlage maßgebend. Andernfalls werden die den einzelnen Wahlvorschlägen zugefallenen Sitze den darin enthaltenen Bewerbern nach der Stimmenzahl zugewiesen, die jeder von ihnen erhalten hat. Haben mehrere Bewerber die gleiche Stimmenzahl erhalten, so entscheidet die Reihenfolge der Benennung im Wahlvorschlag.
10. Fallen einem Wahlvorschlag mehr Sitze zu, als er Bewerber enthält, so bleiben die überschüssigen Sitze unbesetzt.
11. Die nichtgewählten Bewerber sind in der Reihenfolge nach Ziff. 9 die Ersatzleute der Gewählten. Sie rücken in den Gemeinderat ein, wenn ein Vertreter abgelehnt hat oder aus dem Amt ausscheidet.

    Bei gemeinsamen Wahlvorschlägen mehrerer Gruppen können die

Bewerber der einzelnen Gruppen bis zur Entscheidung über die Zulassung der Wahlvorschläge im voraus als zusammengehörig bezeichnet werden (Untervorschlag). Beim Wegfall eines Bewerbers rücken nur die Ersatzleute aus dem gleichen Untervorschlag in der Reihenfolge der Ziff. 9 in den Gemeinderat ein.

Art. 67. I Die Wahlzeit beträgt fünf Jahre. Den Tag der regelmäßigen Gemeindewahlen bestimmt das Staatsministerium des Innern.

II Bei den regelmäßigen Gemeindewahlen haben die austretenden ehrenamtlichen Bürgermeister und Gemeinderatsmitglieder ihr Amt weiterzuführen, bis die Neugewählten ihr Amt übernommen haben.

Art. 68. Die Bestechung und Nötigung der Abstimmenden hat die Ungültigkeit der Stimmen der dabei Beteiligten und den Verlust ihrer Wählbarkeit bei der betreffenden Wahl zur Folge.

Art. 69. I Die Kosten der Wahl treffen die Gemeinde.

II Bei der Wahl mit gebundenen Listen kann der Gemeinderat den amtlichen Stimmzettel auf Kosten der Gemeinde einführen.

III Die zum Vollzuge der Wahlen vorgesehenen Ämter sind Ehrenämter, für die keine Vergütung beansprucht werden kann.

IV Alle Wahlverhandlungen mit Ausnahme der Wahlanfechtungen nach Art. 74 sind gebührenfrei.

Art. 70. Soweit Bürgermeistereien nur Gemeinden umfassen, in denen die ersten Bürgermeister von allen Wahlberechtigten zu wählen sind, haben die sämtlichen Wahlberechtigten der beteiligten Gemeinden die Wahl des ehrenamtlichen ersten Bürgermeisters vorzunehmen. In den übrigen Fällen wird die Wahl des ersten Bürgermeisters von den vereinigten Gemeinderäten in gemeinschaftlicher Sitzung vorgenommen.

Art. 71. I Erledigen sich im Laufe der Wahlzeit Gemeindeämter, für die Ersatzleute nicht gewählt oder nicht mehr vorhanden sind, so ist eine Ergänzungswahl vorzunehmen, wenn der Gemeinderat oder die Staatsaufsichtsbehörde es für erforderlich erklärt. Den Tag bestimmt die Staatsaufsichtsbehörde.

II Der Gewählte tritt, vorbehaltlich des Art. 97, nur für die Zeit ein, für die die zu ersetzende Person noch gewählt war.

Art. 72. Wird eine Gemeindewahl gleichzeitig mit einer vom Reiche oder mit einer auf Grund des Landeswahlgesetzes ausgeschriebenen Abstimmung vorgenommen, so sind auch für die Gemeindewahl hinsichtlich der Behandlung der Wählerlisten und Wahlkarteien, der Ausstellung der Wahlscheine und der Dauer der Wahlhandlung die hierfür geltenden Bestimmungen des Reiches und des Landeswahlgesetzes anzuwenden.

Art. 73. I Personen, die zu Gemeindeämtern gewählt werden, können die Wahl ablehnen,

1. wenn sie das sechzigste Lebensjahr zurückgelegt haben,
2. wenn sie eine Beschäftigung haben, die eine häufig oder lang andauernde Abwesenheit von der Gemeinde mit sich bringt,
3. wenn sie durch ihre Gesundheitsverhältnisse an der Erfüllung der ihnen durch die Wahl obliegenden Verpflichtungen dauernd gehindert sind,
4. wenn sie das Amt eines Bürgermeisters oder Gemeinderatsmitglieds während voller fünf Jahre bekleidet haben,
5. wenn sie im Dienste des Reiches, Staates oder von Körperschaften und Anstalten des öffentlichen Rechtes angestellt sind,
6. weibliche Personen außerdem, wenn sie durch die Wahrnehmung des Gemeindeamtes ihren Pflichten in der Familie übermäßig entzogen würden.

II Die Ablehnung ist binnen einer Woche nach der Aufforderung zur Erklärung über die Annahme der Wahl unter Angabe des Grundes zu erklären. Die Entscheidung über die Zulässigkeit der Ablehnung trifft der Gemeindewahlausschuß. Hiergegen ist binnen einer Woche Beschwerde an die Staatsaufsichtsbehörde zulässig. Diese entscheidet endgültig unter Ausschluß des Verwaltungsrechtsweges.

III Wer die Übernahme eines Gemeindeamtes verweigert, ohne einen Ablehnungsgrund geltend zu machen, oder, nachdem die Ablehnung als unzulässig erklärt worden ist, wird mit Geldstrafe von 50 bis 250 .
Aburteilung sind die Gerichte zuständig. Die Geldstrafe fließt in die Gemeindekasse.

IV In Gemeinden bis zu 2000 Einwohnern dürfen Ehegatten, Eltern und Kinder, ferner Geschwister nicht gleichzeitig Mitglieder des Gemeinderates sein. In einem solchen Fall ist die Wahl in einem späteren Wahlgang ungültig. Bei gleichzeitiger Wahl schließen die Bürgermeister einander nach der Reihenfolge aus; der Bürgermeister schließt die Gemeinderatsmitglieder aus; die Gemeinderatsmitglieder schließen einander aus

1. bei Mehrheitswahl nach der Stimmenzahl oder, wenn die Reihenfolge in einem Wahlvorschlage maßgebend ist, nach dieser,
2. bei Verhältniswahl innerhalb des gleichen Wahlvorschlags, soweit die Reihenfolge im Wahlvorschlage maßgebend ist, nach dieser, sonst nach der Zahl der erhaltenen Stimmen, auf verschiedenen Wahlvorschlägen, wenn bei sämtlichen beteiligten Wahlvorschlägen die Stimmenzahl maßgebend ist, nach dieser, sonst nach dem Lebensalter.

Wo die Stimmenzahl maßgebend ist, entscheidet bei Stimmengleichheit, wenn Bewerber eines Wahlvorschlags in Frage kommen, die Reihenfolge in diesem, sonst das Lebensalter, nötigenfalls das Los. Die Entscheidung trifft der Gemeindewahlausschuß. Hiergegen ist binnen einer Woche Beschwerde an die Staatsaufsichtsbehörde zulässig. Diese entscheidet endgültig unter Ausschluß des Verwaltungsrechtsweges.

Art. 74. I Die Staatsaufsichtsbehörde hat die Wahlverhandlungen zu prüfen und das von den Wahlausschüssen festgestellte Ergebnis zu berichtigen, wenn es mit den für die Wahlvorschläge und die einzelnen Bewerber festgestellten Stimmenzahlen nicht im Einklange steht.

II Die Staatsaufsichtsbehörde hat die Nichtigkeit einer Wahl festzustellen und eine Neuwahl anzuordnen, wenn statt Verhältniswahl zu Unrecht Mehrheitswahl oder statt dieser zu Unrecht Verhältniswahl stattgefunden hat.

III Die Staatsaufsichtsbehörde hat die Nichtigkeit der Wahl einer Einzelperson festzustellen,

1. wenn eine nichtwählbare Person gewählt ist,
2. wenn bei der Wahl eines Bürgermeisters oder bei der nach den Grundsätzen der Mehrheitswahl durchgeführten Wahl eines einzelnen Gemeinderatsmitglieds die Mehrheit der abgegebenen Stimmen für ungültig erklärt wurde,
3. wenn bei der Wahl oder Auswahl eines Bürgermeisters durch die Abstimmung von Mitgliedern des Gemeinderats, deren Wahl als nichtig festgestellt oder auf Grund einer Wahlanfechtung für ungültig erklärt wurde, eine Verdunkelung des Wahlergebnisses eingetreten sein kann.

IV Jeder Wahlberechtigte kann die Wahl anfechten

1. wegen Verletzung der Vorschriften über Förmlichkeiten des Wahlverfahrens,
2. wegen vorschriftswidriger sachlicher Bescheide des Gemeindewahlleiters oder der Wahlausschüsse,
3. wegen Ungültigkeit einzelner Stimmen gemäß Art. 68,

wenn und soweit das Wahlergebnis hierdurch verdunkelt worden sein kann. Die Wahlanfechtung ist innerhalb drei Wochen nach dem Tage der Wahl bei der Staatsaufsichtsbehörde anzubringen und zu begründen. Diese entscheidet hierüber.

V In den Fällen des Abs. III und IV ist das Ergebnis richtigzustellen, soweit Ersatzleute vorhanden sind. Eine Nachwahl findet nur unter den in Art. 71 angegebenen Voraussetzungen statt.

VI Die Berichtigung des Wahlergebnisses, die Feststellung der Nichtigkeit einer Wahl und die Entscheidung über eine Wahlanfechtung erfolgt im verwaltungsgerichtlichen Verfahren. Über die Berichtigung des Wahlergebnisses entscheidet die Kreisregierung endgültig, im übrigen im zweiten und letzten Rechtszuge der Verwaltungsgerichtshof.

VII Eine Nachwahl ist erst nach Eintritt der Rechtskraft des verwaltungsgerichtlichen Beschlusses anzuordnen.

Art. 75. I Das Verfahren bei der Wahl regelt das Staatsministerium des Innern durch eine Wahlordnung. Es kann hierbei hinsichtlich der gleichzeitig vorzunehmenden Wahl weiterer ehrenamtlicher Bürgermeister von den Vorschriften in Art. 66, Ziff. 2, 4, 6 und 10 abweichen. Wenn Mehrheitswahlen nach Art. 66 Ziff. 5 stattfinden hat, werden hierbei keine Ersatzleute gewählt.

II Das Staatsministerium des Innern regelt auch die Wahl der Ortschaftsvertretungen.

Art. 76. I Die Kreisregierung kann binnen vier Wochen nach Verkündung des Wahlergebnisses gegen die Wahl eines Bürgermeisters Verwahrung einlegen.

II Die Verwahrung ist nur statthaft, wenn Tatsachen vorliegen, die die Dienstentlassung begründen würden, falls sie nach Erlangung des Amtes eingetreten wären. Dem Gewählten ist die Verwahrung zu eröffnen. Legt er binnen vierzehn Tagen Widerspruch ein, so entscheidet der Disziplinarhof im disziplinargerichtlichen Verfahren, ob die Voraussetzungen des Satzes 1 vorliegen. Gibt der Disziplinarhof der Verwahrung statt, so wird die Wahl insoweit ungültig. Das gleiche gilt, wenn der Gewählte binnen der gesetzten Frist gegen die Verwahrung Widerspruch nicht erhebt.

III Die Kreisregierung kann vor Ablauf der Frist nach Abs. I auf die Verwahrung verzichten.

Art. 77. I Die ersten Bürgermeister werden durch die Staatsaufsichtsbehörde, die weiteren Mitglieder des Gemeinderats durch den ersten Bürgermeister auf die gewissenhafte Erfüllung ihrer Obliegenheiten durch Handschlag verpflichtet.

II Hat die Kreisregierung Verwahrung nach Art. 76 eingelegt, so unterbleibt die Verpflichtung bis zur Entscheidung des Disziplinarhofes.

Gemeindebeamte.

Art. 78. Gemeindebeamte im Sinne dieses Gesetzes sind die berufsmäßigen Mitglieder der Gemeinderäte und die Personen im Dienste der Gemeinde, die die Eigenschaft des Gemeindebeamten kraft Gesetzes oder durch Erklärung der Gemeinde besitzen.

Art. 79. I Die Gemeinden sollen die nicht nur vorübergehend oder aushilfsweise berufsmäßig bei ihnen vollbeschäftigten Personen, die bei gleichen Dienstobliegenheiten im Staatsdienste Beamte wären, in der Regel als Beamte in Dienst nehmen.

II Die Gemeinden sind außer den Fällen der Art. 15 und 49 Abs. III verpflichtet, wenigstens die Personen als Gemeindebeamte in Dienst zu nehmen, die mit der Handhabung der Sicherheitspolizei, ausschließlich des Feld- und Waldschutzes, nicht nur vorübergehend oder aushilfsweise befaßt sind. Das gleiche gilt für solche Personen, die hauptamtlich und berufsmäßig mit der Führung von Kassen, ausschließlich der Sparkassen, betraut sind.

Art. 80. Die Gemeindebeamten haben alle Obliegenheiten ihres Amtes den Gesetzen, Verordnungen und Dienstvorschriften entsprechend gewissenhaft wahrzunehmen und sich durch ihr Verhalten in und außer dem Amte der Achtung, die das Amt erfordert, würdig zu erweisen.

Art. 81. Die Gemeindebeamten haben über Angelegenheiten, die ihnen vermöge ihres Amts bekannt geworden sind und deren Geheimhaltung ihrer Natur nach erforderlich oder angeordnet ist, Verschwiegenheit zu beobachten. Diese Pflicht besteht auch nach Lösung des Dienstverhältnisses fort.

Art. 82. I Hat ein Gemeindebeamter durch vorsätzliche oder fahrlässige

Verletzung seiner Amtspflicht der Gemeinde einen Schaden zugefügt, so entscheidet auf Antrag der Gemeinde oder von Amts wegen die Staatsaufsichtsbehörde, ob er der Gemeinde für den Schaden haftbar ist und in welcher Höhe er Ersatz zu leisten hat. Gegen den Beschluß der Staatsaufsichtsbehörde steht den Beteiligten binnen vierzehn Tagen Beschwerde an die nächsthöhere Staatsaufsichtsbehörde zu; diese entscheidet endgültig.

II Der Beschluß wird mit Ablauf der Beschwerdefrist oder mit der Zustellung der Entscheidung des zweiten Rechtszug vollstreckbar. Er kann schon vorher für vorläufig vollstreckbar erklärt werden, wenn zu befürchten ist, daß der Gemeindebeamte sein Vermögen der Verwendung zum Ersatze des Schadens entziehen wird oder wenn sonst die Aussetzung der Vollstreckung einen schwer zu ersetzenden Nachteil mit sich bringen würde. Dem Gemeindebeamten ist zu gestatten, durch Sicherheitsleistung oder durch Hinterlegung die vorläufige Vollstreckung abzuwenden.

Art. 83. I Gegen den vollstreckbaren Beschluß nach Art. 82 steht dem Gemeindebeamten und der Gemeinde sowohl hinsichtlich der Ersatzverbindlichkeit als auch hinsichtlich des Ersatzbetrages der Rechtsweg vor den ordentlichen Gerichten offen.

II Das Klagerecht erlischt binnen einer Ausschlußfrist von einem Jahr. Die Ausschlußfrist beginnt an dem Tage, an dem der Beschluß vollstreckbar geworden ist. Für sie gelten die §§ 203, 206, 207 des Bürgerlichen Gesetzbuchs entsprechend.

Art. 84. Die Gemeindebeamten werden durch den ersten Bürgermeister auf die gewissenhafte Erfüllung ihrer Obliegenheiten durch Handschlag verpflichtet.

Art. 85 I Die Gemeinden dürfen für ihre Beamten und Angestellten solche Amtsbezeichnungen nicht verwenden, gegen deren Verwendung das zuständige Staatsministerium mit Rücksicht auf die vom Staate verwendeten Bezeichnungen allgemein oder im einzelnen Fall Einspruch erhebt.

II Das Staatsministerium des Innern kann die Dienstkleidung und Dienstabzeichen der Beamten der Sicherheitspolizei und ihrer Hilfskräfte regeln.

Art. 86. I Die Anstellungs- und Dienstverhältnisse der Gemeindebeamten und Beamtenanwärter können nach Maßgabe der Gesetze durch eine Satzung geregelt werden.

II Die Gemeindebeamten sind der Gemeinde gegenüber zur Übernahme von Nebenämtern oder Nebengeschäften im öffentlichen Dienst auch ohne besondere Vergütung verpflichtet, wenn sie ihrer Berufsbildung entsprechen.

Art. 87. I Der Gemeindebeamte erhält über seine Anstellung eine Urkunde, die seine Eigenschaft als Gemeindebeamter und den Zeitpunkt, von dem an die Anstellung wirksam wird, ersehen läßt. Bei vollbeschäftigten Gemeindebeamten ist in der Urkunde auch anzugeben, daß die Anstellung in dieser Eigenschaften erfolgt. Diese Bestimmungen gelten auch für die Wiederanstellung und Beförderung.

II Zum vollbeschäftigten Gemeindebeamten kann nur ernannt werden, wer das einundzwanzigste Lebensjahr vollendet hat.

Art. 88. I Das Dienstverhältnis der Gemeindebeamten ist widerruflich vorbehaltlich der besonderen Bestimmungen für die berufsmäßigen Bürgermeister und Gemeinderatsmitglieder.

II Das Dienstverhältnis der widerruflichen Gemeindebeamten kann durch Beschluß jederzeit gelöst werden; sofern nicht eine grobe Pflichtverletzung vorliegt, ist eine Kündigungsfrist von drei Monaten einzuhalten. Die Lösung des Dienstverhältnisses hat den Verlust des Diensteinkommens, der Amtsbezeichnung und der Dienstabzeichen sowie der Aussicht auf Gewährung eines Ruhegehalts und auf Hinterbliebenenversorgung zur Folge.

III Hat ein widerruflicher Gemeindebeamter drei Dienstjahre als vollbeschäftigter Beamter der Dienstgemeinde zurückgelegt, so darf das Dienstverhältnis nur gelöst werden, wenn ein wichtiger Grund vorliegt. Liegt der Grund nicht in der Person des Gemeindebeamten, so wird diesem eine angemessene Abfindung gewährt. Beschwerde (Art. 100) ist zulässig. Darüber, ob der wichtige Grund zur Lösung des Dienstverhältnisses in der Person des Gemeindebeamten liegt, sowie über die Höhe der Abfindung nach Satz 2 entscheiden im Streitfalle die ordentlichen Gerichte.

IV Hat ein widerruflicher Gemeindebeamter zehn Dienstjahre als vollbeschäftigter Beamter der Dienstgemeinde zurückgelegt, so scheidet Dienstunfähigkeit als wichtiger Grund für die Lösung des Dienstverhältnisses aus.

V Der Gemeinderat kann einzelnen vollbeschäftigten Gemeindebeamten die Unwiderruflichkeit gewähren. Gegenüber unwiderruflichen Gemeindebeamten kann nur im Wege des Disziplinarverfahrens eine Schmälerung des Grundgehalts oder die Entlassung aus dem Dienst ausgesprochen werden.

Art. 89. I Der Gemeindebeamte hat für die Dauer des Dienstverhältnisses Anspruch auf Besoldung. Wenn er zehn Dienstjahre als vollbeschäftigter Beamter der Dienstgemeinde zurückgelegt oder wenn er die Unwiderruflichkeit erlangt hat, hat er

1. Anspruch auf Ruhegehalt nach Versetzung in den Ruhestand,
2. Anspruch auf Versorgung seiner Hinterbliebenen.

II Der Gemeindebeamte kann um Versetzung in den Ruhestand nachsuchen und ohne Ansuchen in den Ruhestand versetzt werden, wenn er das fünfundsechzigste Lebensjahr vollendet hat oder dienstunfähig geworden ist. Wird die Versetzung in den Ruhestand ohne Ansuchen des Gemeindebeamten verfügt, oder wird sie verweigert, so ist Beschwerde zulässig (Art. 100). Art. 64 des Beamtengesetzes gilt entsprechend.

III Besoldung, Ruhegehalt und Hinterbliebenenversorgung sowie die Regelung sonstiger Dienstbezüge einschließlich der Entschädigung für Dienstwohnungen und Dienstgrundstücke müssen angemessen sein. Dies ist dann der Fall, wenn die Bezüge unter Berücksichtigung der besonderen Verhältnisse der Stelle und der Gemeinde den Bezügen angeglichen sind, welche die Inhaber gleich zu bewertender Stellen im Staatsdienst erhalten.

IV Bei nichtvollbeschäftigten Beamten ist der ihrer Beschäftigung entsprechende Teil der Besoldung nach Abs. III angemessen.

Art. 90. I Die beteiligten Gemeindebeamten und ihre Hinterbliebenen können eine Neuregelung der Bezüge nach Art. 89 Abs. III beantragen. Wird die Forderung ganz oder zum Teil abgelehnt, so entscheidet das Kreisschiedsgericht. Gegen die Entscheidung des Kreisschiedsgerichts ist binnen vier Wochen die Beschwerde zum Landesschiedsgerichte zulässig. Das Beschwerderecht steht den beteiligten Gemeindebeamten, ihren Hinterbliebenen und der Gemeinde zu.

II Das Kreisschiedsgericht entscheidet in der Besetzung mit drei Mitgliedern. Der Vorsitzende muß die Befähigung zum Richteramte besitzen, und darf nicht Gemeindebeamter oder Vertreter von Gemeindebeamten sein; je ein Beisitzer wird den Mitgliedern der Gemeinderäte und Bezirkstage einerseits und den Beamten der Gemeinden und Bezirke anderseits entnommen. Das Landesschiedsgericht entscheidet in der Besetzung mit fünf Mitgliedern. Vorsitzender des Landesschiedsgerichts ist der Präsident des Verwaltungsgerichtshofs oder ein von ihm bestelltes Mitglied dieses Gerichtshofs; zwei ständige Beisitzer und ihre Stellvertreter werden von dem Präsidenten des Verwaltungsgerichtshofs aus der Zahl der Mitglieder dieses Gerichtshofs ernannt; je ein weiterer Beisitzer wird den Mitgliedern der Gemeinderäte und Bezirkstage einerseits und den Beamten der Gemeinden und Bezirke anderseits entnommen. Das Nähere über Bildung, Zuständigkeit, Verfahren und Kosten der Schiedsgerichte wird durch eine vom Staatsministerium des Innern nach Anhörung der Verbände der Gemeinden und Bezirke und der Gemeindebeamtenkammer zu erlassende Schiedsgerichtsordnung bestimmt.

Art. 91. I Gemeindebeamte können jederzeit ohne Angabe eines Grundes um Entlassung aus dem Dienste nachsuchen. Der Gemeindebeamte verliert mit dem Dienstaustritt den Anspruch auf Diensteinkommen, Ruhegehalt und Hinterbliebenenversorgung, Amtsbezeichnung und Dienstabzeichen.

II Die Gemeinde kann einen unwiderruflichen Gemeindebeamten unter Bewilligung des gesetzlichen Wartegeldes einstweilen in den Ruhestand versetzen, wenn infolge einer Änderung in der Gemeindeverwaltung für die Verwendung des Beamten keine Gelegenheit mehr gegeben ist oder wenn ohne sein Verschulden Umstände vorliegen, durch die seine amtliche Wirksamkeit nicht bloß vorübergehend gestört wäre. In diesem Falle gelten für das Wartegeld die Vorschriften der Art. 39 bis 46 des Beamtengesetzes entsprechend.

III Abs. II gilt nicht für die berufsmäßigen Mitglieder des Gemeinderats, es sei denn, daß ihnen die Unwiderruflichkeit gewährt ist.

Art. 92. I Soweit die vollbeschäftigten Gemeindebeamten der reichsgesetzlichen Krankenversicherung unterliegen, steht ihnen im Falle der Krankheit auf die Dauer der Regelleistung der Krankenkassen ein Barbezug im anderthalbfachen Betrag des Krankengeldes zu. Auf diesen Bezug wird der Betrag angerechnet, der dem Gemeindebeamten für die gleiche Zeit aus Besoldung, Ruhegehalt oder Unterhaltsbeitrag zukommt. Ist ein vollbeschäftigter Gemeindebeamter versicherungsberechtigt, so kann er von der Gemeinde angehalten werden, der Versicherung freiwillig beizutreten; die Gemeinde muß jedoch die vollen Beiträge zur Krankenkasse bestreiten. Die Barleistungen der Krankenkasse werden dem Gemeindebeamten auf die Bezüge angerechnet, die ihm für die gleiche Zeit gegen die Gemeinde zustehen.

II Ist ein nichtvollbeschäftigter Gemeindebeamter krankenversicherungsberechtigt und macht er von diesem Rechte Gebrauch, so hat ihm die Gemeinde ein Drittel der Beiträge zu erstatten.

III Ist ein nichtvollbeschäftigter Gemeindebeamter berechtigt, an der reichsgesetzlichen Invaliden- oder Angestelltenversicherung teilzunehmen, und macht er von diesem Rechte Gebrauch, so hat ihm die Gemeinde die Hälfte des Beitragssatzes der untersten Klasse zu erstatten.

IV Die Vorschriften der beiden letzten Absätze gelten nicht für Gemeindebeamte, die zugleich etatmäßige Staatsbeamte oder vollbeschäftigte Beamte einer anderen Gemeinde sind.

Art. 93. Die Gemeindebeamten haben Anspruch auf Unfallfürsorge in entsprechender Anwendung der Art. 89 bis 101 des Beamtengesetzes.

Art. 94. I Die vollbeschäftigten Gemeindebeamten haben Anspruch auf Urlaub, wenn nicht außergewöhnliche dienstliche Verhältnisse entgegenstehen. Für die Dauer des Urlaubs sowie für die Sonntagsruhe gelten die für die Staatsbeamten gegebenen Vorschriften entsprechend.

II Tritt der erste Bürgermeister einen Urlaub von mehr als einer Woche an, so hat er dies der Staatsaufsichtsbehörde anzuzeigen.

Art. 95. Die Gemeinden sollen bei Anstellung von Gemeindebeamten bei gleicher Eignung der Bewerber dem den Vorzug geben, der erheblich kriegsbeschädigt ist oder mehr als zwei Jahre Kriegsdienst in der vorderen Linie geleistet hat.

Art. 96. Für die Gemeindebeamten, die nach den §§ 6, 7, 8, 44 Abs. 2d der Anstellungsgrundsätze (Grundsätze für die Anstellung der Inhaber eines Versorgungsscheins) angestellt sind oder werden, sind die für Staatsbeamte geltenden Bestimmungen über Anrechnung der bei der deutschen Wehrmacht (Heer, Marine, Reichswehr) sowie bei der Landespolizei und Polizeiwehr geleisteten Dienstzeit auf das Besoldungsdienstalter und auf die pensionsfähige Dienstzeit entsprechend anzuwenden.

Besondere Bestimmungen für die berufsmäßigen Mitglieder des Gemeinderats.

Art. 97. I Die berufsmäßigen Bürgermeister und berufsmäßigen Gemeinderatsmitglieder werden auf höchstens zehn Jahre gewählt. Ihre Anstellung erfolgt durch schriftlichen Dienstvertrag. Wird nicht binnen vier Wochen nach Abschluß der Wahl ein Dienstvertrag vereinbart, so ist die Wahl ungültig.

II Im Dienstvertrage kann eine Probezeit bis zu einem Jahre vereinbart werden. Bis zum Beginne des letzten Vierteljahres der Probezeit kann der Gemeinderat durch Beschluß den Rücktritt vom Dienstvertrage für das Ende der Probezeit erklären; andernfalls gilt der Dienstvertrag auf die Dauer der Wahlzeit.

III Spätestens ein Vierteljahr vor Ablauf des Dienstvertrags muß eine Neuwahl stattfinden, sofern die Stelle wieder besetzt werden soll. Lehnt der Gemeindebeamte die Wiederwahl trotz Sicherstellung der bisherigen Vertragsrechte ab, so verliert er die aus seiner bisherigen Anstellung erworbenen Rechte.

IV Der Dienstvertrag muß eine angemessene Besoldung, Anspruch auf Ruhegehalt und Hinterbliebenenversorgung für den Eintritt des Versorgungsfalles während der Dienstzeit und eine angemessene Versorgung des Gemeindebeamten und seiner Hinterbliebenen für den Fall der Nichtwiederwahl nach Ablauf des Dienstvertrags vorsehen.

V Der Gemeinderat kann durch besonderen Beschluß dem Gemeindebeamten mit dessen Einwilligung die Unwiderruflichkeit gewähren.

Art. 98. Die berufsmäßigen Mitglieder des Gemeinderats müssen ihren Wohnsitz in der Dienstgemeinde nehmen; Ausnahmen können mit Zustimmung der Dienstgemeinde von der Staatsaufsichtsbehörde genehmigt werden.

Verfolgung von Ansprüchen der Gemeindebeamten.

Art. 99. I Für vermögensrechtliche Ansprüche der Gemeindebeamten und ihrer Hinterbliebenen aus dem Dienstverhältnisse steht der Rechtsweg vor den ordentlichen Gerichten offen.

II Die Entscheidungen der Gemeindebehörden, der Staatsaufsichtsbehörden und der Disziplinargerichte sind in den Fällen des Art. 178 des Beamtengesetzes für die Beurteilung der vor den ordentlichen Gerichten geltend gemachten vermögensrechtlichen Ansprüche bindend. Das gleiche gilt für die Entscheidungen über die Lösung des Dienstverhältnisses widerruflicher Gemeindebeamter sowie für die Entscheidungen der Schiedsgerichte nach Art. 90.

III Ansprüche nach Abs. I können erst gerichtlich verfolgt werden, wenn der Beteiligte gegen die ihn beschwerende Verfügung bei der Gemeinde Abhilfe verlangt und entweder eine ablehnende oder binnen sechs Wochen keine Erklärung erhalten hat. Für die Behandlung des Abhilfegesuchs und die Klage gilt Art. 177 Abs. 2, 3 des Beamtengesetzes.

Art. 100. I Bei Streitigkeiten aus dem Dienstverhältnisse, für die der Rechtsweg vor den ordentlichen Gerichten oder Verwaltungsgerichten oder das Verfahren nach Art. 90 nicht eröffnet ist, entscheiden die Staatsaufsichtsbehörden, ob die Entscheidung der Gemeinde gesetzmäßig ist. Die Beschwerde gegen die Entscheidung der Gemeinde ist binnen vier Wochen nach Zustellung oder Eröffnung einzulegen. Die Kreisregierung entscheidet im zweiten Rechtszug endgültig.

II Abs. I gilt insbesondere für den Streit, ob die Lösung des Dienstverhältnisses nach Art. 88 und 91 Abs. I oder ob die Versetzung in den Ruhestand nach Art. 89 Abs. II zu Recht erfolgt oder verweigert ist.

Dienstaufsicht.

Art. 101. I Die Dienstaufsicht über die Gemeindebeamten führt der erste Bürgermeister. Er kann die Dienstaufsicht in bestimmten Geschäftszweigen mit Ausnahme der Dienstaufsicht über die berufsmäßigen Mitglieder des Gemeinderats unter seiner Verantwortung einzelnen Gemeindebeamten übertragen.

II Beschwerden gegen die Verfügungen des ersten Bürgermeisters oder die von ihm gebilligten Verfügungen seines Beauftragten entscheidet der Gemeinderat. Beschwerden der berufsmäßigen Mitglieder des Gemeinderats gegen Verfügungen des ersten Bürgermeisters entscheidet die unmittelbar vorgesetzte Staatsaufsichtsbehörde endgültig.

III Die berufsmäßigen Mitglieder des Gemeinderats unterstehen nicht der Dienstaufsicht, soweit sie in Ausübung ihrer Rechte als Gemeinderatsmitglieder handeln.

Dienststrafrecht und Dienstenthebung.

Art. 102. I Ein Gemeindebeamter, der die ihm obliegenden Pflichten schuldhaft verletzt, macht sich eines Dienstvergehens schuldig.

II Die Dienststrafen sind
a) Ordnungsstrafen,
b) Disziplinarstrafen.

Die Ordnungsstrafen sind
1. Verweis,
2. Geldstrafen bis zu 200 RMk., bei vollbeschäftigten Gemeindebeamten bis zum Betrage der Besoldung für einen Monat.

Die Disziplinarstrafen sind
1. Geldstrafen bis zu 600 RM., bei vollbeschäftigten Gemeindebeamten bis zu einem Drittel des zuletzt bezogenen Jahresbetrags der Besoldung,
2. Versetzung auf eine andere Amtsstelle mit gleichem oder geringerem Grundgehalt,
3. Androhung der Dienstentlassung in Verbindung mit einer der unter Ziff. 1 und 2 vorgesehenen Disziplinarstrafen,
4. Dienstentlassung.

III Der Höchstbetrag der Geldstrafe darf auch beim Zusammentreffen mehrerer Dienstvergehen nicht überschritten werden. Für Strafversetzung gilt Art. 109 des Beamtengesetzes entsprechend.

IV Die Geldstrafen fließen in die Gemeindekasse; sie sind für Wohlfahrtseinrichtungen der Gemeindebeamten zu verwenden.

V Die Dienstentlassung hat den Verlust des Amts, der Amtsbezeichnung, der Dienstabzeichen sowie des Anspruchs auf Diensteinkommen, Ruhegehalt und Hinterbliebenenversorgung zur Folge. Ausnahmsweise kann die zur Disziplinarbestrafung berufene Behörde dem Gemeindebeamten auf Lebenszeit oder auf bestimmte Zeit einen Teil des Ruhegehaltes als Unterhaltungsbeitrag zusprechen und den Hinterbliebenen den Anspruch auf Versorgung ganz oder teilweise vorbehalten. Der Unterhaltsbeitrag ist von der Gemeinde nur für die Zeit der Bedürftigkeit zu zahlen; Streitigkeiten entscheidet die unmittelbar vorgesetzte Staatsaufsichtsbehörde endgültig.

VI Die Bestimmungen der Art. 113, 115 und 116 des Beamtengesetzes gelten entsprechend.

VII Das Staatsministerium des Innern kann Vorschriften zum Vollzuge der dienststrafrechtlichen Bestimmungen dieses Gesetzes erlassen.

Art. 103. I Gegen die unter Gewährung von Wartegeld einstweilen in den Ruhestand versetzten Gemeindebeamten ist an Stelle der Versetzung auf eine andere Amtsstelle auf Minderung des Wartegeldes um höchstens den Teil für die ganze Zeit oder für einen Teil des einstweiligen Ruhestandes zu erkennen. Im übrigen gelten für sie die allgemeinen dienststrafrechtlichen Vorschriften mit der Maßgabe, daß sich die Begrenzung der Geldstrafen statt nach der Besoldung nach dem Wartegelde bemißt.

II Gegen die zeitlich oder dauernd in den Ruhestand versetzten Gemeindebeamten kann auf Verweis und Geldstrafe nur wegen Verletzung der Pflicht der Amtsverschwiegenheit erkannt werden; die Begrenzung der Geldstrafe bemißt sich statt nach der Besoldung nach dem Ruhegehalt. Im übrigen ist ein Disziplinarverfahren gegen sie nur wegen solcher während der Dienstzeit oder im Ruhestand begangener Handlungen zulässig, die gegenüber einem Beamten im Dienstverhältnisse die Dienstentlassung begründen. An Stelle der Dienstentlassung ist in diesem Fall auf Verlust der Amtsbezeichnung und des Ruhegehaltes sowie des Anspruchs auf Hinterbliebenenversorgung zu erkennen.

III Gegen Gemeindebeamte, deren Dienstverhältnis gelöst oder sonstwie beendet worden ist, kann wegen einer Verletzung der Pflicht der Amtsverschwiegenheit auch nach Lösung oder sonstiger Beendigung des Dienstverhältnisses eine Geldstrafe bis zu 600 RMk. im Disziplinarverfahren verhängt werden.

Im übrigen unterbleibt das Dienststrafverfahren oder es wird eingestellt, wenn das Dienstverhältnis gelöst oder sonstwie beendigt worden ist.

IV Für die Zuständigkeit in diesen Fällen gilt Art. 169 des Beamtengesetzes entsprechend.

V Hat ein Gemeindebeamter in einem früheren öffentlichen Dienstverhältnis ein dienststrafrechtlich ungeahndetes Dienstvergehen begangen, so ist ein dienststrafrechtliches Einschreiten auch hierwegen zulässig.

VI Wegen einer Handlung, die ein Gemeindebeamter vor dem Eintritt in das Dienstverhältnis zu einer Zeit begangen hat, in der er nicht öffentlicher Beamter war, ist ein dienststrafrechtliches Einschreiten nur dann zulässig, wenn die Handlung die Dienstentlassung begründet.

Art. 104. I Die Ordnungsstrafen verhängt der Gemeinderat, soweit er seine Befugnisse nicht dem ersten Bürgermeister überträgt.

II Dem Gemeindebeamten ist Gelegenheit zu geben, sich zu verantworten. Art. 131 des Beamtengesetzes gilt entsprechend.

III Die Strafe wird schriftlich unter Angabe der Gründe verhängt.

IV Gegen den Strafbescheid steht dem Gemeindebeamten binnen vierzehn Tagen Beschwerde zur Staatsaufsichtsbehörde zu. Diese entscheidet endgültig.

Art. 105. I Die Disziplinarstrafen verhängt der Gemeinderat.

II Art. 104 Abs. II, III und IV sind anzuwenden.

Art. 106. Für die Kosten des Verfahrens gilt Art. 162 des Beamtengesetzes entsprechend; in den Fällen der Abs. 4 und 5 tritt an die Stelle der Staatskasse die Gemeinde.

Art. 107. I Die Staatsaufsichtsbehörde ist befugt, die Handhabung des Dienststrafrechts zu überwachen.

II Das Dienststrafrecht der Gemeinde geht auf die Staatsaufsichtsbehörde über, wenn ein Gemeindebeamter in den Fällen der Art. 51 Abs. III Satz 3 und 4, Art. 52 Abs. I und II, Art. 54 Abs. II Satz 2, Art. 55 Abs. III Satz 3 und 4 den Weisungen der zuständigen staatlichen Beamten nicht Folge leistet.

III Die Staatsaufsichtsbehörde kann ein dienststrafrechtliches Verfahren veranlassen. In diesem Falle kann sie das dienststrafrechtliche Verfahren selbst durchführen, wenn die Gemeinde innerhalb einer ihr gesetzten Frist dies versäumt oder das Verfahren ohne Strafe eingestellt hat, und die erkannte Strafe abändern, wenn diese nach ihrem Ermessen dem Dienstvergehen nicht entspricht.

IV Gegen den Strafbescheid nach Abs. II und III steht dem Gemeindebeamten binnen vierzehn Tagen Beschwerde zur nächsthöheren Staatsaufsichtsbehörde zu. Diese entscheidet endgültig.

Art. 108. I Für das Dienststrafrecht der unwiderruflichen Gemeindebeamten mit Ausnahme der berufsmäßigen Mitglieder des Gemeinderats gelten anstelle des Art. 105 dieses Gesetzes die Art. 118 bis 163 des Beamtengesetzes entsprechend.

II Zur Vorbehandlung im Disziplinarverfahren sind die Staatsaufsichtsbehörden, zum Antrage nach Art. 129 Abs. 1 des Beamtengesetzes ist das Staatsministerium des Innern oder die von ihm ermächtigte Stelle zuständig.

Art. 109. I Für das Dienststrafrecht der berufsmäßigen Mitglieder des Gemeinderats gilt Art. 108 entsprechend.

II Art. 104 Abs. I und IV dieses Gesetzes findet keine Anwendung. Die Verhängung einer Ordnungsstrafe kommt der Staatsaufsichtsbehörde zu. Gegen den Strafbescheid kann das berufsmäßige Mitglied des Gemeinderats binnen vierzehn Tagen Beschwerde zur nächsthöheren Staatsaufsichtsbehörde einlegen. Die Kreisregierung entscheidet als Beschwerdestelle endgültig.

Art. 110. I Die Disziplinargerichte (Disziplinarkammern für nichtrichterliche Beamte und Disziplinarhof für nichtrichterliche Beamte) entscheiden beim Verfahren gegen Gemeindebeamte unter Zuziehung von Gemeindebeamten.

II Die Disziplinargerichte werden hierzu durch Ernennung von je sechs unwiderruflichen Gemeindebeamten oder berufsmäßigen Mitgliedern des Gemeinderats sowie der gleichen Anzahl von Stellvertretern ergänzt. Die unwiderruflichen Gemeindebeamten und die berufsmäßigen Mitglieder des Gemeinderats sowie ihre Stellvertreter werden in doppelter Höhe der erforderlichen Zahl von der Gemeindebeamtenkammer vorgeschlagen und vom Staatsministerium des Innern auf die Dauer der Wahlzeit der Gemeindebeamtenkammer ernannt.

III Ist der Beschuldigte sowohl Staats- wie Gemeindebeamter, so ist wenigstens ein Beisitzer des Disziplinargerichts dem Kreise der Gemeindebeamten zu entnehmen, sofern durch das Dienstvergehen nicht ausschließlich die Pflichten des Staatsbeamten verletzt sind.

IV Im übrigen gelten die Bestimmungen des Beamtengesetzes entsprechend. Das Staatsministerium des Innern kann die Zahl der zu Mitgliedern der Disziplinargerichte zu ernennenden Gemeindebeamten nach Bedarf erhöhen. Werden Vorschriften der Staatsregierung auf Grund des Art. 120 Abs. 3 Satz 2 des Beamtengesetzes erlassen, so kann das Staatsministerium des Innern, auch abweichend von diesem Artikel, entsprechende Vorschriften für die Gemeindebeamten geben.

V Das Staatsministerium des Innern oder die von ihm ermächtigte Stelle ist befugt, Beamte der Staatsaufsichtsbehörde und Vertreter der Gemeinde in die Verhandlung nach Art. 143 Abs. 3, 158 Abs. 6 des Beamtengesetzes abzuordnen.

Art. 111. I Für die vorläufige Dienstenthebung gelten die Art. 171 bis 173 des Beamtengesetzes entsprechend. Außerdem können die Gemeindebeamten mit Ausnahme der berufsmäßigen Mitglieder des Gemeinderats jederzeit unter Wahrung aller ihrer Rechte aus dem Dienstverhältnisse vom Gemeinderat, in dringenden Fällen vom ersten Bürgermeister vorbehaltlich der Entscheidung des Gemeinderats, ihres Dienstes vorläufig enthoben werden.

II Zur vorläufigen Dienstenthebung nach Art. 172 des Beamtengesetzes ist der erste Bürgermeister und, falls dieser von seiner Befugnis keinen Gebrauch gemacht hat, die Staatsaufsichtsbehörde befugt. Zur vorläufigen Dienstenthebung von Mitgliedern des Gemeinderats ist nur die Staatsaufsichtsbehörde befugt. Gegen die Anordnung der vorläufigen Dienstenthebung durch den ersten Bürgermeister steht dem Gemeindebeamten Beschwerde zur Staatsaufsichtsbehörde, gegen die Anordnung der vorläufigen Dienstenthebung durch die Staatsaufsichtsbehörde Beschwerde zur nächsthöheren Staatsaufsichtsbehörde zu. Die Beschwerdestelle entscheidet endgültig. Die Beschwerde hat keine aufschiebende Wirkung.

III Während der vorläufigen Enthebung eines Gemeindebeamten vom Dienste nach den Art. 171, 172 des Beamtengesetzes wird ihm vom Ablaufe des Monats an, in dem sie eintritt, der dritte Teil der Besoldung einbehalten. In Fällen der Not des Gemeindebeamten ist die Staatsaufsichtsbehörde befugt, die Einbehaltung auf einen geringeren Teil der Besoldung zu beschränken. Art. 174 Abs. 4 des Beamtengesetzes gilt entsprechend.

IV Der einbehaltene Teil der Besoldung dient zur Deckung der den Gemeindebeamten treffenden Kosten des Verfahrens, einer etwaigen Geldstrafe und in den Fällen, in denen das Verfahren zur Dienstentlassung führt, zur Deckung der durch die Vertretung des Beamten verursachten Kosten, zur Deckung der Stellvertretungskosten auch, soweit sie infolge der Vollstreckung einer Freiheitsstrafe erwachsen sind.

V Bei Verurteilung zur Freiheitsstrafe und bei Dienstentlassung ist der nach Abs. IV nicht verbrauchte Teil der einbehaltenen Besoldung nach Art. 102 Abs. IV für Wohlfahrtseinrichtungen der Gemeindebeamten zu verwenden. In anderen Fällen ist er dem Gemeindebeamten auszuzahlen.

Ehrenamtliche Mitglieder des Gemeinderats.

Art. 112. I Ehrenamtliche Mitglieder des Gemeinderats können ihr Amt niederlegen, wenn die Voraussetzungen des Art. 73 Abs. I gegeben sind. Über die Zulässigkeit entscheidet der Gemeinderat.

II Das Amt muß niedergelegt werden, wenn Verhältnisse eintreten, die die Fortführung des Amts unmöglich machen. Über die Notwendigkeit entscheidet der Gemeinderat.

III Gegen die Beschlüsse des Gemeinderats nach Abs. I und II ist binnen vierzehn Tagen Beschwerde zur Staatsaufsichtsbehörde zulässig. Diese entscheidet im Falle des Abs. I endgültig. Im Falle des Abs. II entscheidet sie im verwaltungsgerichtlichen Verfahren; im zweiten Rechtszug entscheidet der Verwaltungsgerichtshof.

Art. 113. Ehrenamtliche Mitglieder des Gemeinderats verlieren ihr Amt, abgesehen von Art. 25 und 76,

1. durch den Verlust der Wählbarkeit,
2. durch die Niederlegung nach Art. 112 und, wenn der Gemeinderat die Zulässigkeit dieser Niederlegung oder das ehrenamtliche Mitglied die Pflicht zur Niederlegung bestreitet, mit der Rechtskraft des Beschlusses,
3. durch Nichtigkeits- oder Ungültigkeitserklärung der Wahl,
4. durch die nachträgliche Änderung des Wahlergebnisses,
5. durch Anstellung als berufsmäßiger Bürgermeister oder als berufsmäßiges Gemeinderatsmitglied.

Art. 114. I Ehrenamtliche Mitglieder des Gemeinderats haben Anspruch auf angemessene Aufwandentschädigung, Angestellte und Lohnarbeiter außerdem Anspruch auf Entschädigung für entgangenen Gehalt oder Lohn. Ehrenamtliche Bürgermeister haben ferner Anspruch auf einen angemessenen Dienstbezug; das Staatsministerium des Innern erläßt hierüber Richtlinien. Streitigkeiten entscheidet die unmittelbar vorgesetzte Staatsaufsichtsbehörde endgültig.

II Den Beamten, Angestellten und Arbeitern des Staates, der Gemeinden und sonstigen Körperschaften des öffentlichen Rechts muß die zur Ausübung des öffentlichen Amts erforderliche Dienstbefreiung gewährt werden.

Art. 115. I Den Urlaub der ehrenamtlichen Mitglieder des Gemeinderats regelt der Gemeinderat.

II Tritt der erste Bürgermeister einen Urlaub von mehr als einer Woche an, so hat er dies der Staatsaufsichtsbehörde anzuzeigen.

Art. 116. Für die ehrenamtlichen Mitglieder des Gemeinderats gelten die Bestimmungen der Art. 80 bis 83 und Art. 85 entsprechend.

Art. 117. I Auf ehrenamtliche Mitglieder des Gemeinderats, welche die ihnen obliegenden Pflichten schuldhaft verletzen, finden die Bestimmungen der Art. 102, 103 Abs. III und IV, 104 Abs. II und III, 106 dieses Gesetzes, ferner die Art. 118 bis 163 des Beamtengesetzes entsprechend Anwendung. Gegen ehrenamtliche Mitglieder des Gemeinderats, mit Ausnahme der Bürgermeister, ist ein Dienststrafverfahren nur zulässig, wenn die Pflichtverletzung die Dienstentlassung begründet. Die Verhängung von Ordnungsstrafen gegen Bürgermeister kommt der Staatsaufsichtsbehörde zu; gegen den Strafbescheid ist binnen vierzehn Tagen Beschwerde zur nächsthöheren Staatsaufsichtsbehörde zulässig; die Kreisregierung entscheidet als Beschwerdestelle endgültig. Für das Disziplinarverfahren gilt Art. 108 Abs. II dieses Gesetzes. Die Dienstentlassung schließt die Wiederwahl für fünf Jahre aus.

II Für das disziplinargerichtliche Verfahren gilt Art. 110 entsprechend. Das Staatsministerium des Innern ergänzt die Disziplinargerichte durch Ernennung von je sechs ehrenamtlichen Mitgliedern von Gemeinderäten sowie der gleichen Anzahl von Stellvertretern auf die Dauer ihres Amtes.

III Für die vorläufige Dienstenthebung gelten die Art. 171 bis 173 des Beamtengesetzes entsprechend. Zur vorläufigen Dienstenthebung ist die Staatsaufsichtsbehörde befugt. Beschwerde zur nächsthöheren Staatsaufsichtsbehörde ist zulässig; diese entscheidet endgültig. Die Beschwerde hat keine aufschiebende Wirkung.

Versorgungsverband.

Art. 118. Die Gemeinden mit weniger als 10 000 Einwohnern müssen zur Ausgleichung ihrer Versorgungslasten dem Bayerischen Versorgungsverband als Mitglieder angehören.

Art 119. Der Versorgungsverband ist eine Körperschaft des öffentlichen Rechts.

Art. 120. I Die Verwaltung des Versorgungsverbandes führt die Versicherungskammer, Abteilung für Gemeindeversicherung.

II Der Verband hat der Landesbrandversicherungsanstalt den von ihm verursachten Verwaltungsaufwand zu vergüten.

Art. 121. I Die Vertretung der Mitglieder gegenüber der Verwaltung kommt dem Landesausschusse zu.

II Der Landesausschuß besteht aus acht bis fünfzehn Mitgliedern. Für jedes Ausschußmitglied sollen zwei Ersatzleute vorhanden sein.

III Ein Ausschußmitglied und seine beiden Ersatzleute ernennt das Staatsministerium des Innern. Die Wahl der übrigen Mitglieder regelt die Satzung.

Art. 122. Die Aufsicht über den Versorgungsverband führt das Staatsministerium des Innern.

Art. 123. I Streitigkeiten zwischen dem Verband und seinen Mitgliedern werden durch ein Schiedsgericht entschieden, das aus einem Vorsitzenden und zwei Beisitzern besteht.

II Als Vorsitzenden bestellt das Staatsministerium des Innern einen Unbeteiligten, der zum höheren Justiz- und Verwaltungsdienst in Bayern befähigt ist.

III Die Beisitzer und die erforderliche Anzahl von Ersatzleuten wählt alljährlich der Landesausschuß; wählbar sind die Mitglieder des Landesausschusses und ihre Ersatzleute.

Art. 124. Die Verhältnisse des Verbandes regelt die Verwaltung mit Zustimmung des Landesausschusses durch eine Satzung. Diese bedarf der Genehmigung des Staatsministeriums des Innern.

Art. 125. Der Verband erhält vom Staate jährlich einen Zuschuß, dessen Höhe jeweils im Staatshaushalte bestimmt wird.

Art. 126. Andere juristische Personen des öfffentlichen Rechts, gemeinnützige Vereine und Anstalten können zum Versorgungsverband als freiwillige Mitglieder zugelassen werden.

Stiftungen.

Art. 127. Die Verwaltung der örtlichen Stiftungen steht den Gemeinden zu, wenn nicht durch besonderes Gesetz oder durch die Stiftungsurkunde eine andere Verwaltung angeordnet ist.

Art. 128. I Neue örtliche Stiftungen bedürfen der Genehmigung des zuständigen Staatsministeriums. Stiftungszuflüsse, die mit bleibenden Lasten verknüpft sind, bedürfen der Genehmigung der Staatsaufsichtsbehörde, sofern der Stiftungszufluß einem anderen oder erweiterten Zwecke dienen soll; für sonstige Stiftungszuflüsse kann das Staatsministerium des Innern jährliche Anzeige anordnen.

II Die Stiftungen erlangen durch die Genehmigung nach Abs. I Satz 1 die Rechtsfähigkeit und den verfassungsmäßigen Staatsschutz.

Art. 129. Die Gemeinden verwalten die Stiftungen nach den Vorschriften über die Führung des Gemeindehaushalts unter Beachtung der für die Stiftungen gegebenen besonderen Bestimmungen, sofern nicht ein besonderes Gesetz oder die Stiftungsurkunde anderes bestimmt.

Art. 130. Das Vermögen der Stiftungen darf mit dem Vermögen der Gemeinden nicht vermischt werden.

Art. 131. I Der Ertrag des Stiftungsvermögens darf nicht anders verwendet werden, als es dem Stiftungszweck entspricht.

II Das Stiftungsvermögen soll, wenn eine Minderung eingetreten ist, aus dem Ertrage wieder ergänzt werden.

Art. 132. I Ist die Erfüllung des Stiftungszwecks unmöglich geworden oder gefährdet die Stiftung das Gemeinwohl, so sind auch bei Stiftungen des öffentlichen Rechts die Vorschriften des § 87 des Bürgerlichen Gesetzbuchs anzuwenden.

II Die Beschlußfassung nach Abs. I kommt dem Gemeinderate zu; der Beschluß bedarf der Genehmigung der Staatsaufsichtsbehörde.

Zweckverbände.

Art. 133. Eine Gemeinde kann sich mit Genehmigung des Staatsministeriums des Innern mit andern Gemeinden, Bezirken, Kreisen, mit Zweckverbänden nach diesem Gesetze sowie mit sonstigen Körperschaften des öffentlichen Rechts zur Erfüllung einzelner Aufgaben zu einem Zweckverbande vereinigen. Der Zweckverband wird mit der Genehmigung eine Körperschaft des öffentlichen Rechts.

Art. 134. I Die Verfassung des Zweckverbandes wird durch eine Satzung geregelt.

II Die Satzung muß bestimmen:

1. die Mitglieder,
2. die Aufgaben,
3. Namen und Sitz,
4. die Verwaltung, Geschäftsführung und Vertretung,
5. den Maßstab, nach dem die Verbandsmitglieder den Bedarf des Verbandes aufzubringen haben,
6. das Verfahren bei der Auflösung des Verbandes sowie die Möglichkeit und die Bedingungen des Ausscheidens eines Verbandsmitglieds,
7. die Verwendung des Vermögens im Falle der Auflösung.

Art. 135. Die Satzung und jede Änderung bedarf der Genehmigung des Staatsministeriums des Innern oder der von ihm ermächtigten Behörde.

Art. 136. Vorstände und Mitglieder der Vertretungskörper müssen zu Gemeindeämtern wählbar sein.

Art. 137. I Die Vorschriften für die Staatsaufsicht über die Gemeinden gelten für die Zweckverbände entsprechend. Die zuständige Staatsaufsichtsbehörde wird vom Staatsministerium des Innern bei Erteilung der Genehmigung nach Art. 133 bestimmt.

II Für Zweckverbände gilt Art. 42 entsprechend; für den Vollzug des Abs. IV ist die Einwohnerzahl des vom Zweckverband umfaßten Gebiets maßgebend.

Art. 138. I Streitigkeiten zwischen dem Verband und seinen Mitgliedern oder zwischen Mitgliedern des Verbands, insbesondere über die Verpflichtung zu Leistungen während des Bestehens und nach der Auflösung des Verbandes, sind von der Staatsaufsichtsbehörde zu entscheiden. Gegen deren Entscheidung ist binnen vierzehn Tagen Beschwerde zum Verwaltungsgerichtshofe zulässig. Dieser entscheidet als Schiedsgericht endgültig nach billigem Ermessen.

II Für die Zweckverbände gilt Art. 44 entsprechend. Für Streitigkeiten aus der Anwendung dieser Bestimmung zwischen dem Zweckverband und Dritten, die nicht Mitglieder des Zweckverbandes sind, gelten die Vorschriften des Verwaltungsgerichtsgesetzes über die Anstalten und Einrichtungen der Gemeinden entsprechend.

Art. 139. I Erfordert die Erfüllung gemeinsamer, dem öffentlichen Bedürfnisse dienender Aufgaben die Vereinigung von Körperschaften des öffentlichen Rechts zu einem Zweckverbande, so kann auf Antrag von wenigstens zwei Dritteln der beteiligten Gemeinden die Zustimmung der übrigen beteiligten Gemeinden zur Bildung des Verbandes durch Beschluß der Kreisregierung ersetzt werden. Kommen mehrere Kreisregierungen in Betracht, so bestimmt das Staatsministerium des Innern die zuständige Kreisregierung.

II Gegen den Beschluß der Kreisregierung, der die Zustimmung ersetzt, ist binnen vierzehn Tagen Beschwerde zum Verwaltungsgerichtshofe zulässig. Dieser entscheidet als Schiedsgericht endgültig nach billigem Ermessen.

Art. 140. I Hat eine Gemeinde als Mitglied eines Zweckverbandes einen Aufwand zur Durchführung eines Unternehmens zu tragen, das nicht zu den gesetzlichen Pflichtaufgaben der Gemeinden gehört, so kann die Gemeinde mit Zustimmung des Staatsministeriums des Innern den Aufwand ganz oder teilweise auf die Eigentümer der Grundstücke und Anlagen sowie auf die Inhaber von Betrieben umlegen, denen aus dem Unternehmen ein privatwirtschaftlicher Vorteil zufließt; die Zustimmung ist nur zu erteilen, wenn der Gesamtnutzen für den bezeichneten Kreis der Beteiligten erheblich ist und wenn das Unternehmen dem Gemeinwohl dient.

II Art und Maß der Verteilung des Aufwandes ist durch Satzung der Gemeinde zu regeln nach dem Verhältnis des Nutzens, denn die Beteiligten aus dem Unternehmen ziehen, und des Umfanges des Schadens, der durch das Unternehmen abgewendet wird. Die Satzung bedarf der Genehmigung der Kreisregierung.

III Streitigkeiten darüber, ob und in welcher Höhe nach Maßgabe der Satzung Beiträge zu entrichten sind, werden im verwaltungsgerichtlichen Verfahren entschieden; im zweiten Rechtszug entscheidet der Verwaltungsgerichtshof.

Art. 141. Die bestehenden Zweckverbände haben binnen einem Jahre nach Inkrafttreten des Gesetzes ihre Rechtsverhältnisse nach diesem Gesetze zu ordnen.

Schlußbestimmungen.

Art. 142. Das Staatsministerium des Innern kann im Benehmen mit dem Staatsministerium der Finanzen Vorschriften über die Gründung eines Verbandes zur Prüfung der Gemeindekassen und -rechnungen erlassen und die Gemeinden bis zu 10 000 Einwohnern allgemein, die übrigen Gemeinden dann, wenn sie eine Sparkasse haben und nicht über eigene ausreichende Prüfungseinrichtungen verfügen, sowie die Bezirke zum Beitritte verpflichten. Das Staatsministerium des Innern kann auch einen bestehenden Verband oder mehrere solche mit den Rechten des Satzes 1 ausstatten. Es kann den Beitritt anderer öffentlicher Körperschaften zu solchen Verbänden gestatten.

Art. 143. I Soweit durch dieses Gesetz der Kreisregierung Befugnisse zugewiesen sind, ist die Regierung, Kammer des Innern, zuständig.

II Bestimmt dieses Gesetz, daß über einen Anspruch im verwaltungsgerichtlichen Verfahren zu entscheiden ist, so gelten die Vorschriften des Verwaltungsgerichtsgesetzes über Verwaltungsrechtssachen. Im ersten Rechtszug ist, soweit nichts anderes bestimmt ist, die Behörde zuständig, der die Staatsaufsicht zukommt.

III Beschwerden, für deren Einlegung in sonstigen Angelegenheiten dieses Gesetzes eine Frist bestimmt ist, sind bei der Stelle einzureichen, die den angefochtenen Bescheid erlassen hat, oder bei der für die Bescheidung der Beschwerde zuständigen Stelle. Der Lauf der Frist, innerhalb der die Beschwerde eingelegt oder die Beschlüsse angefochten werden müssen, beginnt, soweit nicht Besonderes bestimmt ist, mit Eröffnung des Bescheids.

IV Für die Berechnung der Fristen gelten die Vorschriften des Bürgerlichen Gesetzbuchs.

Art. 144. In der Pfalz treten an die Stelle der Art. 34 bis 39 die Art 145 bis 149.

Art. 145. I Nutzungen am Gemeindevermögen bestehen zu Recht, wenn sie auf einem besonderen Rechtstitel beruhen. Als Rechtstitel kommt Herkommen nicht in Betracht. Die Verteilung von Gabholz ist außerdem zulässig, wenn sie vor dem 1. Juli 1869 stattgefunden hat. Grundstücke der Gemeinde können einzelnen zum Genusse widerruflich überlassen werden, wenn und soweit dies vor dem 1. Juli 1869 in der Gemeinde allgemein zugelassen war. Die Überlassung der Grundstücke kann nur allgemein gegenüber sämtlichen Nutznießern widerrufen werden.

II Als Gabholz darf nur Brennholz zugewiesen werden. Der einzelne darf höchstens sechs Raummeter Scheit- und Prügelholz und 100 Wellen oder drei Raummeter Scheit- und Prügelholz und 250 Wellen oder 400 Wellen beziehen.

III Die Gemeinde kann durch Satzung die Verteilung der Grundstücke zum Genuß und ihre Benützung regeln und dabei bestimmen, daß die Lose auf eine Reihe von Jahren oder auf Lebenszeit dem Nutznießer zugewiesen werden und neu hinzutretende Nutznießer erst dann in den Genuß eines Loses kommen, wenn ein solches frei wird. Die Satzung bedarf der Genehmigung der Staatsaufsichtsbehörde.

Art. 146. Gemeinden, die Umlagen, örtliche Abgaben oder örtliche Verbrauchssteuern erheben, können Gabholz nur verteilen und Grundstücke der Gemeinde zum Genusse nur dann überlassen, wenn und soweit diese Nutzungen in den letzten dreißig Jahren vor Inkrafttreten dieses Gesetzes ununterbrochen gewährt worden sind. In solchen Fällen kann die Gemeinde von den Nutznießern eine Gemeindegebühr erheben, die nach dem Werte der Nutzungen zu bemessen ist. Der Wert der Nutzungen wird von der Gemeinde endgültig festgesetzt.

Art. 147. Wenn durch besonderen Rechtstitel nichts anderes bestimmt ist, nehmen alle Reichsangehörigen, die in der Gemeinde seit Jahresfrist den gewöhnlichen Aufenthalt haben und einen eigenen Haushalt führen, gleichmäßig an den Nutzungen teil.

Art. 148. Wer Nutzungen kraft eines Rechtstitels bezieht oder Grundstücke der Gemeinde im Genusse hat, hat die auf dem Gegenstande der Nutzungen ruhenden Lasten zu tragen und die zur Gewinnung der Nutzungen und zur Erhaltung oder Erhöhung der Ertragsfähigkeit erforderlichen Ausgaben zu bestreiten. Wird Gemeindevermögen daneben teilweise von der Gemeinde genutzt, so sind die Lasten und Ausgaben verhältnismäßig von der Gemeinde und den Nutznießern zu tragen.

Art. 149. Die Gemeinde kann Nutzungen, die sich auf einen Rechtstitel gründen, ohne Entschädigung nur mit Einwilligung der Berechtigten, gegen Entschädigung mit Einwilligung der Mehrheit der Berechtigten aufheben. Werden die Nutzungen nicht zu gleichen Teilen von allen Berechtigten bezogen, so hat jeder Berechtigte soviel Stimmrecht, als der ihm zustehenden Nutzung entspricht. Streitigkeiten werden im verwaltungsgerichtlichen Verfahren entschieden; im zweiten Rechtszug entscheidet der Verwaltungsgerichtshof. Über die Höhe der Entschädigung entscheiden im Streitfalle die ordentlichen Gerichte.

Art. 150. Streitigkeiten, die sich aus dem Vollzuge des Art. 153 Abs. III der bisherigen rechtsrheinischen Gemeindeordnung in der Fassung des Art. 28 des Selbstverwaltungsgesetzes (Ortschaftsrecht) noch ergeben, entscheidet die Staatsaufsichtsbehörde, im zweiten Rechtszuge der Verwaltungsgerichtshof als Schiedsgericht nach billigem Ermessen.

Art. 151. Für die beim Inkrafttreten dieses Gesetzes anhängigen Dienststrafsachen verbleibt es hinsichtlich der Zuständigkeit und des Verfahrens bei den bisherigen Vorschriften.

Art. 152. I Für berufsmäßige Bürgermeister und berufsmäßige Gemeinderatsmitglieder, mit denen Verträge nach Art. 6 des Selbstverwaltungsgesetzes abgeschlossen worden sind, gilt Art. 97.

II Dienstverträge, die beim Inkrafttreten dieses Gesetzes in Gemeinden bis zu 3000 Einwohnern mit berufsmäßigen Bürgermeistern bestehen, bleiben unberührt. Der Gemeinderat kann durch besonderen Beschluß diesen Bürgermeistern mit ihrer Einwilligung vor Ablauf des Dienstvertrags die Unwiderruflichkeit gewähren.

Art. 153. Den Gemeindebeamten, die nach Art. 32 des Selbstverwaltungsgesetzes in den Ruhestand versetzt worden sind, und ihren Hinterbliebenen bleibt ihr Anspruch auf Ruhegehalt und Hinterbliebenenversorgung gewahrt. Der Ruhegehalt ist aus dem pensionsfähigen Diensteinkommen (Grundgehalt und pensionsfähiger Satz des Ortszuschlags) nach Art. 39 Abs. 1 Satz 1 und 4 des Beamtengesetzes zu bemessen. Im übrigen gelten die Bestimmungen der

Art. 39 bis 45 des Beamtengesetzes über das Wartegeld. Die Art. 42 und 43 Ziff. 2 des Beamtengesetzes sind nicht anzuwenden. Für Streitigkeiten gilt Art. 90 dieses Gesetzes.

Art. 154. In dem Gesetz über Leistungen der Gemeinden für die staatliche Polizeiverwaltung vom 22. November 1923 treten

1. in Art. 1, 4 und 5 an die Stelle der Worte „Art. 98 der Gemeindeordnung für die Landesteile rechts des Rheins" die Worte „Art. 55 der Gemeindeordnung";
2. in Art. 2 Abs. II an die Stelle der Worte „Art. 95 Abs. II der Gemeindeordnung für die Landesteile rechts des Rheins" die Worte „Art. 54 Abs. V Satz 2 der Gemeindeordnung";
3. in Art. 7 statt der Worte „Art. 98 a der Gemeindeordnung für die Landesteile r. d. Rh." die Worte „Art. 52 der Gemeindeordnung".

Art. 155. In Art. 3 Abs. I und Art. 4 Abs. II des Polizeistrafgesetzbuchs in der Fassung des Gesetzes vom 24 August 1923 (GVBl. Seite 281) treten an die Stelle der Worte „Art. 98 der rrh. Gemeindeordnung" die Worte „Art. 55 der Gemeindeordnung" und an die Stelle der Worte „Art. 98 a der rrh. Gemeindeordnung" die Worte „Art. 52 der Gemeindeordnung".

Art. 156. Art. 80 des Ausführungsgesetzes vom 23. Februar 1879 zum Reichsgerichtsverfassungsgesetz erhält folgende Fassung:

Die Vornahme des in § 380 der Reichsstrafprozeßordnung vorgeschriebenen Sühneversuchs kann Gemeindebehörden übertragen werden. Bei Erfolglosigkeit des Sühneversuchs ist dem Antragsteller ein Zeugnis hierüber auszustellen. Erfolglos ist der Sühneversuch, wenn entweder beide Parteien erschienen sind und eine Versöhnung zwischen ihnen nicht zustande gekommen ist oder wenn auf ordnungsmäßige Ladung zwar der Antragsteller erschienen, der Gegner aber ausgeblieben ist. Erscheint der Antragsteller auf ordnungsmäßige Ladung nicht, so verwirkt er eine Geldbuße bis zu 20 RMk.; ein Zeugnis über erfolglos versuchte Sühne kann er nicht beanspruchen. Die Geldbuße fließt in die Gemeindekasse und ist wie eine Gemeindeumlage beizutreiben.

Art. 157. Die Art. 103 bis 106, 108 bis 111, 114 des Ausführungsgesetzes vom 18. August 1879 zur Reichsstrafprozeßordnung finden auf Gemeindebeamte keine Anwendung.

Art. 158. I Die Verwaltung eines gesonderten Gemeinde- oder Stiftungsvermögens eines Teilbezirks einer Gemeinde, der nicht eine Ortschaft nach Art. 62 Abs. I ist, steht der Gemeinde zu. Bestehende Nutzungsrechte am Ertrage dieses Vermögens bleiben unberührt; soweit solche Nutzungsrechte bisher nach dem jeweiligen Ertrage dieses Vermögens bemessen waren, bestimmt sich künftig der Umfang dieser Nutzungsrechte nach dem durchschnittlichen Jahresertrage der letzten zwanzig Jahre vor dem Inkrafttreten dieses Gesetzes.

II Die Gemeinde ist verpflichtet, auf Antrag von Nutzungsberechtigten deren Rechte abzulösen. Die Entschädigung beträgt das Zwanzigfache des durchschnittlichen Jahreswertes der Nutzungen der letzten zwanzig Jahre. Streitigkeiten werden im verwaltungsgerichtlichen Verfahren entschieden, im zweiten Rechtszuge durch den Verwaltungsgerichtshof. Abgelöste Nutzungsrechte gehen auf die Gemeinde über. Im übrigen kann die Gemeinde nach Maßgabe des Art. 38 die Nutzungsrechte aufheben. Über die Höhe der Entschädigung entscheiden im Streitfalle die ordentlichen Gerichte.

Art. 159. I Wenn in einer Gemeinde zum Vorteile mehrerer an Privatgewässern bestehender Triebwerke oder anderer Stauvorrichtungen auf Kosten der Gemeinde Wasserbauten errichtet worden sind oder unterhalten werden, so ist die Gemeinde berechtigt, über die Benützung des Wassers und der hierzu dienenden Einrichtungen sowie über die von den Wasserwerksbesitzern zu leistenden Kostendeckungsbeiträge und Gebühren die erforderlichen Anordnungen auch künftighin zu treffen, sofern sie solche Anordnungen schon vor dem Inkrafttreten dieses Gesetzes getroffen hat. Der Gemeinderat erläßt diese Anordnungen nach

Vernehmung eines unter Leitung des ersten Bürgermeisters von den Wasserwerksbesitzern aus ihrer Mitte zu wählenden Ausschusses von drei bis fünf Mitgliedern.

II Die Beiträge und Gebühren werden, wenn nicht im Einverständnisse mit dem Ausschuß ein anderer Maßstab festgestellt wird, nach dem Verhältnisse der jedem einzelnen zugewiesenen Wasserkraft berechnet.

III An bestehenden Rechten und Verpflichtungen wird durch diese Bestimmungen nichts geändert.

Art. 160. Art. 9 des Gesetzes über die Landeskulturrentenanstalt vom 21. April 1884 in der Fassung der Bekanntmachung vom 31. März 1908 (GVBl. Seite 235) und des Art. VI des Gesetzes vom 27. November 1924 zur Abänderung des Flurbereinigungsgesetzes erhält folgende Fassung:

An Gemeinden, Ortschaften, Zweckverbände, Bezirke, Kreise und unter staatlicher Aufsicht stehende Stiftungen können Darlehen ohne Sicherheitsbestellung gewährt werden.

Für Darlehen an öffentliche Wasser-, Flurbereinigungs- und Ödlandgenossenschaften, ferner für Darlehen an Gemeinden zu den in Art. 2 Nr. 1 aufgeführten Zwecken gelten folgende Vorschriften:

1. Für die Verteilung der Kulturrente auf die beteiligten Grundstücke sind maßgebend

   bei den zur Benützung von Gewässern und zur Herstellung und Unterhaltung von Trink- und Nutzwasserleitungen gebildeten Wassergenossenschaften sowie bei den Ödlandgenossenschaften die Genossenschaftssatzung Art. 142 und 152 des Wassergesetzes und Art. 27 des Ödlandgesetzes,

   bei den zur Instandhaltung von Gewässern gebildeten Wassergenossenschaften die Genossenschaftssatzung,

   bei den Flurbereinigungsgenossenschaften die Genossenschaftssatzung, Art. 67, 83, 85 und 86 des Flurbereinigungsgesetzes und Art. 142 und 152 des Wassergesetzes.
2. bei Darlehen an Gemeinden ist für die Verteilung der Kulturrente auf die beteiligten Grundstücke die aus diesen Grundstücken zu entrichtende Grundsteuer maßgebend.
3. Die Teilrenten sind öffentliche Lasten der Grundstücke, aus denen sie nach Ziff. 1 und 2 zu entrichten sind.

Bei Darlehen an einen Zweckverband haften dessen Mitglieder für die Verbindlichkeiten des Zweckverbandes der Landeskulturrentenanstalt gegenüber neben dem Zweckverband als Gesamtschuldner; das Maß ihrer Haftung entspricht dem Anteil an den Darlehensverpflichtungen, der nach der Satzung zur Zeit der Bewilligung des Darlehens auf sie entfällt. Legt eine Gemeinde als Mitglied eines Zweckverbandes den Aufwand zur Durchführung eines Unternehmens nach Art. 140 der Gemeindeordnung um, so haften die Eigentümer der Grundstücke und Anlagen sowie die Inhaber von Betrieben für die Verbindlichkeiten der Gemeinde der Landeskulturrentenanstalt gegenüber neben der Gemeinde und dem Zweckverband als Gesamtschuldner; das Maß ihrer Haftung entspricht dem Anteil an den Darlehensverpflichtungen, der nach der Gemeindesatzung auf sie entfällt. Die auf die einzelnen Grundstücke umgelegten Teilkulturrenten sind öffentliche Lasten dieser Grundstücke.

Art. 161. Art. 4 des Gesetzes vom 13. August 1910 über die Haltung und Körung der Bullen, Eber, Ziegenböcke und Schafböcke wird wie folgt geändert:

1. Abs. II wird gestrichen.
2. In Abs. III werden die Worte „wenn die im Art. 55/40 beider Gemeindeordnungen bezeichneten Voraussetzungen nicht zutreffen, durch Beschluß nach Art. 47/37 beider Gemeindeordnungen" gestrichen.

Art. 162. I Soweit im Staatsvertrage zwischen den Freistaaten Bayern und Coburg über die Vereinigung Coburgs mit Bayern einschließlich des Schlußprotokolls vom 14. Februar 1920 eine vom damaligen Gemeinderecht abweichende Regelung getroffen worden ist, gelten diese Abweichungen für dieses Gesetz entsprechend.

II Die Voraussetzungen des Art. 15 Abs. I dieses Gesetzes sind, soweit es sich um die Anstellung in einer kreisunmittelbaren Stadt der ehemals coburgischen Landesteile handelt, auch dann gegeben, wenn der Bewerber die Voraussetzungen für den höheren Justiz- oder Verwaltungsdienst in den ehemals coburgischen Landesteilen erfüllt hatte und durch den erwähnten Staatsvertrag an Stelle der coburgischen Staatsangehörigkeit die bayerische Staatsangehörigkeit erlangt hat. Das Staatsministerium des Innern kann, soweit Gemeindebeamte bereits im Dienste stehen, weitere Ausnahmen von Art. 15 Abs. I zulassen.

III Die Bestimmung des Art. 13 Abs. IV Satz 1 gilt nicht für kreisunmittelbare Städte der ehemals coburgischen Landesteile.

Art. 163. Bestehende Verpflichtungen der Gemeinden zur Unterhaltung von Ortsdurchfahrten im Zuge einer Staats- oder Bezirksstraße bleiben aufrechterhalten. Gleichartige Verpflichtungen von Ortschaften gehen auf die Gemeinden über; hierfür gilt Art. 62 Abs. II entsprechend.

Art. 164. Aufgehoben werden

1. die beiden Gemeindeordnungen vom 29. April 1869,
2. das pfälzische Städteverfassungsgesetz vom 15. August 1908,
3. das Selbstverwaltungsgesetz vom 22. Mai 1919,
4. das Gesetz vom 20. Dezember 1919 über die Geltung des Selbstverwaltungsgesetzes in der Pfalz,
5. die Gesetze und Verordnungen, die über die Gemeindenutzungen in der Pfalz in der Zeit vor Erlassung der Gemeindeordnung vom 29. April 1869 erlassen worden sind,
6. das Gemeindebeamtengesetz vom 15. Juli 1916 mit Ausnahme des Art. 24 hinsichtlich der Vorschriften über die in Abs. II genannten Versicherungsverbände,
7. Art. 2 des Gesetzes vom 25. November 1921 zur Änderung des Beamtenbesoldungsgesetzes vom 2. Juni 1920, soweit er sich auf die Beamten der Gemeinden und Bezirke bezieht,
8. Art. I des Gesetzes vom 24. August 1923 zur Änderung der Gemeindeordnung für die Landesteile rechts des Rheins und des Polizeistrafgesetzbuchs,
9. das Gemeindewahlgesetz vom 6. November 1924,
10. das Gesetz vom 25. Juni 1925 zur Änderung der Art. 14 und 15 des Selbstverwaltungsgesetzes,
11. die Verordnung vom 16. August 1805 über die Verbesserung der Straßen (Regierungsblatt Seite 597),
12. Art. 14 des Gesetzes vom 29. Februar 1924 zur neunten Abänderung des Beamtenbesoldungsgesetzes und sonstiger Vorschriften des Beamten-, des Besoldungs- und Versorgungsrechts,
13. Art. 3 Ziff. I, II und III der Verordnung vom 29. März 1924 zur Änderung beamtenrechtlicher Vorschriften in der Fassung des Gesetzes vom 10. Juli 1927 über die Änderung beamtenrechtlicher Vorschriften,
14. Art. 3 Ziff. II Satz 3 des Gesetzes vom 10. Juli 1927 über die Änderung beamtenrechtlicher Vorschriften,
15. das Gesetz über das Landesschiedsgericht für Beamtenbesoldung in der Fassung der Ministerialbekanntmachung vom 10. Juli 1927.

Art. 165. Dieses Gesetz tritt am 1. April 1928 in Kraft.

Art. 166. Die Vollzugsvorschriften zu diesem Gesetz erläßt das Staatsministerium des Innern.

4. Kreisordnung
vom 17. Oktober 1927.
(GVBl. S. 335.)

Der Landtag des Freistaates Bayern hat das folgende Gesetz beschlossen, und zwar hinsichtlich des Art. 11 Ziff. 1 unter Beachtung des § 92 der Verfassungsurkunde:

Art. 1. Der Kreis ist eine Körperschaft des öffentlichen Rechts mit dem Rechte der Selbstverwaltung nach Maßgabe der Gesetze. Sein Gebiet umfaßt den Regierungsbezirk.

Wirkungskreis.

Art. 2. I Der Kreis ist verpflichtet:

1. die für den Kreis erforderlichen Heil- und Pflegeanstalten, Blinden- und Taubstummenanstalten dem Zweck entsprechend herzustellen, zu unterhalten und zu betreiben,
2. die Anstalten, insbesondere die Unterrichtsanstalten zu unterhalten, deren Unterhaltung der Kreis übernommen hat oder noch übernimmt,
3. für Anstalten, Unternehmungen und Einrichtungen des Staates den Aufwand zu leisten, der dem Kreise nach Vereinbarung obliegt oder bei Inkrafttreten dieses Gesetzes von ihm getragen wird, ferner den Aufwand, den der Kreis für diese Zwecke künftig übernehmen wird,
4. die Aufgaben zu erfüllen, die ihm durch andere Gesetze auferlegt sind oder künftig auferlegt werden,
5. seinen persönlichen und sachlichen Aufwand zu bestreiten, soweit er nicht vom Staat oder anderweit getragen wird.

Art. 3. Der Kreis ist, wenn die Erfüllung der Pflichtaufgaben (Art. 2) gewährleistet ist, berechtigt, freiwillige Leistungen für solche Anstalten, Unternehmungen und Einrichtungen aufzuwenden, deren Durchführung den Gemeinden und Bezirken des Kreises unmöglich oder nur mit besonderen Schwierigkeiten möglich ist oder die durch die besonderen Verhältnisse des Regierungsbezirks geboten sind.

Verfassung und Verwaltung.

Art. 4. Der Kreis wird vom Kreistag und vom Kreisausschusse verwaltet, soweit nicht nach Art. 5 die Kreisregierung zuständig ist.

Art. 5. I Die Geschäfte des Kreises werden durch die Kreisregierung gemäß den Beschlüssen des Kreistags und des Kreisausschusses unentgeltlich geführt. Die Geschäftsführung ist Dienstaufgabe der Kreisregierung als Staatsverwaltungsbehörde.

II Zur Geschäftsführung gehört auch der Vollzug der Beschlüsse des Kreistags und des Kreisausschusses sowie die Aufsicht über den ordnungsmäßigen Betrieb der Anstalten, Unternehmungen und Einrichtungen des Kreises unbeschadet des Aufsichtsrechts des Kreistags und Kreisausschusses. Ist der Kreis in einer Verwaltungsstreitsache beteiligt, die die Kreisregierung zu entscheiden hat, so hat der Kreisausschuß einen besonderen Vertreter zu bestellen. Das gleiche gilt, wenn der Kreis gegen eine Verfügung der Staats- oder Sachaufsichtsbehörde Beschwerde zum Verwaltungsgerichtshof einlegt, für dieses Verfahren.

III Die mit der Unterhaltung und Instandsetzung der Bauten des Kreises verbundenen Geschäfte werden auf Verlangen des Kreises unentgeltlich erledigt, soweit die jeweils vorhandenen Kräfte ausreichen. Wie weit und unter welchen Bedingungen die mit Neubauten verbundenen Geschäfte durch den Staat besorgt werden, wird im Einzelfalle durch das Staatsministerium des Innern im Benehmen mit dem Staatsministerium der Finanzen bestimmt.

IV Die Kassen- und Rechnungsgeschäfte des Kreises führt die Kreisregierung unentgeltlich nach den Anordnungen der zuständigen Staatsministerien.

V Glaubt die Kreisregierung, daß ein Beschluß des Kreistags oder Kreisausschusses dem Gesetze widerspricht oder der staatsaufsichtlichen Genehmigung bedarf, so hat sie den Vollzug auszusetzen und die Verhandlungen der Staatsaufsichtsbehörde vorzulegen.

Art. 6. I Die Kreisregierung bereitet die Verhandlungen des Kreistags und des Kreisausschusses vor und stellt dazu ihre Anträge. Sie legt den Entwurf des Voranschlags vor. Über ihre Anträge muß durch Beschluß zur Sache entschieden werden. Das Recht des Kreistags und Kreisausschusses, von sich aus Angelegenheiten zu beraten und zu entscheiden, bleibt unberührt.

II In dringenden Fällen ist die Kreisregierung zu einzelnen Maßnahmen befugt, wenn die sofortige Berufung des Kreisausschusses unmöglich ist und der Kreistagspräsident (bei seiner Verhinderung sein Stellvertreter) sein Einverständnis erklärt. Von den getroffenen Maßnahmen ist dem Kreisausschuß in seiner nächsten Sitzung Kenntnis zu geben.

Art. 7. Der Kreis wird im Rechtsverkehre durch die Kreisregierung, im übrigen durch den Kreistagspräsidenten vertreten.

Art. 8. Die Mitglieder des Kreistags werden in allgemeiner, gleicher, unmittelbarer, geheimer Wahl nach den Grundsätzen des Verhältniswahlrechts auf die Dauer von fünf Jahren gewählt.

Art. 9. I In den Kreistag sind doppelt so viele Vertreter zu wählen, als Landtagsabgeordnete nach dem Landeswahlgesetz auf den Kreis treffen.

II Außerdem wird der vierte Teil der hiernach zu wählenden Vertreter, höchstens jedoch 10 Sitze den Wahlvorschlägen nach dem Verhältnis ihrer Stimmenzahlen im ganzen Kreise zur Benennung zugeteilt. Bruchteile gelten hierbei als voll.

Art. 10. Die Kreistagsmitglieder werden nach folgenden Grundsätzen gewählt:

1. Jeder Kreis bildet einen Wahlkreis.
2. Der Wahl wird die Stimmkreiseinteilung für die Landtagswahl zu Grunde gelegt mit der Maßgabe, daß für jeden Stimmkreis in jedem Wahlvorschlage zwei Bewerber aufgestellt werden können.
3. Die Stimmzettel werden für jeden Stimmkreis in der Weise amtlich hergestellt, daß sie die sämtlichen für den Stimmkreis aufgestellten Bewerber mit dem Kennworte des Wahlvorschlages enthalten, dem die Bewerber angehören.
4. Jeder Wähler kann seine Stimme nur den für den Stimmkreis aufgestellten Bewerbern eines von dem Wahlleiter öffentlich bekanntgegebenen Wahlvorschlages geben, indem er durch ein auf den Stimmzettel gesetztes Kreuz oder auf andere Weise seine Stimmabgabe kenntlich macht. Ist auf einem Stimmzettel der Name der Bewerber oder, wenn für den Stimmkreis nur ein Bewerber aufgestellt ist, der Name dieses Bewerbers gestrichen, so wird die Stimme als Listenstimme für den Wahlvorschlag gezählt.
5. Für die Wahlen nach Art. 9 Abs. I werden die Sitze auf die Wahlvorschläge nach dem Verhältnis der Zahlen der Stimmzettel verteilt, die für die einzelnen Wahlvorschläge abgegeben worden sind. Bei gleichem Anspruch mehrerer Wahlvorschläge auf einen Sitz fällt der Sitz dem Wahlvorschlage zu, dessen in Betracht kommender Bewerber die größte Stimmenzahl aufweist. Bei Stimmengleichheit entscheidet in diesem Falle das Los.

   Die auf einen Wahlvorschlag entfallenen Sitze werden auf die einzelnen darin enthaltenen Bewerber nach der Zahl der für jeden Bewerber in den Stimmkreisen, in denen er aufgestellt ist, abgegebenen

Stimmen verteilt. Bei Stimmengleichheit wird hierbei der Stimmkreis berücksichtigt, der für den Wahlvorschlag die größere Stimmenzahl aufgebracht hat; nötigenfalls entscheidet die Reihenfolge der Benennung im Wahlvorschlag.

In einem Stimmkreis kann einem Wahlvorschlag erst dann ein weiterer Sitz zufallen, wenn der Wahlvorschlag schon in den sämtlichen übrigen Stimmkreisen, für die er Bewerber aufgestellt hat, einen Sitz erhalten hat.

Fallen einem Wahlvorschlage mehr Sitze zu, als er Bewerber enthält, so können für die überschüssigen Sitze Personen benannt werden, die nicht auf dem Wahlvorschlage stehen, sofern sie wählbar sind.

6. Ersatzmann für einen Gewählten ist zunächst der im gleichen Stimmkreis und auf dem gleichen Wahlvorschlage nicht gewählte Bewerber; im übrigen sind die nicht gewählten Bewerber in der Reihenfolge der Ziff. 5 die Ersatzleute der Gewählten. Sie rücken in den Kreistag ein, wenn ein Bewerber abgelehnt hat oder ausscheidet. Sind auf einem Wahlvorschlage keine Ersatzleute mehr vorhanden, so findet Ziff. 5 Unterabs. 4 Anwendung.
7. Für die Besetzung der nach Art. 9 Abs. II zu vergebenden Sitze gelten die Bestimmungen des Landeswahlgesetzes über die Landesabgeordneten entsprechend mit der Maßgabe, daß hierfür auch Personen benannt werden können, die in keinem Wahlvorschlag enthalten sind, sofern sie wählbar sind.

Art. 11. Im übrigen finden die Vorschriften der Gemeindeordnung Anwendung hinsichtlich

1. der Wahlberechtigung und der Wählbarkeit mit der Maßgabe, daß an Stelle des zwölfmonatigen Aufenthalts in der Gemeinde der sechsmonatige Aufenthalt im Kreise tritt,
2. der Behandlung der Wählerlisten und Wahlkarteien,
3. der Ausstellung der Wahlscheine mit der Maßgabe, daß die Wahlscheine zur Abstimmung innerhalb des gleichen Kreises berechtigen,
4. der Behandlung der Wahlvorschläge mit der Maßgabe, daß die Wahlvorschläge nicht mehr Bewerber enthalten dürfen, als Vertreter nach Art. 9 Abs. I zu wählen sind,
5. der Behandlung der Untervorschläge mit der Maßgabe, daß für die Bestimmung der Ersatzleute die Vorschriften in Art. 10 Ziff. 5 und 6 gelten,
6. der Dauer der Wahlhandlung,
7. des Wahlvorgangs, wenn kein oder nur ein gültiger Wahlvorschlag eingereicht wird, mit der Maßgabe, daß die Stimmzettel nur je einen Namen enthalten dürfen. Die nach Art. 9 Abs. I und II insgesamt in Betracht kommenden Vertreter sind hierbei in einem Wahlgange zu wählen;
8. der Wahlen, die gleichzeitig mit einer vom Reich oder auf Grund des Landeswahlgesetzes ausgeschriebenen Abstimmung vorgenommen werden,
9. der Folgen von Bestechung und Nötigung der Abstimmenden,
10. der Kosten der Wahl mit der Maßgabe, daß die Gemeinden nur die auf die Bereitstellung des Wahlraumes und der sonstigen für die Wahl nötigen Gegenstände sowie für die Wählerlisten und Wahlkarteien, die Kreise dagegen die übrigen Kosten zu tragen haben,
11. der Fortführung des Amtes durch die Kreistagsmitglieder bei Ablauf der Wahlzeit.

Art. 12. I Über die Gültigkeit der Wahlen und über Wahlanfechtungen entscheidet der Kreistag endgültig.

II Hierbei findet Art. 74 Abs. I bis V der Gemeindeordnung entsprechend Anwendung mit der Maßgabe, daß die in Art. 74 Abs. IV vorgesehenen Entscheidungen auch ohne Wahlanfechtung von Amts wegen erfolgen können. An

Stelle der Staatsaufsichtsbehörde tritt dabei der Kreistag, an Stelle des Gemeindewahlleiters der Kreiswahlleiter, an Stelle des Gemeindewahlausschusses der Kreiswahlausschuß.

III Wenn der Kreistag das Wahlergebnis in einzelnen Stimmbezirken für ungültig erklärt und feststellt, daß es nach der Wählerzahl dieses Gebietes auf das gesamte Wahlergebnis von Einfluß sein kann, hat eine Wiederholungswahl in diesem Gebiet auf Grund der alten Wählerlisten oder Wahlkarteien und der alten Wahlvorschläge stattzufinden. Der Kreiswahlausschuß stellt das Ergebnis hierauf neu fest.

IV Die Anordnung einer Neuwahl obliegt dem Staatministerium des Innern.

Art. 13. Das Staatsministerium des Innern bestimmt den Tag der Wahl und regelt das Verfahren bei der Wahl durch eine Wahlordnung.

Art. 14. Das Amt des Kreistagsmitglieds kann durch schriftliche Erklärung an den Kreistagspräsidenten niedergelegt werden. Im übrigen gelten für die Mitglieder des Kreistags die Bestimmungen des Art. 113 Ziff. 1, 3 und 4 der Gemeindeordnung entsprechend.

Art. 15. I Die Mitglieder des Kreistags haben die Pflichten der ehrenamtlichen Mitglieder des Gemeinderats. Sie werden durch den Regierungspräsidenten auf die gewissenhafte Erfüllung ihrer Obliegenheiten durch Handschlag verpflichtet.

II Ein Mitglied des Kreistags verliert sein Amt, wenn es sich Handlungen schuldig macht, die bei einem ehrenamtlichen Mitglied des Gemeinderats die Dienstentlassung begründen würden. Ob die Voraussetzungen gegeben sind, wird von der Kreisregierung im verwaltungsgerichtlichen Verfahren entschieden; im zweiten Rechtszug entscheidet der Verwaltungsgerichtshof.

Art. 16. I Die Mitglieder des Kreistags und Kreisausschusses versehen ihren Dienst ehrenamtlich. Sie haben Anspruch auf Vergütung der Reisekosten und angemessene Aufwandentschädigung, Angestellte und Lohnarbeiter außerdem Anspruch auf Entschädigung für entgangenen Gehalt oder Lohn.

II Den Beamten, Angestellten und Arbeitern des Staates, der Gemeinden und sonstigen Körperschaften des öffentlichen Rechts muß die zur Ausübung des Amtes erforderliche Dienstbefreiung gewährt werden.

Art. 17. Der Kreistag wird zu seiner ersten Tagung nach der Wahl vom Regierungspräsidenten berufen. Dieser eröffnet die Sitzung. Unter der Leitung des Regierungspräsidenten wählt der Kreistag auf die Dauer der Wahlzeit den Kreistagspräsidenten, den Schriftführer und je einen Stellvertreter aus seiner Mitte.

Art. 18. Der Kreisausschuß besteht aus dem Kreistagspräsidenten, dem Schriftführer sowie aus fünf bis sieben Kreistagsmitgliedern. Der Kreistag setzt ihre Zahl fest und wählt sie mit Ersatzleuten durch Verhältniswahl auf die Dauer der Wahlzeit aus seiner Mitte. Das Nähere regelt das Staatsministerium des Innern durch eine Wahlordnung. Die Ersatzleute können auch als Stellvertreter bei Verhinderung von Mitgliedern vorübergehend einberufen werden.

Art. 19. I Der Kreisausschuß hat die Beratungen des Kreistags vorzubereiten und den Voranschlag vorzuberaten. Der Kreisausschuß entscheidet endgültig über Geldausgaben und Übernahme von Verbindlichkeiten aller Art in der Verwaltung der Anstalten, Unternehmungen, Einrichtungen und des sonstigen Vermögens des Kreises, soweit im Voranschlage die Beschlußfassung im einzelnen Falle dem Kreisausschusse vorbehalten worden ist oder soweit der Voranschlag überschritten wird und ein dringender Fall vorliegt.

II Der Kreisausschuß ist befugt, die Rechnungen der Stiftungen einzusehen, die für den Regierungsbezirk oder für mehr als einen Bezirk bestimmt sind und nicht von einer Religionsgesellschaft verwaltet werden. Der Kreisausschuß kann zur Wahrung der Belange des Kreises Anträge in Bezug auf die Verwaltung solcher Stiftungen stellen. Er ist vor der Zusammenlegung und Änderung solcher Stiftungen zu hören.

Art. 20. I Der Kreisausschuß faßt seine Beschlüsse in Sitzungen. Ausnahmsweise ist schriftliche Abstimmung ohne Sitzung zulässig, wenn kein Mitglied widerspricht. Äußerung der Kreisregierung ist vorher zu erholen und den Mitgliedern mitzuteilen.

II Der Kreisausschuß wird vom Kreistagspräsidenten im Benehmen mit der Kreisregierung berufen. Er muß berufen werden, wenn drei Mitglieder des Kreisausschusses schriftlich unter Bezeichnung des Verhandlungsgegenstandes es beantragen oder die Kreisregierung es fordert.

III Der Kreisausschuß ist beschlußfähig, wenn sämtliche Mitglieder geladen sind und wenn mehr als die Hälfte anwesend ist.

IV Die Verhandlungen des Kreisausschusses sind nicht öffentlich. Unberührt bleibt die Befugnis sowohl der Kreisregierung wie des Kreisausschusses, Beteiligte und Sachverständige zuzulassen und zu hören.

Art. 21. I Die Kreisregierung hat das Recht, Beamte zu den Sitzungen des Kreisausschusses abzuordnen. Der Kreisausschuß kann verlangen, daß Vertreter der Kreisregierung an den Sitzungen teilnehmen. Auf Verlangen ist den Beamten jederzeit das Wort zu erteilen.

II Die Tagesordnung des Kreisausschusses ist der Kreisregierung mindestens drei Tage vor der Sitzung mitzuteilen. Andere Gegenstände können nur verhandelt werden, wenn vorher die Kreisregierung verständigt worden ist.

Art. 22. I Ein Mitglied kann an der Beratung und Abstimmung nicht teilnehmen, wenn der Beschluß ihm selbst, seinem Ehegatten, einem Verwandten oder Verschwägerten bis zum dritten Grad oder einer von ihm gesetzlich oder kraft Vollmacht vertretenen Rechtspersönlichkeit des bürgerlichen Rechts einen unmittelbaren Vorteil oder Nachteil bringen kann. Ob diese Voraussetzungen vorliegen, entscheidet der Kreisausschuß ohne Mitwirkung des in Betracht kommenden Mitglieds; gegen die Entscheidung kann jedes Mitglied des Kreisausschusses binnen vierzehn Tagen Beschwerde einlegen, über welche die Staatsaufsichtsbehörde endgültig entscheidet. Hat ein Mitglied des Kreisausschusses entgegen der Bestimmung des Satzes 1 an der Beratung und Abstimmung teilgenommen, so ist der Beschluß ungültig.

II Ist der Kreisausschuß durch Verhinderung von Mitgliedern nach Abs. I beschlußunfähig geworden, so treten für die verhinderten Mitglieder die Ersatzleute ein. Ist auf diese Weise die Beschlußfähigkeit nicht zu erreichen, so kann die Staatsaufsichtsbehörde die zur Beschlußfähigkeit erforderliche Zahl herabsetzen oder das sonst zum Besten des Kreises Notwendige verfügen.

III Ebenso kann die Staatsaufsichtsbehörde verfahren, wenn der Kreisausschuß durch andere Hindernisse zeitweise beschlußunfähig geworden ist und unverschiebbare Beratungsgegenstände vorliegen.

Art. 23. I Den Vorsitz im Kreisausschusse führt der Kreistagspräsident. Den Stellvertreter des Kreistagspräsidenten und des Schriftführers wählt der Kreisausschuß aus seiner Mitte.

II Der Kreisausschuß beschließt in offener Abstimmung mit Mehrheit der Abstimmenden. Kein Mitglied darf sich der Abstimmung enthalten. Bei Stimmengleichheit ist der Antrag abgelehnt. Wahlen können in geheimer Abstimmung vorgenommen werden, wenn dies im einzelnen Falle beschlossen wird. Art. 21 Abs. II der Gemeindeordnung ist entsprechend anzuwenden.

Art. 24. I Dem Kreistag ist die Beschlußfassung über folgende Angelegenheiten vorbehalten:

1. Festsetzung des Voranschlags,
2. Feststellung der Jahresrechnungen über die Verwaltung des Kreises und der vom Kreise verwalteten Stiftungen,
3. Aufstellung der Grundsätze, nach denen das Vermögen des Kreises zu verwalten ist,

4. Erhebung öffentlichrechtlicher Abgaben für den Kreis,
5. Festsetzung und Änderung der Satzungen der Anstalten und sonstigen Einrichtungen des Kreises, Festsetzung der Gebühren und sonstigen Vergütungen für die Benützung,
6. Veräußerung und Belastung von Liegenschaften, die zum Grundstockvermögen des Kreises oder der vom Kreise verwalteten Stiftungen gehören,
7. Errichtung und Aufhebung von Anstalten, Unternehmungen und Einrichtungen des Kreises,
8. Aufnahme von Anleihen und Übernahme von Bürgschaften,
9. freiwillige Leistungen nach Art. 3,
10. Höhe der Entschädigung der Mitglieder des Kreistgs, des Kreisausschusses und der besonderen Ausschüsse sowie Art und Höhe der Vergütung nach der Reisekosten (Art. 16).

II Der Kreistag kann beschließen, daß zur Erledigung bestimmter Angelegenheiten die Beschlußfassung des Kreisausschusses genügt. Über alle Angelegenheiten, die der aufsichtlichen Genehmigung bedürfen, mit Ausnahme der Angelegenheiten nach Art. 36 Abs. I Ziff. 3, hat der Kreistag zu beschließen.

III In dringenden Fällen kann der Kreisausschuß auch in Angelegenheiten nach Abs. I Ziff. 3, 5, 7 und 9, Abs. II Satz 2 endgültig beschließen, wenn die sofortige Berufung des Kreistags unmöglich ist. Der Beschluß ist dem Kreistag in seiner nächsten Sitzung mitzuteilen.

Art. 25. I Der Kreistag faßt seine Beschlüsse in Sitzungen.

II Der Kreistag versammelt sich jährlich in der Regel einmal auf Berufung des Kreistagspräsidenten, der hierwegen mit der Kreisregierung ins Benehmen tritt. In dringenden Fällen kann der Kreistag zu außerordentlichen Sitzungen berufen werden. Er muß berufen werden, wenn es der Kreisausschuß, die Hälfte der Kreistagsmitglieder schriftlich unter Bezeichnung des Verhandlungsgegenstandes oder die Kreisregierung beantragt.

III Der Kreistag ist beschlußfähig, wenn sämtliche Mitglieder geladen sind und mehr als die Hälfte der Mitglieder anwesend ist. Im übrigen gilt Art. 22 entsprechend.

Art. 26. I Für die Verhandlungen des Kreistags gelten Art. 21 und Art. 23 Abs. I Satz 1, Abs. II, für die Zuziehung von Sachverständigen Art. 20 Abs. IV Satz 2 entsprechend.

II Die Sitzungen des Kreistags sind öffentlich, soweit nicht Rücksichten auf das Wohl des Reiches, des Staates, des Kreises oder berechtigte Ansprüche einzelner entgegenstehen. Über den Ausschluß der Öffentlichkeit wird in geheimer Sitzung beraten und entschieden.

III Der Vorsitzende handhabt die Ordnung. Er ist berechtigt, Zuhörer, die die Ordnung stören, entfernen zu lassen. Das gleiche Recht steht ihm mit Zustimmung des Kreistags zu gegen Mitglieder, die die Ordnung fortgesetzt erheblich stören.

IV Der Kreistag kann für den Geschäftsgang im Kreistag und Kreisausschuß eine Geschäftsordnung erlassen.

Art. 27. Zur Erledigung bestimmter Angelegenheiten kann der Kreistag besondere Ausschüsse bilden und ihnen vorbehaltlich des Art. 24 Abs. II Satz 2 die Befugnisse des Kreisausschusses und des Kreistages übertragen. Für diese Ausschüsse gelten die Vorschriften über den Kreisausschuß entsprechend. Die Zahl der Mitglieder bestimmt der Kreistag.

Art. 28. I Die Mitglieder des Kreistags und des Kreisausschusses sind verpflichtet, an den Sitzungen teilzunehmen.

II Gegen Mitglieder, die sich dieser Verpflichtung entziehen oder sich der Abstimmung enthalten, kann der Kreistag durch Beschluß Ordnungsstrafen bis zu 200 RMk. im einzelnen Falle verhängen. Die Strafe wegen Versäumnis der Sitzung kann auch verhängt werden, wenn wenigstens ein Drittel der Mitglieder des Kreistags anwesend ist.

III Die Befugnis nach Abs. II steht auch dem Kreisausschuß und den besonderen Ausschüssen nach Art. 26 gegenüber ihren Mitgliedern zu.

IV Die Geldstrafen werden wie Kreisumlagen beigetrieben.

V Entzieht sich ein Mitglied nach zwei wegen Versäumnis erkannten Strafen innerhalb eines Zeitraums von sechs Monaten weiterhin seiner Pflicht, an den Sitzungen teilzunehmen, so kann der Kreistag den Verlust des Amtes aussprechen.

VI Gegen den auf Geldstrafe lautenden Beschluß kann binnen vierzehn Tagen nach Eröffnung Beschwerde zur Staatsaufsichtsbehörde eingelegt werden; diese entscheidet endgültig. Gegen den auf Verlust des Amtes lautenden Beschluß kann das ausgeschlossene Mitglied binnen vierzehn Tagen nach Eröffnung verwaltungsgerichtliche Entscheidung beantragen; zuständig ist der Verwaltungsgerichtshof, der hierbei auch über Ermessensfragen entscheidet.

Art. 29. I Über die Verhandlungen des Kreistags und seiner Ausschüsse sind Niederschriften zu fertigen. Sie müssen die anwesenden Mitglieder, die verhandelten Gegenstände, die Beschlüsse und das Abstimmungsergebnis ersehen lassen. Das Nähere bestimmt der Kreisausschuß. Die Kosten fallen dem Kreise zu.

II Die Niederschriften sind vom Kreistagspräsidenten und dem Schriftführer zu unterzeichnen. Bei Meinungsverschiedenheit entscheidet der Kreisausschuß.

III Den Mitgliedern des Kreistags steht die Einsicht in die Niederschriften frei.

Art. 30. I Das Grundstockvermögen ist in seinem Bestand ungeschmälert zu erhalten, soweit es nicht als angesammeltes Zweckvermögen dem bestimmten Zwecke zugeführt wird. Zum Grundstockvermögen gehören alle Werte, die nicht zur Veräußerung oder zum Verbrauch im Haushalt des Kreises bestimmt sind.

II Wird Grundstockvermögen veräußert, so ist der Erlös dem Grundstockvermögen zuzuführen. Werden Grundstücke veräußert, so sind Grundstücke zu beschaffen. Wird Grundstockvermögen geschmälert, so ist es in angemessener Zeit durch Zuweisung aus Wirtschaftsmitteln zu ersetzen. Von diesen Vorschriften kann aus wichtigen Gründen abgewichen werden, wenn die Staatsaufsichtsbehörde hiergegen keine Erinnerung erhebt. Mit Genehmigung der Staatsaufsichtsbehörde kann Grundstockvermögen unentgeltlich veräußert werden.

Art. 31. I Anleihen dürfen nur zu werbendn Zwecken oder zu Ausgaben für Einrichtungen von dauerndem Nutzen aufgenommen werden, zu deren sofortigen Deckung die Leistungsfähigkeit des Kreises nicht ausreicht.

II Anleihen müssen nach einem festgestellten Plan in angemessener Zeit aus Wirtschaftsmitteln getilgt werden. Anleihen zur Befriedigung wiederkehrender Bedürfnisse sollen bis zur Wiederkehr des Bedürfnisses getilgt oder durch Rücklage ausgeglichen sein. Die Tilgungspläne sind der Staatsaufsichtsbehörde vorzulegen.

III Aus wichtigen Gründen kann die Staatsaufsichtsbehörde zulassen, daß von den Vorschriften des Abs. I und II abgewichen wird.

IV Die Genehmigung der Staatsaufsichtsbehörde ist erforderlich, wenn der Betrag der aufzunehmenden Schuld allein oder zusammen mit anderen Beträgen im Sinne der Abs. I, IV und V in dem gleichen Rechnungsjahre 500 000 RMk. übersteigt. Das gleiche gilt ohne Rücksicht auf die Höhe des Betrages, wenn der Geldgeber ein Ausländer ist oder wenn die Verpflichtung des Kreises ganz oder teilweise in ausländischer Währung zu erfüllen ist. Das Staatsministerium des Innern kann im Benehmen mit dem Staatsministerium der Finanzen bindende Richtlinien für die Fälle des vorstehenden Satzes aufstellen.

V Der Aufnahme von Anleihen steht die Aufnahme von Darlehen sowie der Abschluß von Bürgschaftsverträgen und verwandten Rechtsgeschäften, die ein Einstehen für fremde Schuld zum Gegenstande haben, gleich. Soweit Tilgungspläne nicht in Frage kommen, ist Anzeige an die Staatsaufsichtsbehörde zu erstatten.

VI Betriebskredite, das sind Kredite, die bestimmungsgemäß in kürzester Zeit, längstens aber innerhalb eines Jahres seit der Aufnahme zurückgezahlt werden und deren Verwendungsart die Rückzahlung in dieser Zeit gewährleistet, bedürfen der Genehmigung der Staatsaufsichtsbehörde, wenn sie, ohne abgedeckt zu sein, in dem gleichen Rechnungsjahre die Summe von 500 000 RMk. übersteigen oder wenn die Voraussetzungen des Abs. IV Satz 2 vorliegen. Die Aufnahme aller übrigen Betriebskredite ist der Staatsaufsichtsbehörde anzuzeigen.

Art. 32. I Der Kreis ist berechtigt, soweit nicht Gesetze oder Staatsverträge entgegenstehen, durch Satzung die Benützung seines Eigentums, seiner Anstalten, Unternehmungen und Einrichtungen zu ordnen und Gebühren für die Benützung festzusetzen.

II Streitigkeiten über die Benützung der Anstalten, Unternehmungen und Einrichtungen und über die Verbindlichkeit zur Entrichtung von Gebühren hierfür sowie über Ansprüche auf Rückvergütung solcher Gebühren entscheidet die Kreisregierung im verwaltungsgerichtlichen Verfahren; im zweiten Rechtszug entscheidet der Verwaltungsgerichtshof.

III Der Kreis hat für die Anstalten, deren Errichtung und Betrieb ihm obliegt oder die er freiwillig errichtet hat, Satzungen aufzustellen und Dienstanweisungen zu geben.

Art. 33. I Das Rechnungsjahr läuft vom 1. April bis zum 31. März.

II Der Kreis ist verpflichtet, alljährlich vor Beginn des Rechnungsjahres einen Voranschlag über die voraussehbaren Einnahmen und Ausgaben aufzustellen und der Staatsaufsichtsbehörde vorzulegen. Der Voranschlag muß ersehen lassen, wie die sämtlichen Ausgaben gedeckt werden sollen. Der Voranschlag bildet, vorbehaltlich der Art. 6 Abs. II, Art. 19 Abs. I und Art. 24 Abs. III, die Grundlage des Haushalts.

Staatsaufsicht.

Art. 34. Die Staatsaufsicht über die Kreise wird vom Staatsministerium des Innern geführt.

Art. 35. I Die Staatsaufsichtsbehörde kann gesetzwidrige Beschlüsse ändern oder aufheben und die Erfüllung der gesetzlichen und übernommenen Verpflichtungen des Kreises erzwingen.

II Die Staatsaufsichtsbehörde kann zur Durchführung ihrer Befugnisse Anstalten und Einrichtungen des Kreises besichtigen, die Geschäfts- und Kassenführung prüfen sowie Berichte und Akten einfordern.

III Verweigert der Kreis innerhalb einer ihm gesetzten Frist die Änderung oder Zurücknahme gesetzwidriger Beschlüsse, so ändert die Staatsaufsichtsbehörde diese Beschlüsse oder hebt sie auf. Bestreitet der Kreis innerhalb einer ihm gesetzten Frist die gesetzliche Verpflichtung oder gibt er innerhalb dieser Frist keine Erklärung ab oder verweigert er die Erfüllung der unbestrittenen Verpflichtung, so beschließt die Staatsaufsichtsbehörde.

IV Die Staatsaufsichtsbehörde kann in den Fällen des Abs. III vorläufige Anordnungen treffen, insbesondere in dringenden Fällen ihre Beschlüsse vor eingetretener Rechtskraft vollziehen.

V Zur Erfüllung der endgültig festgestellten Verpflichtungen oder zum Vollzuge der vorläufigen Anordnungen kann die Staatsaufsichtsbehörde an Stelle des Kreises den notwendigen Aufwand in den Voranschlag einstellen oder die sonst erforderlichen Verfügungen treffen und rechtserhebliche Erklärungen abgeben.

VI Gegen den Beschluß nach Abs. III ist binnen vier Wochen Beschwerde zum Verwaltungsgerichtshof zulässig, wenn der Kreis behauptet, daß der Beschluß sein gesetzliches Selbstverwaltungsrecht verletze oder ihn mit einer gesetzlich nicht begründeten Leistung belaste. Gegen vorläufige Anordnungen oder gegen Verfügungen zum Vollzuge der Verpflichtungen ist eine Beschwerde nicht zulässig.

Art. 36. I Der Kreis bedarf der Genehmigung der Staatsaufsichtsbehörde:
1. zur Ausleihung und Anlegung von Geldern unter Abweichung von den für die Gemeinden gegebenen Vorschriften,
2. zur Errichtung und zum Betriebe von Erwerbsunternehmungen oder zur erheblichen Beteiligung an solchen; hierbei gilt Art. 61 Abs. IV der Gemeindeordnung entsprechend;
3. zur Belastung von Grundstücken mit einer Hypothek, Grundschuld oder Rentenschuld, wenn es sich nicht um Kaufschillingsreste handelt,
4. zur Veräußerung oder wesentlichen Veränderung solcher Gebäude und sonstiger unbeweglicher oder beweglicher Gegenstände aus älterer Zeit, deren Erhaltung wegen ihres geschichtlichen, wissenschaftlichen oder Altertumswertes für die Allgemeinheit von Bedeutung ist, zur Veräußerung oder wesentlichen Veränderung von schutzwürdigen Naturgebilden und zu allen Maßnahmen am Kreiseigentum, die ein schutzwürdiges Orts- oder Landschaftsbild wesentlich verändern.

II Das Staatsministerium des Innern kann die Vorschriften über die Anlegung von Gemeindevermögen auf das Kreisvermögen ausdehnen und ergänzen.

III Werden die Entwürfe von Bauführungen des Kreises durch die Kreisregierung ausgearbeitet oder geprüft, so entfällt die baupolizeiliche Genehmigung. Doch sind die Entwürfe der Baupolizeibehörde zur Erinnerung in Bezug auf Baulinie, Höhenlage und sonstige bau- und gesundheitspolizeiliche Verhältnisse mitzuteilen.

Sachaufsicht.

§ 37. I Die Aufhebung oder wesentliche Veränderung der Anstalten nach Art. 2 Ziff. 1 und 2 sowie jede Änderung des nach Art. 2 Ziff. 3 bestehenden Zustandes wird erst mit der Einwilligung des zuständigen Staatsministeriums wirksam.

II Den zur Durchführung der Sachaufsicht zuständigen Staatsministerien stehen die Befugnisse des Art. 35 Abs. II zu.

III Das Staatsministerium für Unterricht und Kultus kann Anordnungen für die Unterrichts- und Erziehungsanstalten der Kreise erlassen.

Beamte und Angestellte.

Art. 38. I Für Personen im Dienste des Kreises, insbesondere an Anstalten, Unternehmungen und Einrichtungen des Kreises kann ein öffentlichrechtliches Dienstverhältnis nur nach den Vorschriften des Staatsbeamtenrechts begründet werden. Die vermögensrechtlichen Ansprüche aus dem Dienstverhältnisse sowie die den Hinterbliebenen eingeräumten vermögensrechtlichen Ansprüche richten sich gegen den Kreis. Der Kreisausschuß ist vor der Ernennung und Beförderung eines Beamten, der Versetzung in den Ruhestand mit Wartegeld oder mit Ruhegehalt sowie vor der Lösung des Dienstverhältnisses eines widerruflichen Beamten zu hören.

II Der Abschluß, die Lösung und der Vollzug der Dienstverträge des bürgerlichen Rechts kommt der Kreisregierung zu. Vor dem Abschluß und vor der Lösung ist der Kreisausschuß zu hören.

III Eine Anstellung nach Abs. I und ein Dienstvertrag nach Abs. II ist vorbehaltlich des Art. 35 nur möglich, wenn der Kreistag oder in dringenden Fällen (Art. 19 Abs. I) der Kreisausschuß die Mittel für die Stelle bewilligt hat. Bei der Bewilligung der Mittel für die Stelle ist zugleich zu bestimmen, ob ein öffentlichrechtliches Dienstverhältnis begründet oder ein Vertrag des bürgerlichen Rechts abgeschlossen werden soll. Das zuständige Staatsministerium kann bestimmen, daß an Stelle eines Dienstvertrages des bürgerlichen Rechts ein öffentlichrechtliches Dienstverhältnis begründet werden muß. Die Stellenausweise für die Beamten und Beamtenanwärter im Sinne des Beamtengesetzes bedürfen der Genehmigung des zuständigen Staatsministeriums und des Staatsministeriums der Finanzen.

IV Die Dienstaufsicht über die Beamten und sonstigen Kräfte an den Anstalten, Unternehmungen und Einrichtungen des Kreises führt die Kreisregierung. Ihr kommt die Befugnis zur Verhängung der Ordnungsstrafen zu. Von der Einleitung und dem Abschluß eines Disziplinarverfahrens ist der Kreisausschuß von der Einleitung und dem Abschluß eines Ordnungsstrafverfahrens ist der Kreistagspräsident zu verständigen.

Besondere Bestimmungen.

Art. 39. I Vor Änderungen im Bestande eines Kreises ist in wichtigen Fällen der Kreistag, im übrigen der Kreisausschuß zu hören. Bei einer Änderung werden die Vermögensverhältnisse, die Rechte und Pflichten in Bezug auf bestehende Anstalten, Gebäude und Einrichtungen die Übernahme von Beamten und Angestellten sowie die aus Dienstverhältnissen sich ergebenden Verpflichtungen gegenüber Beamten und Angestellten und ihren Hinterbliebenen durch Übereinkunft der beteiligten Kreise geregelt. Kommt eine Übereinkunft nicht zustande, so entscheidet eine vom Staatsministerium des Innern bestimmte Kreisregierung. Gegen Entscheidungen dieser Kreisregierung ist binnen vierzehn Tagen Beschwerde zum Verwaltungsgerichtshofe zulässig. Kreisregierung und Verwaltungsgerichtshof entscheiden durch Schiedsspruch nach billigem Ermessen und im verwaltungsgerichtlichen Verfahren. Wird ein Kreis aufgehoben, so wird er vom bisherigen Kreisausschuß vertreten.

II Ob und inwieweit nach einer Änderung Neuwahlen der Kreistage vorzunehmen sind, wird im Einzelfalle durch Gesetz bestimmt.

III Wird bei einer Änderung vereinbart, daß das Eigentum oder ein anderes Recht an einem Grundstücke von einem Kreis auf einen anderen Kreis übergehen soll, so tritt die Rechtsänderung in dem Zeitpunkte ein, in dem die Änderung im Bestande des Kreises wirksam wird oder der in der Verfügung über die Änderung bestimmt wird. Das gleiche gilt, wenn die Vereinbarung durch einen rechtskräftigen Schiedspruch ersetzt wird.

Art. 40. Bei Änderungen nach Art. 39 erstrecken sich die öffentlich-rechtlichen Vorschriften des Kreises, mit dem die Vereinigung erfolgt ist, vom Zeitpunkte der Änderung an auch auf die einbezogenen Gebiete.

Art. 41. Beamte, die infolge der Änderung von einem anderen Kreis übernommen werden sollen, sind verpflichtet, den Dienst im neuen Kreise weiterzuführen, wenn ihnen eine ihrer Berufsbildung entsprechende Stelle zugewiesen wird und ihre Rechte gewahrt werden. Im Streitfall entscheidet die vom Staatsministerium des Innern bestimmte Kreisregierung im verwaltungsgerichtlichen Verfahren; im zweiten Rechtszug entscheidet der Verwaltungsgerichtshof. Der neue Kreis hat dem Beamten die Umzugskosten nach den Vorschriften zu ersetzen, die für die Beamten des Staates bestehen.

Art. 42. Für die Kreise gelten folgende Bestimmungen der Gemeindeordnung entsprechend:

1. Art. 127 bis 132 über die Stiftungen für die vom Kreise verwalteten Stiftungen,
2. Art. 133 bis 141 über die Zweckverbände,
3. Art. 143.

Übergangs- und Schlußbestimmungen.

Art. 43. Die Wahlzeit der auf Grund dieses Gesetzes erstmals gewählten Kreistage läuft mit der Wahlzeit der im Jahre 1929 gewählten Gemeinderäte ab.

Art. 44. Soweit ein öffentlichrechtliches Dienstverhältnis zwischen dem Kreis und einem Beamten besteht, das sich nicht nach den Vorschriften des Beamtengesetzes bemißt, ist das Dienstverhältnis in ein solches überzuleiten.

Art. 45. I Das Landratsgesetz vom 28. Mai 1852 und das Kreislastenausscheidungsgesetz vom 23. Mai 1846 werden aufgehoben.

II Die Art. 188 und 189 des Beamtengesetzes werden aufgehoben, soweit sie sich auf die Beamten der Kreise beziehen.

III Dieses Gesetz tritt, soweit es sich um die Bildung des Kreistags und Kreisausschusses für die Zeit nach dem 31. März 1928 handelt, sofort, im übrigen am 1. April 1928 in Kraft.

IV Bis zur Neubildung der Vertretungskörper nach diesem Gesetze bleiben Kreistag und Kreisausschuß in ihrer bisherigen Zusammensetzung tätig.

Art. 46. Die Vollzugsvorschriften zu diesem Gesetz erläßt das Staatsministerium des Innern.

Ergänzungen und Berichtigungen zur 5. Auflage.

A. Reichsteil.

S = Seite, Z. = Zeile (von oben gerechnet).

S. 1 Fußnote 1 ist anzufügen: Weitere Änderung durch Gesetz vom 22. Dezember 1927 (RGBl. I S. 507).
S. 97 Zu 4: Das Arbeitsnachweisgesetz v. 22. Juli 1922 ist durch § 220 Abs. 2 Ziff. 1 des Arbeitslosenversicherungsgesetzes v. 16. Juli 1927 (RGBl. I S. 187) aufgehoben.
S. 181 Fußnote 1 Z. 15 muß es statt „29. März 1922“ heißen: „29. März 1892“.
S. 371 § 24 Abs. 2 muß es statt „1. Juli 1927“ heißen: „15. Februar 1928“, s. Gesetz v. 24. Dezember 1927 (RGBl. I S. 513).
S. 387 § 54 muß es statt „1. Juli 1927“ heißen: „15. Februar 1928“, s. Gesetz v. 24. Dezember 1927 (RGBl. I S. 513).
S. 402 Der Fußnote 1 ist anzufügen: „Weitere Änderung durch Gesetz vom 12. Juli 1927 (RGBl. I S. 179)“.
S. 482 Fußnote 50 ist anzufügen: VO. vom 20. Juli 1926 (RGBl. I S. 418) und VO. vom 18. Nov. 1927 (RGBl. I S. 330).
S. 572 oben ist statt der Worte „darf ..... verlangt“ zu setzen: „darf der Reichspräsident dieses Gesetz nicht verkünden, wenn der Reichsrat binnen zwei Wochen den Volksentscheid verlangt“.
S. 585 Der Fußnote 1 ist anzufügen: Das Reichsversorgungsgesetz wurde neugefaßt durch Bek. v. 22. Dezember 1927 (RGBl. I S. 515).
S. 586 unten sind die letzten zwei Zeilen auszutauschen.
S. 642 ist der Fußnote 1 anzufügen: „Weitere Änderung durch das Arbeitslosenversicherungsgesetz vom 16. Juli 1927 (RGBl. I S. 187)“.
S. 661 Fußnote 1 ist zu streichen, s. VO. vom 18. Oktober 1924 (RGBl. I S. 715). Das Telegraphenwegegesetz ist in seiner ursprünglichen Fassung vom 18. Dezember 1899 in Geltung.

B. Landesteil.

S = Seite, Z. = Zeile (von oben gerechnet).

S. 96 Fußnote 1 vorletzte Zeile ist statt „19. April 1926 (StAnz. Nr. 89)“ zu setzen: „23. April 1927 (StAnz. Nr. 92)“.
S. 124 Fußnote 1 Z. 5 ist anzufügen: „Weitere Änderung durch Gesetz vom 10. Juli 1927 (GVBl. S. 227) und Art. 45 der Kreisordnung vom 17. Oktober 1927 (GVBl. S. 335)“.
S. 271 Zu Nr. 20: Aufgehoben durch Bezirksordnung vom 17. Oktober 1927 (GVBl. S. 325).
S. 391 Zu Nr. 32: Aufgehoben durch die Gemeindeordnung v. 17. Oktober 1927 (GVBl. S. 293).
S. 393 Zu Nr. 33 a, b, c: Aufgehoben durch die Gemeindeordnung vom 17. Oktober 1927 (GVBl. S. 293).
S. 467 Zu Nr. 34: Aufgehoben durch die Gemeindeordnung v. 17. Oktober 1927 (GVBl. S. 293).

S. 491 Das Verzeichnis der Gifte wurde geändert durch MB. v. 21. Juni 1927 (GVBl. S. 225).
S. 523 Art. 13 Abs. 3 Z. 1 muß es statt „Art. 88" heißen: „Art. 38".
S. 528 Ziff. 30 geändert durch VO. vom 4. April 1927 (GVBl. S. 111).
S. 610 Fußnote 1 Z. 5 ist anzufügen: „Weitere Änderung durch MB. vom 13. Mai 1927 (GVBl. S. 137)".
S. 647 Fußnote 1 ist anzufügen: „Weitere Änderung durch Art. 160 Gem.-Ord. vom 17. Oktober 1927 (GVBl. S. 293)".
S. 703 Zu Nr. 57: Aufgehoben durch die Kreisordnung vom 17. Oktober 1927 (GVBl. S. 335).
S 740 Fußnote 1 Z. 3 ist anzufügen: „Weitere Änderung durch VO. vom 23. August 1927 (GVBl. S. 277)".
S. 748, 749 Art. 3 Abs. 1 und Art. 4 Abs. 2 ist statt „Art. 98 der rrh. Gemeindeordnung zu setzen: „Art. 55 der Gemeindeordnung" und statt „Art. 98 a der rrh. Gemeindeordnung: „Art. 52 der Gemeindeordnung", geändert durch Art. 154 GemO. vom 17. Oktober 1927 (GVBl. S. 293).
S. 803 Der Fußnote 1 ist anzufügen: „Geändert durch Gesetz v. 27. Juni 1927 (GVBl. S. 223)".
S. 843 Zu Nr. 82: Aufgehoben durch die Gemeindeordnung vom 17. Okt. 1927 (GVBl. S. 293).
S. 943 Fußnote 1 ist anzufügen: „Weitere Änderung durch Gesetz vom 10. Juli 1927 (GVBl. S. 227)".
S. 1048 Fußnote 1 ist hinter 1) zu setzen: „Geändert durch Art. 161 der Gemeindeordnung vom 17. Oktober 1927 (GVBl. S. 293)".
S. 1056 In Ziff. 16 ist hinter „Anlagen" Ziff. 17 u. 18 zu setzen.

Kolibri 360 GmbH
Ferdinand-Jühlke-Straße 7
99095 Erfurt, Deutschland
produktsicherheit@kolibri360.de